UTB **1544**

**Eine Arbeitsgemeinschaft der Verlage**

Beltz Verlag Weinheim · Basel · Berlin
Böhlau Verlag Köln · Weimar · Wien
Wilhelm Fink Verlag München
A. Francke Verlag Tübingen und Basel
Haupt Verlag Bern · Stuttgart · Wien
Verlag Leske + Budrich Opladen
Lucius & Lucius Verlagsgesellschaft Stuttgart
Mohr Siebeck Tübingen
C. F. Müller Verlag Heidelberg
Ernst Reinhardt Verlag München und Basel
Ferdinand Schöningh Verlag Paderborn · München · Wien · Zürich
Eugen Ulmer Verlag Stuttgart
UVK Verlagsgesellschaft Konstanz
Vandenhoeck & Ruprecht Göttingen
WUV Facultas · Wien

Günther Haedrich
Torsten Tomczak
Philomela Kaetzke

# Strategische Markenführung

Planung und Realisierung von Markenstrategien

3., vollständig überarbeitete, erweiterte
und aktualisierte Auflage

Haupt Verlag
Bern · Stuttgart · Wien

*Prof. Dr. Günther Haedrich*

Studium der Betriebswirtschaftslehre und Promotion an der Freien Universität Berlin; anschliessend leitende Tätigkeiten in der Industrie und in Werbeagenturen sowie Mitglied der Geschäftsleitung der Unternehmensberatung Roland Berger und Partner, München. Seit 1972 Professor für Allgemeine Betriebswirtschaftslehre und Marketing an der Freien Universität Berlin; bis Ende 2002 wissenschaftlicher Leiter des Willy-Scharnow-Instituts für Tourismus der Freien Universität Berlin; Beratungs- und Forschungstätigkeit im Universitätsbereich und in der Wirtschaft.

*Prof. Dr. Torsten Tomczak*

Seit 1993 Ordinarius für Betriebswirtschaftslehre mit besonderer Berücksichtigung des Marketing an der Universität St. Gallen sowie Direktor des Instituts für Marketing und Handel.

*Dr. Philomela Kaetzke*

Studium der Betriebswirtschaftslehre an der Universität Mainz und an der katholischen Universität Eichstätt/Ingolstadt. Promotion an der Universität St. Gallen. Seit 1998 wissenschaftliche Mitarbeiterin im Kompetenzzentrum «Marketingplanung und -controlling» am Institut für Marketing und Handel an der Universität St. Gallen.

1. Auflage: 1990
2. Auflage: 1997

Bibliografische Information der *Deutschen Bibliothek*

Die Deutsche Bibliothek verzeichnet diese Publikation in der Deutschen Nationalbibliografie; detaillierte bibliografische Angaben sind im Internet über http://dnb.ddb.de abrufbar.

ISBN 3-8252-1544-X

Alle Rechte vorbehalten
Copyright © 2003 by Haupt Berne
Jede Art der Vervielfältigung ohne Genehmigung des Verlages ist unzulässig
Printed in Germany

www.haupt.ch

# Vorwort zur 3. Auflage

In den letzten Jahren ist der strategischen Markenführung sowohl von Seiten der Wissenschaft als auch der Praxis verstärkt Aufmerksamkeit geschenkt worden. Allgemein wird heute anerkannt, dass Aufbau und Pflege „starker" Marken mit hoher Aktualität und ausgeprägtem Image eine zentrale Marktmanagementaufgabe darstellt. Kohli/LaBahn/Thakor bringen die Bedeutung der Marke mit folgender Formulierung auf den Punkt: „Markennamen sind zum wertvollsten Kapital vieler Unternehmen geworden" (2001, S. 453).

Eine in diesem Sinne verstandene und praktizierte Markenführung geht von der Identität und Positionierung der Marke aus und setzt sich das Ziel, mit Hilfe der Markenstrategie, oft als „Branding" bezeichnet, eine Unique Marketing Proposition aufzubauen und zu erhalten, mit anderen Worten die Marke in der Vorstellung der Zielgruppe mit positiven und einzigartigen Assoziationen zu verankern. „Starke" Marken mit hohem Markenwert bieten zahlreiche Vorteile; u.a. stehen sie bei Entscheidungen zum Marken-Transfer, zu Co-Branding-Maßnahmen und Lizenzgeschäften im Mittelpunkt und spielen im internationalen Marketing eine wichtige Rolle.

In diesem Buch werden aufbauend auf Überlegungen zur Markenidentität und Positionierung wichtige Entscheidungsfelder der strategischen Markenführung untersucht, u.a. Fragen des Marken-Controlling und der Messung des Markenwertes. Schließlich werden Besonderheiten der Markenführung bei Konsum- und Investitionsgütern sowie bei Dienstleistungen und rechtliche Fragen der Markenführung thematisiert.

Das Buch spiegelt die aktuelle Diskussion wider und ist in kompakter Form geschrieben, so dass es sich für Studierende u.a. in den Fächern Marketing, Management und Kommunikation als Lehrbuch eignet und für Praktiker mit ähnlichen Interessenschwerpunkten als Hilfsmittel anbietet, um das komplexe Gebiet der Markenführung zu überschauen und für die eigene Tätigkeit Anregungen zu erhalten.

Die Autoren danken dem wissenschaftlichen Mitarbeiter, Herrn Holger Lütters und dem studentischen Mitarbeiter, Herrn Jörg Staudacher, beide an der Freien Universität Berlin, für ihre Mitarbeit bei der Herstellung der Buchvorlagen. Frau Renate Materne, Sekretärin an der Freien Universität Berlin, hat verschiedene Fassungen des Manuskripts mit großem Engagement geschrieben; auch ihr gebührt großer Dank. Die Tatsache, dass bis zum Erscheinen der 3. Auflage mehrere Jahre vergangen sind, ist nicht zu entschuldigen, ist aber durch die erhebliche und in den letzten Jahren ständig wachsende Belastung aller im akademischen Bereich Tätigen zu begründen.

Berlin und St. Gallen, im Herbst 2003

# Inhaltsverzeichnis

## I. Grundlagen ............................................................................. 15
1 Markenbegriff ........................................................................... 15
2 Rahmenbedingungen der strategischen Markenführung ......................... 18
3 Marke und Kaufentscheidungsprozess ................................................ 23

## II. Markenidentität und -positionierung ............................................ 29
1 Überblick ................................................................................. 29
2 Markenidentität ......................................................................... 34
    2.1 Die Produktdimension ............................................................ 34
    2.2 Die organisationale Dimension ................................................. 35
    2.3 Die Markenpersönlichkeit ........................................................ 36
    2.4 Die symbolische Dimension ..................................................... 39
        2.4.1 Gestaltung des Markenlogos ............................................ 39
        2.4.2 Auswahl des Markennamens ............................................ 40
3 Positionierung .......................................................................... 46
    3.1 Grundlagen ......................................................................... 46
    3.2 Positionierungsziele und -strategien ........................................... 57
4 Umsetzung von Markenidentität und -positionierung ............................ 65
    4.1 Aufbau des Markenimages durch integrierte Kommunikationsmaßnahmen ...................................................... 65
    4.2 Flankierung der Kommunikationspolitik durch produkt-, preis- und distributionspolitische Maßnahmen ........................... 71
    4.3 Problemfelder bei der Umsetzung der Positionierung ..................... 74

## III. Strategische Entscheidungsfelder der Markenführung ... 77

1. Typen von Marken ... 77
   - 1.1 Einsatzgebiet einer Marke ... 78
   - 1.2 Art der Marke ... 79
2. Markenportfolio und -architektur ... 83
   - 2.1 Gründe für Mehrmarkenstrategien ... 83
   - 2.2 Markenarchitektur ... 86
3. Einführung neuer Marken ... 95
   - 3.1 Grundlagen ... 95
   - 3.2 Prozess der Einführung einer neuen Marke ... 101
4. Management eingeführter Marken ... 113
   - 4.1 Basisstrategien zum Ausschöpfen von Markenpotenzialen ... 113
   - 4.2 Relaunch ... 119
   - 4.3 Markentransfer ... 123
5. Co-Branding, Ingredient Branding und Joint Promotion ... 134
6. Marken-Lizenzierung ... 139
7. Internationale Markenführung ... 143
8. Markenführung im Internet ... 148
9. Corporate Brand Management ... 152

## IV. Marken-Controlling ... 157

1. „Klassischer" Bereich des Marken-Controlling ... 157
   - 1.1 Grundlagen ... 157
   - 1.2 Ansätze zur Messung des Markenwissens ... 163
   - 1.3 Synoptische Ansätze des Marken-Controlling ... 174
2. Bestimmung des Markenwerts ... 180
   - 2.1 Grundlagen ... 180
   - 2.2 Ansätze zur Bestimmung des Markenwerts ... 186
   - 2.3 Methoden zur Bestimmung des Markenwerts in der Praxis ... 189
   - 2.4 Markenevaluation als Bestandteil eines Value-Based-Managements (VBM) ... 199

## V. Besonderheiten der Markenführung im Konsumgüter-, Investitionsgüter- und Dienstleistungsbereich ............................................. 209

    1   Strategische Markenführung bei Konsumgütern ................................. 209
    2   Strategische Markenführung bei Investitionsgütern ........................... 216
    3   Strategische Markenführung bei Dienstleistungen ............................. 222
    4   Markenführung im Spannungsfeld zwischen Hersteller und Handel ..... 234
        4.1    Strategien aus Herstellersicht .................................................. 234
        4.2    Strategien aus Handelssicht .................................................... 241

## VI. Rechtliche Aspekte der Markenführung ............................................. 247

    1   Rechtsgrundlagen und Markenschutz .............................................. 247
    2   Rechtsmanagement für Marken ....................................................... 258

## Literaturverzeichnis ............................................................................... 263

## Stichwortverzeichnis ............................................................................. 281

# Abbildungsverzeichnis

| | | |
|---|---|---|
| Abbildung I.2.1 | Die Marke in ihrem Umfeld | 19 |
| Abbildung I.2.2 | Positionierungspflege bei Nivea | 20 |
| Abbildung I.2.3 | Markenführung zwischen Markenstarre und Markenaktionismus | 21 |
| Abbildung I.2.4 | PERSIL – der Innovationsweg einer Marke | 22 |
| Abbildung I.3.1 | Markenschema MCDONALD'S | 24 |
| Abbildung I.3.2 | Marketingplanungsprozess | 25 |
| Abbildung I.3.3 | Analysemodell - Bereich Ernährung | 27 |
| Abbildung II.1.1 | Markenidentität, Positionierung und Profilierung | 31 |
| Abbildung II.1.2 | Beispiele für Markenidentität und Positionierung | 32 |
| Abbildung II.2.1 | Entstehung einer Markenpersönlichkeit | 37 |
| Abbildung II.2.2 | Struktur des Selbstbilds | 38 |
| Abbildung II.2.3 | Prozess der Namensgebung | 41 |
| Abbildung II.2.4 | Stellenwert einzelner Kriterien bei der Evaluierung von Markennamen | 42 |
| Abbildung II.2.5 | Scoringmodell | 44 |
| Abbildung II.2.6 | Polaritätenprofil | 45 |
| Abbildung II.3.1 | Zweidimensionales Positionierungsmodell – Beispiel Kaffeemarken | 48 |
| Abbildung II.3.2 | Reaktive und aktive Positionierung | 53 |
| Abbildung II.3.3 | Beispiele für die Outside-In- und für die Inside-Out-Orientierung | 54 |
| Abbildung II.3.2 | Normziele der Positionierung | 58 |
| Abbildung II.3.4 | Positionierungsstrategien | 62 |

Abbildungsverzeichnis 11

| | | |
|---|---|---|
| Abbildung II.4.1 | Verarbeitung von Kommunikationsbotschaften unter High- und Low-Involvement-Bedingungen | 66 |
| Abbildung II.4.2 | Empfehlungen für Low-Involvement-Kommunikation | 67 |
| Abbildung II.4.3 | Integrationsmatrix | 68 |
| Abbildung II.4.4 | Bedeutung einzelner Kommunikationsinstrumente für die integrierte Kommunikation und Freiheitsgrade der Realisation | 70 |
| Abbildung II.4.5 | Probleme bei der Umsetzung der Positionierung | 74 |
| Abbildung III.1.1 | Wichtige Vor- und Nachteile der Einzelmarke | 79 |
| Abbildung III.1.2 | Wichtige Vor- und Nachteile der Familienmarke | 81 |
| Abbildung III.1.3 | Wichtige Vor- und Nachteile der Dachmarke | 82 |
| Abbildung III.2.1 | Marktschichten-Modell | 84 |
| Abbildung III.2.2 | Positionierung von Marken in einzelnen Marktschichten | 85 |
| Abbildung III.2.3 | Dimensionen der strategischen Rolle von Marken | 87 |
| Abbildung III.2.4 | Markenarchitektur-Matrix | 90 |
| Abbildung III.2.5 | Kombination von Einzel- und Dachmarke | 90 |
| Abbildung III.2.5 | Kombination von Familien- und Dachmarke. | 91 |
| Abbildung III.2.6 | Kombination von Einzel-, Familien- und Dachmarke | 91 |
| Abbildung III.2.7 | Konsumentenbezogene Klassifikation von Markenarchitekturen | 93 |
| Abbildung III.2.8 | Markenarchitektur eines diversifizierten Unternehmens | 94 |
| Abbildung III.3.1 | Die Lancierung einer neuen Marke als strategische Option | 98 |
| Abbildung III.3.2 | Anforderungen an ein Differenzierungsmerkmal für eine neue Marke | 100 |
| Abbildung III.3.3 | Prozess der Einführung einer neuen Marke | 101 |
| Abbildung III.3.4 | Quality Function Deployment: Matrix zur Gegenüberstellung von Kundenwünschen und Konstruktionsmerkmalen (Beispiel) | 104 |

| | | |
|---|---|---|
| Abbildung III.3.5 | Einflussfaktoren auf die Diffusion von Innovationen | 111 |
| Abbildung III.4.1 | Ausschöpfen von Leistungspotenzialen | 114 |
| Abbildung III.4.2 | Relaunch als Strategie des Product Life Cycle Managements | 119 |
| Abbildung III.4.3 | Ziele des Relaunch einer Marke | 120 |
| Abbildung III.4.4 | Prozess des Relaunch einer Marke | 122 |
| Abbildung III.4.5 | Idealtypischer Markenerweiterungsprozess | 124 |
| Abbildung III.4.6 | Optionen des Markentransfers | 125 |
| Abbildung III.4.7 | Kategorien von Markenerweiterungen | 126 |
| Abbildung III.4.8 | Erweiterungspotenzial einer Marke | 129 |
| Abbildung III.4.9 | Potenzielle Wirkungen einer Markentransferstrategie auf den Cash flow | 130 |
| Abbildung III.5.1 | Chancen und Risiken von Co-Branding | 137 |
| Abbildung III.6.1 | Handelsumsätze mit Lizenzprodukten in den USA und Kanada | 141 |
| Abbildung III.6.2 | Chancen und Risiken der Marken-Lizenzierung | 143 |
| Abbildung III.7.1 | Auswahlkriterien zur Analyse des globalen Umfeldes | 145 |
| Abbildung III.9.1 | Die Triade Idea – Identity – Image | 155 |
| Abbildung III.9.2 | Verschiedene Markenstrategien | 156 |
| Abbildung IV.1.1 | Semantisches Netzwerk am Beispiel der Sektmarke MUMM | 159 |
| Abbildung IV.1.2 | Operationalisierung des Markenwissens | 160 |
| Abbildung IV.1.3 | Ansätze des Marken-Controlling im Überblick | 164 |
| Abbildung IV.1.4 | Imageprofil (zweidimensional) | 167 |
| Abbildung IV.1.5 | Imageprofil (dreidimensional) | 168 |
| Abbildung IV.2.1 | Die wertvollsten Marken der Welt (Stand 1999) | 181 |
| Abbildung IV.2.2 | Markenwert der größten deutschen Marken (Stand 1999) | 182 |
| Abbildung IV.2.3 | Akquirierte Markenartikelunternehmen (Beispiele) | 183 |

# Abbildungsverzeichnis

| | | |
|---|---|---|
| Abbildung IV.2.4 | Unterschiedliche Markenwerte für COCA-COLA | 187 |
| Abbildung IV.2.5 | Weitere Ansätze zur Bestimmung des Markenwerts | 190 |
| Abbildung IV.2.6 | Gewichtung der Hauptfaktoren im INTERBRAND-Modell (Beispiel) | 192 |
| Abbildung IV.2.7 | Die drei Phasen der Markenbewertung bei INTERBRAND | 193 |
| Abbildung IV.2.8 | AC NIELSEN Brand Performancer | 195 |
| Abbildung IV.2.9 | Aufbau des Brand Asset Valuator | 196 |
| Abbildung IV.2.10 | Markeneisberg von ICON | 198 |
| Abbildung IV.2.11 | Markenevaluation: Planung und Performance Measurement | 201 |
| Abbildung IV.2.12 | Quantitative und qualitative Methoden zur Messung des Markenwerts | 202 |
| Abbildung IV.2.13 | Übertragung des Value-Based-Management auf Marken | 203 |
| Abbildung IV.2.14 | Suchfelder für potenzielle Brückenindikatoren | 205 |
| Abbildung IV.2.15 | Konzeption einer wertorientierten Markenführung | 206 |
| Abbildung V.2.1 | Schematische Darstellung des Geschäftstypen-Ansatzes | 219 |
| Abbildung V.3.1 | Anforderungen an Dienstleistungen | 226 |
| Abbildung V.3.2 | Die Marke als Instrument zur Lösung dienstleistungsspezifischer Probleme | 229 |
| Abbildung V.4.1 | Ansatzpunkte für komparative Konkurrenzvorteile im vertikalen Marketing | 235 |
| Abbildung V.4.2 | Charakterisierung der Strategien der handelsorientierten Markenführung | 238 |
| Abbildung V.4.3 | Elemente des Efficient Consumer Response (ECR) | 240 |
| Abbildung VI.1.1 | Überblick über relevante Rechtsnormen für die Markenführung | 249 |

# I. Grundlagen

## 1 Markenbegriff

Im weitesten Sinne versteht man unter einer Marke ein auf einer Ware angebrachtes Zeichen, das der Individualisierung dient (vgl. Dichtl 1992, S. 4). Umfassender ist die Definition der American Marketing Association (AMA), die in einer Marke (brand) „a name, term, sign, symbol, or design, or a combination of them intended to identify the goods and services of one seller or group of sellers and to differentiate them from those of competition" sieht (vgl. Keller 1998, S. 2). Wie aus dieser Definition hervorgeht, erfolgt die Kennzeichnung durch den Markennamen sowie durch verschiedene Markenelemente wie Logo, Symbole, die Warenausstattung (Design) bzw. durch eine Kombination von Markennamen und verschiedenen Markenelementen. Gleichzeitig weist die AMA darauf hin, dass nicht nur physische Güter, sondern auch Dienstleistungen durch eine Marke gekennzeichnet werden können, um auf diese Weise eine Differenzierung von Wettbewerbsangeboten zu erreichen. Keller erwähnt ergänzend, dass sich eine Marke auch auf Organisationen (z.B. auf industrielle bzw. Handelsunternehmen), Personen, auf bestimmte Veranstaltungen (z.B. aus dem Bereich der Kunst, der Unterhaltung oder des Sports) sowie auf geografische Destinationen beziehen kann (vgl. Keller 1998, S. 10-21).

Eine ähnliche Definition wie die AMA findet sich im deutschen Markengesetz. Hier wird noch deutlicher auf die einzelnen Markenelemente Bezug genommen, u.a. auf Formen einer Ware oder ihre Ausstattung, Farben bzw. Farbkombinationen und mit einer Marke fest verbundene Slogans. Laut § 3 Abs. 1 MarkenG vom 25.10.1994 können als Marke „alle Zeichen, insbesondere Wörter einschließlich Personennamen, Abbildungen, Buchstaben, Zahlen, Hörzeichen, dreidimensionale Gestaltungen einschließlich der Form einer Ware oder ihrer Verpackung sowie sonstiger Aufmachungen einschließlich Farben und Farbzusammenstellungen geschützt werden, die geeignet sind, Waren oder

Dienstleistungen eines Unternehmens von denjenigen anderer Unternehmen zu unterscheiden (vgl. Hammann/Palupski/Bofinger 1997, S. 177). Voraussetzung ist die Eintragung in die sog. Zeichenrolle bei dem Deutschen Patentamt in München bzw. die Durchsetzung der Marke im „Verkehr" (sog. Verkehrsgeltung) durch intensive Nutzung (§ 25 WZG). Interessant ist in diesem Zusammenhang die Tatsache, dass nach einer kürzlich veröffentlichten Entscheidung[1] auch Geruchsmarken eintragungsfähig sind. Gegenstand der Entscheidung war die Beschwerde eines Herstellers von Tennisbällen, der die Geruchsmarke „duftfrisches, geschnittenes Gras" anmelden wollte, deren Eintragung jedoch zunächst wegen mangelnder grafischer Darstellbarkeit abgelehnt worden war. Das deutet darauf hin, dass der Markenbegriff heute wesentlich weitergehend als im klassischen Sinne zu interpretieren ist. Für den Aufbau und die Führung von Marken hat sich in letzter Zeit der Begriff *Branding* eingebürgert (vgl. hierzu Kap. II). Im weiteren Sinne umfasst Branding "alle Maßnahmen ..., die dazu geeignet sind, ein Produkt aus der Masse gleichartiger Produkte herauszuheben und die eine eindeutige Zuordnung von Produkten zu einer bestimmten Marke ermöglichen" (Esch/Langner 2001, S. 441).

Häufig werden die Begriffe *Marke* und *Markenartikel* gleichgesetzt. Ein Markenartikel ist nach verbreiteter Auffassung ein Produkt, das sich durch gleich bleibende, jeweils am neuesten technischen Standard orientierte Qualität auszeichnet, durch Kommunikation bekannt gemacht und profiliert, breit distribuiert und auf einheitlichem Preisniveau angeboten wird. Diese *merkmalsbezogene* Definition stößt bei Dienstleistungen insofern auf Schwierigkeiten, als eine gleich bleibende Qualität nicht immer garantiert werden kann – u.a. durch die Einbringung eines sog. externen Faktors (vgl. u.a. Engelhardt 1990) sowie durch die Tatsache, dass es sich oft um Leistungsbündel handelt, an denen unterschiedliche Anbieter beteiligt sind (vgl. Engelhardt/Kleinaltenkamp/Reckenfelderbäumer 1993). Außerdem sind die Kriterien des einheitlichen Preisniveaus sowie der breiten Distribution in der Praxis nicht durchgängig nachweisbar;

---

[1] Es handelt sich um eine Entscheidung vom 11.02.1999 durch die Zweite Beschwerdekammer des Harmonisierungsamtes für den Binnenmarkt in Alicante

# 1 Markenbegriff

beispielsweise gelten auch selektiv bzw. exklusiv vertriebene Angebote als Markenartikel. Daher setzt sich heute bei der Definition des Markenbegriffs mehr und mehr eine *konsumentenorientierte* Sichtweise durch, durch die die merkmalsbezogene Definition nicht ersetzt, jedoch näher spezifiziert wird. Meffert versteht unter einer Marke „ein in der Psyche des Konsumenten verankertes, unverwechselbares Vorstellungsbild von einem Produkt oder einer Dienstleistung" (Meffert 1998, S. 785). Nicht jedes markierte Angebot, auf das die merkmalsbezogene Definition zutrifft, ist also danach als Marke einzustufen, sondern die Definition gilt lediglich für solche Angebote, die ganz bestimmte Voraussetzungen erfüllen. Diese Voraussetzungen werden von Achenbaum deutlich angesprochen: „More specifically, what distinguishes a brand from its unbranded commodity counterpart and gives it equity is the sum total of consumers' perceptions and feelings about a product's attributes and how they perform, about the brand name and what it stands for, and about the company associated with the brand" (Achenbaum 1993). Offensichtlich lösen Marken bei den Abnehmern (Konsumenten, Handel, weiteren Bezugsgruppen wie z.B. Lieferanten, Banken, Arbeitnehmern) Vorstellungen aus, die u.a. durch den Markennamen, die Produkteigenschaften und den „Absender" (Hersteller, sonstigen Anbieter) der Marke gesteuert werden (*Markenimage*). Bei solchen „starken" Marken, die mit einem hohen Markenwert (vgl. hierzu Abschnitt IV 2) versehen sind, existieren sog. Marken-Schemata, die sich beim Konsumenten als feste Vorstellungsbilder einprägen und für die Aufnahme und Verarbeitung zusätzlicher markenspezifischer Informationen maßgebend sind. Der Aufbau von Marken-Schemata setzt voraus, dass die betreffende Marke bekannt ist und für Produkte einer bestimmten Warengattung steht (z.B. PERSIL für ein Waschmittel). Eine derartige Auffassung von Marken wirkt nicht nur einschränkend, sondern auch erweiternd in dem Sinne, dass als Marke nicht nur Markenartikel im engeren Sinne (Herstellermarken), sondern auch Handelsmarken anzusehen sind, wenn diese die genannten Bedingungen erfüllen.

Nachfolgend wird eine Marken-Definition angeboten, die die Grundlage für alle folgenden Ausführungen bildet.

Als Marke wird jedes Angebot bezeichnet (Konsumgut, Dienstleistung, Investitionsgut), das mit einem Markennamen und zusätzlich mit festen Markenelementen gekennzeichnet ist, das den Angehörigen der Zielgruppe und weiterer Bezugsgruppen bekannt und mit einem ausgeprägten und unverwechselbaren Markenbild (Image) versehen ist.

## 2 Rahmenbedingungen der strategischen Markenführung

Strategische Markenführung hat sich inzwischen in Wissenschaft und Praxis als feststehender Begriff durchgesetzt und beschäftigt sich mit der Pflege im Markt eingeführter Angebote entlang ihres Lebenszyklus. In einem erweiterten Sinne gehört dazu auch der Aufbau von Marken als Voraussetzung für ihre Einführung in den Markt; ohne eine systematisch geplante Markenidentität ist erfolgreiche Markenführung nicht denkbar. Das bedeutet, dass die Marke während sämtlicher Phasen – der Entwicklungs-, Einführungs- über die Wachstums-, Reife- bis hin zur Degenerationsphase – begleitet werden muss.

Dem situativen Ansatz im Marketing entsprechend ist es in diesem Zusammenhang notwendig, die sog. Triebkräfte des Wettbewerbs (vgl. Porter 1990, S. 25-61) – Endkunden, Absatzmittler, Mitbewerber und Lieferanten – systematisch zu analysieren, um von diesen Kräften ausgehende Einflüsse auf das eigene Angebot zu ermitteln. In allen aufgeführten marktlichen Sektoren zeichnen sich in der letzten Zeit dynamische Veränderungen mit zunehmender Intensität ab. Revolutionäre Entwicklungen, initiiert u.a. durch den Markteintritt branchenfremder Anbieter, können zur Folge haben, dass sich die Regeln des Wettbewerbs in relativ kurzer Zeit völlig verändern (Beispiele: die Märkte der Medien, der Telekommunikation, des Finanzwesens, des Tourismus). Durch die Tatsache, dass die Nachfrage in zahlreichen Marktsegmenten gesättigt ist und die Angebote in den Augen der Nachfrager weitgehend austauschbar sind, gewinnt das Phänomen des sog. Low Involvement immer stärker Einfluss auf die Markenführung. Kauf und Konsum vieler Produkte erfolgen mit relativ geringem kognitivem bzw. emotionalem Engagement (vgl. hierzu Abschnitt I.3). Die weiterhin starke Zunahme der Konzentration im Absatzmittlerbereich erschwert die Verhandlungen mit dieser Ebene, insbesondere für Hersteller, die

## 2 Rahmenbedingungen der strategischen Markenführung

über keine starken Marken verfügen. Hinzu treten Veränderungen aus dem globalen Umfeld, die sich beispielsweise auf gewandelte ökonomische, soziale, technologische, politische, ökologische und kulturelle Rahmenbedingungen beziehen und die strategische Markenführung ebenfalls beeinflussen können. Nicht zuletzt setzt die zunehmende Internationalisierung einzelner Märkte neue Eckpunkte für die strategische Markenführung (vgl. Abbildung I.2.1: Die Marke in ihrem Umfeld).

Abbildung I.2.1 Die Marke in ihrem Umfeld

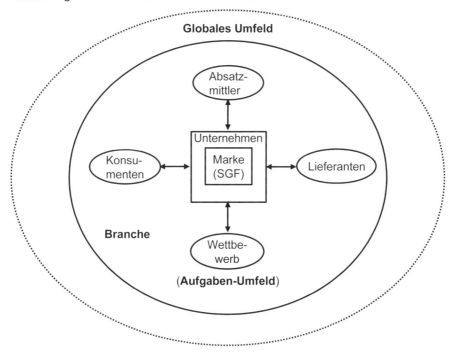

Während strategische Markenführung in der Regel auf Konstanz ausgerichtet ist und damit verbunden möglichst langfristige strategische Planungszeiträume anstrebt, muss sie heute und in Zukunft einen strategischen Wandel „zwischen Anpassung und Kontinuität" vollziehen. Jenner weist darauf hin, „dass sich die strategische Markenführung im Spannungsfeld zwischen dem Aufbau einer eindeutigen Identität der Marke und der Notwendigkeit einer situativ bedingten Anpassung an veränderte Rahmenbedingungen bewegt" (Jenner 1999, S. 151). Das setzt einen ständigen Prozess des organisationalen Lernens voraus (vgl. Jenner 1999a). Abbildung I.2.2 zeigt anhand des Beispiels der Marke NIVEA, dass sich das Markenmanagement zwischen den Polen „Kontinuität" und „Innovation" bewegt; die Markenpositionierung wurde hier zugunsten einer Anpassung an Umfeldveränderungen für verbesserte bzw. neue Produkte geöffnet.

Abbildung I.2.2 Positionierungspflege bei NIVEA

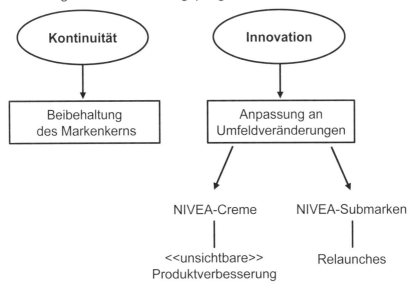

Quelle: Esch 1999, S. 349

Auf der einen Seite kann das Verfolgen eingefahrener Bahnen und das Festklammern an einer festgelegten Markenidentität und -positionierung Gefahren für die Marke mit sich bringen, andererseits fügt aber ein unkontrollierter Markenaktionismus der Marke voraussichtlich Schaden zu (vgl. Abbildung I.2.3).

## 2 Rahmenbedingungen der strategischen Markenführung

**Abbildung I.2.3  Markenführung zwischen Markenstarre und Markenaktionismus**

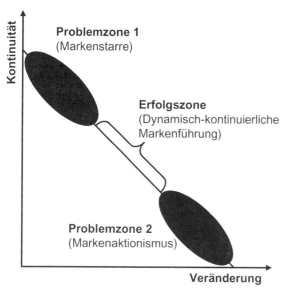

Quelle: Jenner 1999, S.24

Esch/Wicke erwähnen die zunehmende Inflation von Marken und führen als Einflussfaktoren die Tendenz zur Segmentierung und Fragmentierung einzelner Märkte bis hin zum „Customizing" – immer individueller ausgestaltete Angebote – an, die Zunahme der Internationalisierung, verbunden mit dem Markteintritt neuer Wettbewerber, die deutliche Verkürzung der Produktlebenszyklen und den damit zusammenhängenden Zwang zur ständigen Entwicklung neuer Angebote, oft unter einer veränderten oder neuen Marke (vgl. Esch/Wicke 2001, S. 12-14). Systematisch durchgeführte Innovationen sind ein wichtiges Kennzeichen von starken Marken mit hohem Markenwert. Berekoven (1992, S. 38) weist darauf hin, dass Innovation „gepaart mit kreativen und nachhaltigen Vermarktungsaktivitäten ... das Erfolgskonzept schlechthin" darstellt. Letztlich entscheidet die (subjektive) Vorstellung des Kunden (das Markenimage) über den Wert, der eine Marke auszeichnet: „Der Erfolg in dieser Hinsicht macht ... ein markiertes Produkt zur Marke" (Berekoven 1992, S. 43).

Abbildung I.2.4 zeigt den Innovationsweg der Marke PERSIL. Im Zeitraum von 1959 bis 1996 ist diese Marke insgesamt neunmal aktualisiert und ihre Positionierung an Umfeldveränderungen angepasst worden.

Abbildung I.2.4 PERSIL – der Innovationsweg einer Marke

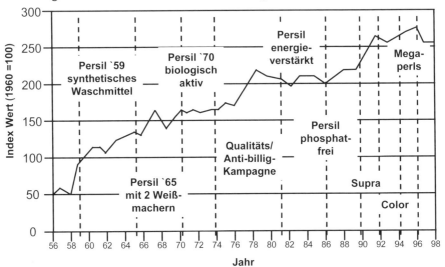

Quelle: Wildner 1999, S. 72; Werksabsätze; ab 1992 GfK-Panel

Der erfolgreiche Markenmanager der Zukunft braucht neben soliden planerischen Kenntnissen und Fähigkeiten eine ausgeprägte analytische Begabung, um Entwicklungen im Umfeld seiner Marke rechtzeitig aufdecken und richtig interpretieren zu können. Strategische Markenführung kann mit einem Radar verglichen werden, das bereits anhand schwacher Signale Chancen und Risiken für die Markenführung aufzeigt. Ein funktionsfähiges Frühaufklärungssystem bildet dafür die Grundlage.

## 3 Marke und Kaufentscheidungsprozess

Marken erfüllen sowohl aus Hersteller- als auch aus Konsumentensicht wichtige Funktionen. Wie bereits in den Marken-Definitionen anklang, dienen Marken den Anbietern dazu, ihre Leistungen für Abnehmer identifizierbar zu machen und gleichzeitig von denen des Wettbewerbs zu differenzieren. Aus der Literatur und Praxis sind zahlreiche Beispiele bekannt, die die Ergebnisse von Produkttests beschreiben, in denen vergleichende Konsumentenurteile über Marken und Billigangebote, jeweils ohne Kennzeichnung, m.a.W. mit Hilfe sog. Blindtests, untersucht wurden. Beispielsweise führte das Institut für Marketing der Freien Universität Berlin jahrelang mit Studienanfängern derartige Tests durch, um den Studierenden die Wirkung von Marken plastisch vor Augen zu führen. In solchen Tests rangieren klassische Markenartikel und Premiummarken häufig in der Akzeptanz und im Urteil hinter Billigangeboten, wobei i.d.R. kaum jemand der Testpersonen dazu in der Lage ist, die einzelnen verkosteten Produkte richtig zuzuordnen, nicht einmal angebliche „Konsumexperten". Die Identifizierungs- und Differenzierungsfunktion von Marken kommt hier deutlich zum Ausdruck.

Aber auch aus der Perspektive der Konsumenten erfüllen Marken wichtige Aufgaben. Im Langzeitgedächtnis abgespeicherte und verdichtete Informationen in Form von Marken-Schemata reduzieren das Risiko beim Kauf und wirken auf diese Weise verhaltenssteuernd und stressreduzierend. Eine ganz besondere Rolle spielt dieser Sachverhalt bei Dienstleistungen, die in erheblichem Umfange durch sog. Vertrauenseigenschaften gekennzeichnet werden können. In Abbildung I.3.1 ist das Markenschema von MCDONALD'S dargestellt. Die optisch hervorgehobenen Eigenschaften kennzeichnen den Markenkern.

## Abbildung I.3.1 Markenschema MCDONALD'S

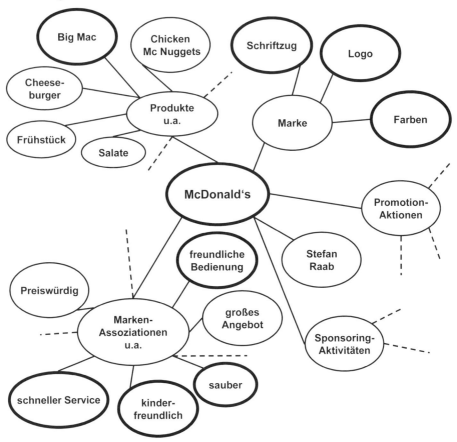

Quelle: in Anlehnung an GfK – Fast Tracking-Studien

Markenführung muss also gründlich geplant werden. Das erfordert erhebliche Investitionen, u.a. in die Bereiche F & E und Marketing/Vertrieb zur Entwicklung der Produktqualität und zum Aufbau von Bekanntheit und Image der Marke. Um den entstandenen Markenwert möglichst lange zu nutzen und weiter auszubauen, ist Markenpflege bzw. Markenführung Anliegen und zentraler Gegenstand der strategischen Marketingplanung, hier als unternehmerische

## 3 Marke und Kaufentscheidungsprozess

Leitplanung verstanden. Insofern ist es gerechtfertigt, von Markenführung als übergreifendem strategischen Konzept zu sprechen.

Der Ablauf der Marketingplanung ist aus Abbildung I.3.2 zu entnehmen.

**Abbildung I.3.2 Marketingplanungsprozess**

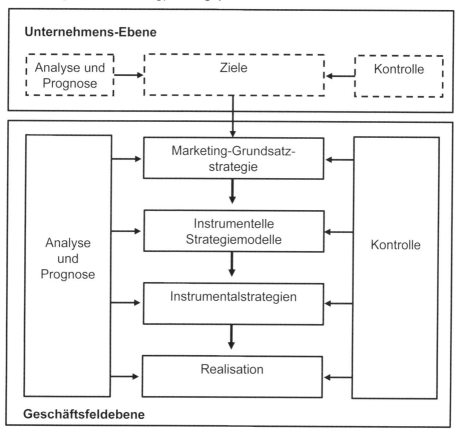

Auf der Markenebene geht es um die Planung der Marketingstrategie, die sich aus einer Grundsatzstrategie, dem instrumentellen Strategiemodell (der instrumentellen Leitplanung) und der instrumentellen Detailplanung zusammensetzt (vgl. u.a. Haedrich/Tomczak 1994, S. 925-948; Kuß/Tomczak 2001).

Begleitend sind jeweils Analyse-, Prognose- und Kontrollphasen. Wichtige Aufgabe der Analyse- und Prognosephase ist die Erstellung der sog. *SWOT*-Analyse, bei der Stärken (*S*trengths) und Schwächen (*W*eaknesses) des Planungsobjekts den Chancen (*O*pportunities) und Risiken (*T*hreats), die sich in dem Umfeld abzeichnen, gegenübergestellt werden. Unter anderem sind marktliche Trends aufzudecken, aber auch Gefahren, die sich beispielsweise aus Gegenreaktionen von Abnehmern oder anderen Stakeholdern (Wettbewerbern, politischen Gruppen, ad-hoc-Gruppierungen wie Bürgerinitiativen oder Umweltschutzvereinigungen) bzw. Veränderungen in der globalen Umwelt ableiten lassen.

Abbildung I.3.3 demonstriert anhand einer Suchfeldanalyse aus dem Nahrungsmittelbereich, dass im konkreten Fall beispielsweise ein Werte- und Einstellungswandel, technologischer Fortschritt, sich wandelnde Kauf- und Konsumgewohnheiten sowie soziodemografische Veränderungen Chancen, aber auch Risiken für die Markenplanung mit sich bringen können. Im Zusammenhang mit der Markenführung sind Trends im Kauf- und Konsumverhalten der Bevölkerung von besonderem Interesse, da sich hier Einflüsse aus anderen Analysefeldern niederschlagen.

3 Marke und Kaufentscheidungsprozess 27

Abbildung I.3.3 Analysemodell - Bereich Ernährung

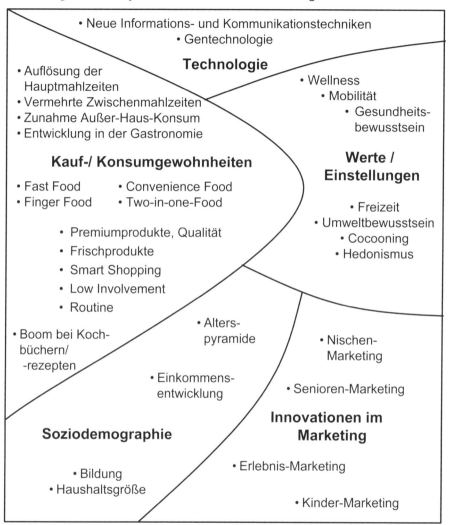

Allgemein kann zwischen extensivem und routinemäßigem Kaufverhalten der Konsumenten unterschieden werden. Während bei extensiven Kaufentscheidungen das Ausmaß der kognitiven Steuerung relativ groß ist, können Routineentscheidungen durch ein relativ geringes Engagement, geringe wahrgenommene Produktunterschiede, zahlreiche gleichartige Kaufentscheidungen und einen relativ hohen Zeitdruck beim Kauf gekennzeichnet werden (vgl. im einzelnen Haedrich/Tomczak 1996, S. 18-23; Kuß/Tomczak 2000, S. 93-103). Insbesondere das aus dem Bereich der Kommunikationsforschung stammende Involvement-Konstrukt hat sich heute zu einem der zentralen Erklärungsansätze der Kaufverhaltensforschung entwickelt. Ganz besondere Aufmerksamkeit muss bei der Markenführung dem Phänomen des *Low Involvement* geschenkt werden; in diesem Fall ist ein geringes kognitives und/oder emotionales Engagement der Konsumenten beim Kauf zu beobachten, das darauf zurückgeführt werden kann, dass sowohl das ökonomische als auch das psycho-soziale Risiko beim Kauf relativ gering veranschlagt werden: „A low involvement purchase is one in which consumers do not consider the product important to their belief system and do not strongly identify with a product" (Assael 1995, S. 145).

Low Involvement hat zur Folge, dass Informationen nur mit erheblichen Einschränkungen aufgenommen und verarbeitet werden. Konsumenten neigen häufig dazu zu experimentieren, besonders preisgünstige Angebote zu nutzen bzw. aus Bequemlichkeit diejenigen Produkte zu kaufen, die gerade im Handel verfügbar sind. Auch bei Produkten aus Güterkategorien, die jeweils mit hohem Involvement gekauft werden (z.B. langlebige Konsumgüter wie Autos oder Dienstleistungen wie Fernreisen, Angebote, für die relativ hohe finanzielle und psychische Aufwendungen notwendig sind), muss in der meist länger anhaltenden Phase zwischen zwei Käufen mit geringem Involvement gerechnet werden. Durch die passive Informationsaufnahme und –verarbeitung seitens des potentiellen Käufers ist der Auf- und Ausbau fest verankerter Markenschemata deutlich erschwert. Informationen über die Marke werden wenn überhaupt nur relativ kurzfristig gespeichert und durch andere Informationen überlagert, mit dem Ergebnis, dass einzelne Angebote weitgehend austauschbar werden. Insbesondere mit Hilfe kommunikationspolitischer Maßnahmen muss versucht werden, eine derartige Pattsituation für die eigene Marke zu umgehen (vgl. auch ausführlicher Abschnitt II.3.2).

# II. Markenidentität und -positionierung

## 1 Überblick

Esch/Wicke betrachten als das zentrale Ziel der Markenführung den Aufbau von starken Marken, mit anderen Worten von Marken mit hohem Markenwert (vgl. Esch/Wicke 2001, S. 44-48 sowie Abschnitt IV.2). Der Wert einer Marke hängt davon ab, ob es gelingt, eine unverwechselbare *Markenidentität* zu schaffen. Vor dem Hintergrund der Markenidentität erfolgt die *Positionierung* der Marke, die ihrerseits die Basis für die Markenprofilierung und die Entwicklung eines positiven *Markenimages* mit Hilfe eines Programms zum systematischen Aufbau der Marke darstellt. Als dritte Aufgabe im Rahmen der brand leadership tasks nennen Aaker/Joachimsthaler den Aufbau einer *Markenarchitektur*, insbesondere bei stark diversifizierten Unternehmen mit Mehrmarkenstrategien eine Aufgabe von zentraler Bedeutung (vgl. hierzu im einzelnen Abschnitt III.2). Schließlich geht es um die Entwicklung *organisatorischer Strukturen* und *Prozesse*, um den Markenaufbau wirksam zu flankieren (vgl. Aaker/Joachimsthaler 2000, S. 25-28).

In diesem Zusammenhang wird in Theorie und Praxis häufig der Begriff *Branding* verwendet. Unter den Maßnahmen, die dazu dienen, ein Produkt aus Sicht der potentiellen Konsumenten und weiterer Bezugsgruppen identifizierbar und differenzierbar zu machen und auf diese Weise von Wettbewerbsangeboten deutlich abzuheben, ist zunächst die Entwicklung einer tragfähigen Markenidentität und Positionierung zu nennen. In Zusammenhang mit der Profilierung des Produktes und dem Aufbau eines positiven Markenimages stehen die Kennzeichnung des Produktes mit einer Marke sowie kommunikative Maßnahmen, die zur Profilierung dienen, im Vordergrund. Produkt- und preispolitische Maßnahmen sowie solche im Bereich der Distribution treten flankierend hinzu, damit ein klares Markenprofil entstehen kann.

Meffert/Burmann sprechen von einer *identitätsorientierten Markenführung* als "*außen- und innengerichtetem Managementprozess* mit dem Ziel der *funktionsübergreifenden Vernetzung* aller mit dem Marketing von Leistungen zusammenhängenden Entscheidungen und Maßnahmen zum Aufbau einer starken Markenidentität ..." (Meffert/Burmann 2002, S. 30). Das Konzept der Markenidentität wird in einem doppelten Sinne aus der Innenperspektive des Unternehmens ("Selbstbild der Markenidentität") und aus der Außenperspektive der Konsumenten und sonstigen Bezugsgruppen ("Fremdbild der Markenidentität") aufgefasst; letzterer Begriff ist identisch mit dem Markenimage. Beim Aufbau einer Markenidentität handelt es sich im ersten Schritt um die Identifikation der inneren Werte der Marke, auch als strategische Erfolgspotenziale der Marke zu bezeichnen. Strategische Erfolgspotenziale sind einzigartige Ressourcen und Fähigkeiten des Unternehmens, die bei der Entwicklung der Markenidentität zur Verfügung stehen; sie sollten wertvoll ("valuable"), knapp ("rare"), nicht vollständig imitierbar ("imperfectly imitable") und nicht substituierbar ("no strategically equivalent substitutes") sein (vgl. Barney 1991, S. 105f). Das ist Voraussetzung dafür, dass Wettbewerbsvorteile aufgebaut werden können. Im zweiten Schritt geht es um die Implementierung dauerhafter Wettbewerbsvorteile mit Hilfe der Positionierung und deren Umsetzung auf dem Wege über eine geeignete Marketingstrategie. Dabei spielt der zentrale Nutzen, den der Konsument mit der Marke in Verbindung bringt und der die Marke von Wettbewerbsangeboten deutlich unterscheidet, eine wichtige Rolle. Markenidentität und Markenimage stehen in einem wechselseitigen Austauschprozess; gelingt es dem Markenmanagement, die Kernidentität der Marke (den Markenkern, geprägt durch unveränderbare innere Werte der Marke) und das Image der Marke in Übereinstimmung zu bringen und entsprechen sich auf diese Weise Selbst- und Fremdbild der Marke, so ist damit die Basis für den Aufbau einer *starken Marke* geschaffen. Abbildung II.1.1 verdeutlicht das Verhältnis von Markenidentität, Positionierung und Markenimage.

1 Überblick

Abbildung II.1.1 Markenidentität, Positionierung und Profilierung

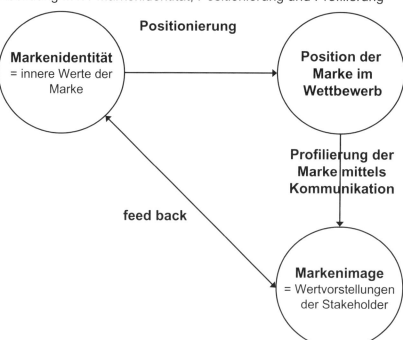

Abbildung II.1.2 zeigt anhand des Beispiels eines international tätigen Herstellers von Baggern und Kränen – von Maschinen für kleinere Erdarbeiten bis hin zu riesigen Krananlagen im Bergbau – Wertvorstellungen und Positionierungsaussagen als Basis für die Kommunikation von Marken, die in ganz unterschiedlichen Marktsegmenten angesiedelt sind. Beispielsweise ist Schwerpunkt der Markenidentität von O & K – ORENSTEIN & KOPPEL – langjährige deutsche Tradition, Widerstandsfähigkeit und Robustheit, verbunden mit innovativer Technologie. Die daraus abgeleitete Positionierung als Basis für kommunikative Maßnahmen lautet: "Tradition in innovation". Die Marke CASE hat einen internationalen Hintergrund und legt Wert auf besondere Kundennähe; die entsprechende Positionierung nimmt darauf Bezug: "Committed to your needs".

Abbildung II.1.2 Beispiele für Markenidentität und Positionierung

**Brand & Product Values**

**Customer Intimacy**
International with American feel

International with **technological** trend setter

European with Japanese roots **sophisticated technology, superior quality**

German Heritage **rugged, robust innovative technology**

FIATALLIS

Consolidated leadership through FIAT endorsement **Durable and Heavy**

**Heavy Equip. Specialist**
Strong American heritage

**Target Brand Positioning –
Communication Brand Statement**

- High international profil
- Friendly Professional
- Sells „solutions"

*„Committed to your needs"*

- The new alternative in the industry
- New skills at work

*„Performance through technology"*

- Technology
- Innovation
- Quality

*„Moving the world"*

Solid German tradition (established in 1876)

*„Tradition in Innovation"*

Industry Leadership

*„Forever durable"*

- Heavy Equipment Focus
- Professional
- Expanding „solutions"

*„Your special support"
„Responsive Solution"*

Quelle: Orenstein & Koppel

# 1 Überblick

Aaker definiert Markenidentität als „a unique set of brand associations that the brand strategist aspires to create or maintain. These associations represent what the brand stands for and imply a promise to customers from the organization members" (Aaker, 1996, S. 68). Seiner Meinung nach besteht die Identitätsstruktur einer Marke aus vier Dimensionen:

- der Produktdimension (Assoziationen u.a. betreffend Eigenschaften der Produktgattung und des Produktes selbst, die Konsumsituation, die Zielgruppe und das Ursprungsland der Marke);
- einer organisationalen Dimension (verbunden u.a. mit Vorstellungen über den Hersteller oder Anbieter des Produktes und den regionalen Geltungsbereich der Marke);
- einer persönlichkeitsbezogenen Dimension (Assoziationen betreffend die Markenpersönlichkeit und emotionale Beziehungen zwischen Marke und Kunden);
- einer symbolischen Dimension (geprägt u.a. durch den Markennamen, das Markenlogo und die symbolhafte Ausgestaltung der Marke).

Die Entwicklung einer unverwechselbaren Markenidentität ist Aufgabe des Markenmanagements, das mit dem Aufbau und der Führung der Marke befasst ist; hier ist u.a. die wichtige Frage der *Markenkultur* angesprochen, die in einer Organisation herrscht. Diese wird geprägt durch die Vision und das Leitbild der Organisation als Träger übergeordneter Werte und Zielvorstellungen (vgl. Joachimsthaler/Aaker 1997, S. 40). Ob ein konsistentes Markenbild entsteht, das sich bei der Zielgruppe nach und nach zu einem festen Markenschema verdichtet, hängt von den Fähigkeiten des Managements zur Markenführung sowie den organisatorischen Strukturen und Prozessen ab, in die Aufbau und Pflege von Marken eingebettet sind. Strategische Markenführung ist eine Top-Management-Aufgabe und verlangt Kreativität, Kontinuität und gleichzeitig Spürsinn für Veränderungen im marktlichen und globalen Umfeld des Unternehmens. Nur auf diese Weise gelingt es, ein konsistentes Markenimage aufzubauen, das – ausgehend vom Markenkern – schrittweise durch weitere Elemente der Markenidentität zu einem festen und reichhaltigen Markenschema vervollkommnet wird.

Der zur Positionierung von MCDONALD'S verwendete Markenkern ist in der Abbildung I.3.1 besonders hervorgehoben worden. Das gesamte Netz von Markenassoziationen ist im Laufe der Zeit vor allem durch kontinuierliche Kommunikationsaktivitäten verdichtet worden, um das Markenimage auszubauen, dabei dem gewandelten Markenumfeld Rechnung zu tragen und auf diese Weise die Marke stets aktuell zu halten.

## 2 Markenidentität

### 2.1 Die Produktdimension

Jede Marke verkörpert zunächst bestimmte Eigenschaften, die mit der Produktgattung zusammenhängen und die beim Aufbau einer Markenidentität eine feste Gegebenheit darstellen. MCDONALD'S ist beispielsweise eine Fast-Food-Restaurantkette, die automatisch entsprechende Fast-Food-Assoziationen auslöst. Sich von derartigen Assoziationen gänzlich lösen zu wollen, würde bedeuten, ein wichtiges Identitätskriterium zu leugnen, ein Versuch, der bei der Zielgruppe Irritationen hervorrufen dürfte. Ausgehend von Eigenschaften, die die Produktgattung betreffen, muss nun ein Eigenschaftsprofil entwickelt werden, das u.a. das Produkt selbst betrifft (z.B. eine herausragende Produktqualität (wie bei HÄAGEN-DAZS: Premium-Qualität), ein vorzüglicher Service als Leistungsmerkmal (Beispiel: AVIS „we try harder") oder positive Design-Merkmale (Beispiel: Produkte der Marke SWATCH). Einschränkend ist allerdings anzuführen, dass in den Augen der Zielgruppe nur *nutzenstiftende Produkteigenschaften* zum Aufbau einer Markenidentität geeignet sind (vgl. auch Abschnitt II.3: Positionierung).

Auch die *Konsumsituation* kann bei dem Aufbau einer Markenidentität eine wichtige Rolle spielen: bestimmte Snack-Produkte werden beispielsweise ausdrücklich mit Assoziationen an eine Frühstücksmahlzeit verbunden. Bei der Schaffung einer einzigartigen Markenidentität spielt die *anvisierte Zielgruppe* ebenfalls eine Rolle: bei MCDONALD'S trifft man junge Leute und Familien mit Kindern; mit BMW-Fahrern werden eher sportliche Assoziationen verbunden usw. Schließlich sind auch mit dem *Ursprungsland der Marke* in Verbindung stehende Assoziationen oftmals identitätsstiftend (Beispiel: der Slogan „Made in Germany" bürgt in vielen Branchen für hohe Produktqualität; Schweizer Produkte gelten u.a. einerseits als überdurchschnittlich umweltfreundlich und als internationale Spitzenprodukte, auf der anderen Seite jedoch als relativ wenig innovativ, vgl. Kühn 1992). Keller weist in diesem Zusammenhang außerdem auf mögliche Einflüsse hin, die beispielsweise von den benutzten Distributionskanälen, von anderen Produkten auf dem Wege über Co-Branding-Maßnahmen oder Lizenzgeschäfte ausgehen (vgl. Keller 1998, S. 74 und Kapitel III in diesem Buch).

## 2.2  Die organisationale Dimension

Die Markenidentität wird häufig vor dem Hintergrund einer Organisation aufgebaut, die ihrerseits (u.a. in Verbindung mit einer Firmenmarke) bestimmte Assoziationen auslöst. Diese können sich beispielsweise beziehen auf die soziale Verantwortlichkeit der Organisation (die Organisation als „good neighbour": z.B. als Arbeitgeber und Steuerzahler). Durchgängig bei allen Marken verfolgte strategische Grundsätze, die im Leitbild verankert sind und kommuniziert werden (beispielsweise Innovationsorientierung, überdurchschnittliche Qualität, Umweltorientierung), sind weiterhin wichtige Identitätsmerkmale. Brown/Dacin unterscheiden generell eine *marktliche Ebene* („the company's capabilities for producing products") und eine *soziale Ebene* („company's perceived social responsibility") und zeigen anhand einer empirischen Studie auf der Basis eines zweistufigen Convenience-Samples mit 163 bzw. 127 Studierenden, dass organisationsbezogene Assoziationen ganz deutlich die Bewertung neu eingeführter Produkte beeinflussen können (vgl. Brown/Dacin 1997).

Schließlich ist der *geografische Geltungsbereich* der Marke ein nicht zu unterschätzender Einflussfaktor: Globale Marken haben im Allgemeinen eine stärkere Ausstrahlung als lokale oder regionale Marken.

## 2.3 Die Markenpersönlichkeit

Der Begriff der Markenpersönlichkeit wird mit unterschiedlichen Inhalten verwendet. Häufig wird darunter das Image „starker" Marken verstanden, das sich aus zahlreichen Facetten zusammensetzt, die im Gedächtnis der Zielgruppe in Form eines Markenschemas verdichtet sind. Enger grenzt Aaker den Begriff ein; er versteht darunter „the set of human characteristics associated with a given brand. Thus it includes such characteristics as gender, age, and socioeconomic class, as well as such classic human personality traits as warmth, concern, and sentimentality" (Aaker 1996, S. 141). Die Entstehung einer Markenpersönlichkeit wird auf die unterschiedlichen Kontakte mit der Marke und auf Assoziationen zurückgeführt, die mit der Marke in Verbindung gebracht werden (vgl. Abbildung II.2.2). Sowohl Merkmale der Markennutzer als auch anderer Personen, Markenzeichen und -symbole sowie produkt-, preis-, kommunikations- und distributionspolitische Maßnahmen können hier eine Rolle spielen. Eine Markenpersönlichkeit kann u.a. durch Testimonials beeinflusst werden, die in der Markenwerbung verwendet werden (z.B. „Herr Kaiser" bei der HAMBURG-MANNHEIMER Versicherung). MCDONALD'S hat eine Zeitlang Thomas Gottschalk in der Werbung als prominenten Konsumenten vorgestellt; die Gefahr besteht allerdings, dass durch die Konzentration auf eine bekannte Person eine einseitige Markenpersönlichkeit entsteht, die polarisierend wirkt und einen größeren Teil der Zielgruppe u. U. davon abhält, das Produkt zu konsumieren. Auch die bekannte Gründerpersönlichkeit eines Unternehmens (z.B. Bill Gates von MICROSOFT) kann für die Entstehung einer Markenpersönlichkeit verantwortlich sein. Ein weiteres Beispiel für eine Markenpersönlichkeit ist die Seife IVORY von PROCTER &GAMBLE: P &G entwickelte in Zusammenhang mit dieser Seife die Persönlichkeit einer sorgenden Mutter (vgl. McEnnally/de Chernatony 1999, S. 19).

## 2 Markenidentität

Abbildung II.2.1 Entstehung einer Markenpersönlichkeit

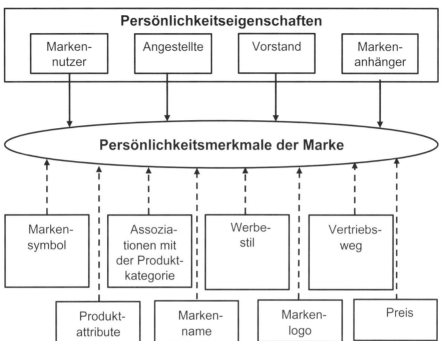

Quelle: Jennifer L. Aaker 2001, S. 95

Generell wird die Persönlichkeit einer Marke als Schlüssel zum Aufbau einer dauerhaften und profitablen Alleinstellung im Wettbewerb gesehen. Jennifer L. Aaker hat anhand einer repräsentativen schriftlichen Untersuchung in den USA (Basis: 631 Befragte; Rücklaufquote 55%) fünf Dimensionen der Markenpersönlichkeit herausgefunden, die Unterschiede zwischen der Wahrnehmung verschiedener Marken erklären können (vgl. J.L. Aaker 2000): Sincerety (z.B. HALLMARK Karten), Excitement (z.B. Fernsehkanal MTV), Competence (z.B. DIE ZEIT), Sophistication (z.B. GUESS JEANS) und Ruggedness (z.B. NIKE Tennisschuhe). Sie weist darauf hin, dass die Markenpersönlichkeit aus Sicht des Markenmanagers den zentralen Schalthebel zum Aufbau einer Markenidentität und - darauf aufbauend - eines Markenimages darstellt.

Eng an den Begriff der Markenpersönlichkeit knüpft das Konstrukt der Beziehungspartnerschaft an. Marken können dazu beitragen, dass der Konsument glaubt, so von anderen gesehen zu werden, wie er gerne gesehen werden möchte. Sie nehmen daher auf die Struktur seines Selbstbilds Einfluss und vermitteln ihm die Chance, so von seiner Umgebung wahrgenommen zu werden, wie er sich das im Idealfall vorstellt, wirken also auf sein "soziales Ich" ein (vgl. Strebinger 2001 und Abbildung II.2.2).

Abbildung II.2.2 Struktur des Selbstbilds

| **tatsächliche Ich-Wahrnehmung** | Wie sieht der Konsument sich selbst? | Wie glaubt der Konsument, dass er durch andere gesehen wird? |
|---|---|---|
| **ideale Ich-Wahrnehmung** | Wie würde er sich gerne selbst sehen? | Wie würde der Konsument gerne durch andere gesehen werden? |
| | **Eigenes Ich** | **Soziales Ich** |

Quelle: Strebinger 2001, S.20

Im Laufe der Zeit entwickeln sich u. U. enge Beziehungen zwischen der Marke und ihrem Kundenkreis. Diese sind häufig emotional gefärbt, können unterschiedliche Inhalte haben und sind von erheblicher Bedeutung für den Aufbau einer Identifikationsbrücke zwischen Marke und Konsument (eine Marke für Convenience-Produkte steht beispielsweise stellvertretend für die Rolle der intelligenten Hausfrau; die Beziehung zu einer Parfum-Marke drückt Zuneigung und Liebe zum Partner aus; die Beziehung zu einer bestimmten Automarke basiert auf dem Wunsch nach Unabhängigkeit und Selbstverwirklichung; "... mothers who use IVORY soap care for their babies. They are loving and gentle, just like IVORY soap" (McEnnally/de Charnatony 1999, S. 19). Eine Marke wird besonders dann bevorzugt werden, wenn ihre Persönlichkeit dem Selbstkonzept des Kunden entspricht. Auf der Basis der Ergebnisse einer explorativen Untersuchung formuliert Fournier (1998, S. 367): „Brands cohere into systems that consumers create not only to aid in living but also to give meaning to their lives. Put simply, consumers do not choose *brands*, they choose *lives*".

## 2.4 Die symbolische Dimension

Aufbau und Führung von Marken beziehen sich in moderner Sichtweise nicht nur auf die Namensfindung, sondern gehen weit darüber hinaus. Es handelt sich darum, die Entwicklung positiver Markenassoziationen u.a. auf dem Wege über Elemente wie Farbe, Typografie, Symbole, Slogans und Bildmetaphern zu unterstützen. Mit einer Marke assoziierte Farben (z.B. die Farbkombination rot/gelb für Produkte der Marke MAGGI), die besondere typografische Gestaltung eines Markennamens, Markensymbole (z.B. der schwarze Kopf auf Produkten der Marke SCHWARZKOPF), Slogans (z.B. ST. MORITZ: TOP OF THE WORLD) und Metaphern (z.B. der WEIßE RIESE als Ausdruck enormer Waschkraft bzw. die Figur der Clementine bei ARIEL als Metapher für die sorgsame Hausfrau) lösen bei der Zielgruppe bestimmte Vorstellungen aus, helfen bei der Differenzierung des Angebots vom Wettbewerb und erhöhen die Schutzfähigkeit der Marke. Letzendendes geht es darum, "...beim Konsumenten ein *relevantes*, *unverwechselbares* sowie *klares und lebendiges* inneres Bild einer Marke zu verankern." (Ruge 2001, S.174; Hervorhebungen im Originaltext). Wichtig ist, dass derartige Elemente bei sämtlichen Marketingmaßnahmen verwendet werden, die eine kommunikative Wirkung entfalten (u.a. auf der Verpackung und bei allen Kommunikationsinstrumenten).

### 2.4.1 Gestaltung des Markenlogos

Häufig werden bestimmte Farbkombinationen, Symbole, Slogans und Metaphern bei der Entwicklung eines Markenlogos verwendet; Markenname und Markenlogo stellen wesentliche Elemente des Markenkerns dar (vgl. Keller 1998, S. 135). Dem Markenlogo als Kennzeichnungsmerkmal eines Produktes fallen mehrere Aufgaben zu:
– es muss in hohem Maße identitätsstiftend und daher in der Lage sein, positive Assoziationen auszulösen; das Logo muss prägnant sein, die

Produktleistung (den Produktnutzen) in den Augen der Zielgruppe erkennbar und unverwechselbar machen und das Angebot auf diese Weise klar und eindeutig von Wettbewerbsangeboten positiv abgrenzen;

– es muss einen hohen Aktivierungs-, Wiedererkennungs- und Erinnerungswert besitzen; im Sinne der übergreifenden Aufgabe des Branding muss sich das Logo auf die Produktausstattung und –verpackung übertragen und in sämtlichen vertriebs- und kommunikationspolitischen Maßnahmen problemlos einsetzen lassen;

– es muss möglichst flexibel sein, d.h. „dehnbar" (im Sinne der Übertragung auf Produkte in anderen Branchen und in anderen Regionen);

– schließlich muss es die Schutzfähigkeit des Angebots erhöhen.

Da die auf dem Markenkern aufbauende Positionierung heute oftmals vordergründig emotionale Dimensionen anspricht (vgl. Abschnitt II.3.2), muss bei der Entwicklung des Markenlogos darauf geachtet werden, dass möglichst auch emotionale Potenziale erschlossen werden. Diese steuern den gesamten Informationsverarbeitungsprozess beim Konsumenten, der in Zusammenhang mit einer Kaufentscheidung abläuft, d.h. sowohl die Wahrnehmung und Wiedererkennung des Produktes, beispielsweise im Einzelhandel, aber auch in sämtlichen kommunikativen Maßnahmen, z.B. in der Mediawerbung und Verkaufsförderung. Unter Low-Involvement-Bedingungen kann ein konkretes Angebot auf diesem Wege aus seiner Produktkategorie positiv herausgehoben und unverwechselbar gemacht werden.

## 2.4.2 Auswahl des Markennamens

Was speziell die Auswahl des Markennamens angeht, so unterscheidet Esch grundsätzlich zwischen bedeutungslosen und bedeutungshaltigen Namen (vgl. Esch 1999, S. 352). Bedeutungshaltige Markennamen haben einen direkten bzw. indirekten Bezug zu dem Angebot (z.B. CLIFF bzw. BADEDAS für Duschgel; DU DARFST für ein Programm kalorienreduzierter Nahrungsmittel), bringen deutlich die Identität der Marke zum Ausdruck und flankieren auf diese Weise besonders gut die darauf aufbauende Markenpositionierung. Kohli/LaBahn haben den

## 2 Markenidentität

Prozess der Namensfindung empirisch untersucht; sie verwendeten dazu eine Stichprobe von Markenmanagern aus der amerikanischen Industrie (Basis: 390 angeschriebene Personen; Rücklaufquote der schriftlichen Umfrage: 26% = 101 Befragte). Auf dieser Basis untergliedern sie den Prozess der Namensfindung in fünf Stufen (vgl. Kohli/LaBahn 1997 und Abbildung II.2.3).

Abbildung II.2.3 Prozess der Namensgebung

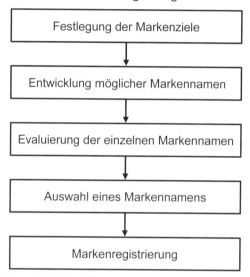

Quelle: Kohli/LaBahn 1997, S. 69

Was die Zielsetzung für die Namensgebung betrifft, so steht der Aspekt der Produktpositionierung im Vordergrund: 61% der Befragten geben an, den Markennamen an der beabsichtigten Produktpositionierung zu orientieren. Die Differenzierbarkeit des Produktes sowie die klare Einordnung des Angebots in ein abgrenzbares Marktsegment werden von jeweils 41% der Befragten als wichtige Ziele angegeben und folgen damit auf dem zweiten Rang. Als wichtigste Quelle für die Namensfindung nennen die Befragten die Kreativitätstechnik Brainstorming (89% der Befragten); 87% führen an, dass individuelle Suchprozesse stattfinden. In Abbildung II.2.4 ist die Bedeutung verschiedener Kriterien für die Bewertung von Markennamen wiedergegeben. Offensichtlich spielen der Bezug des Namens zu der Produktkategorie sowie seine assoziative Verbindung mit dem Produkt die größte Rolle; aber auch die Sympathie, die dem Namen entgegengebracht wird, Wiedererkennbarkeit, Differenzierungs- und Erinnerungsvermögen spielen eine große Rolle. Bei der endgültigen Auswahl des Markennamens kommen dann u.a. noch die Gesichtspunkte der Schutzfähigkeit sowie der leichten Aussprechbarkeit zum Tragen.

Abbildung II.2.4 Stellenwert einzelner Kriterien bei der Evaluierung von Markennamen

| Stellenwert der Kriterien | Gesamtheit n = 101 | Konsumgüter n = 48 | Industriegüter n =53 |
|---|---|---|---|
| Relevanz in Bezug auf die Produktkategorie | 5,99 | 6,10 | 5,88 |
| Konnotationen | 5,83 | 5,93 | 5,74 |
| Allgemeine Anziehungskraft | 5,79 | 5,68 | 5,89 |
| Leichtigkeit der Wiedererkennung ("recognition") | 5,77 | 5,84 | 5,69 |
| Unterscheidungsvermögen | 5,49 | 5,55 | 5,44 |
| Leichtigkeit der Erinnerung ("recall") | 5,42 | 5,43 | 5,40 |
| Vereinbarkeit mit Unternehmensimage | 5,42 | 5,51 | 5,34 |
| Schutzfähigkeit | 5,14 | 4,95 | 5,32 |
| Leichtigkeit der Aussprache | 5,07 | 5,19 | 4,96 |
| Vereinbarkeit mit dem Produktprogramm | 4,95 | 5,10 | 4,80 |
| Profane oder negative Konnotationen | 4,59 | 4,51 | 4,67 |
| Verwendbarkeit für andere Produkte | 3,61 | 3,71 | 3,52 |
| Übersetzbarkeit in andere Sprachen | 3,18 | 3,00 | 3,34 |
| Anmerkung: Skala 1-7; 1= überhaupt nicht wichtig, 7= besonders wichtig ||||

Quelle: Kohli/LaBahn 1997, S. 72

## 2 Markenidentität

Auch Kotler weist darauf hin, dass auch darauf geachtet werden sollte, dass der Markenname gut aussprechbar ist (vgl. Kotler 1999, S. 64). Um dieses Problem bei der Einführung der Marke STUYVESANT im deutschen Zigarettenmarkt zu lösen, wurde seinerzeit von dem Hersteller u.a. starke Radiowerbung eingesetzt. Kunden, die nicht wissen, wie der Markenname auszusprechen ist, haben oft Hemmungen beim Kauf bzw. vermeiden es, mit anderen Personen über das Produkt zu sprechen.

Mit der engen Verknüpfung der Marke mit dem Markenkern hängt es zusammen, dass ein Markenwechsel von dem Markenbesitzer nur unter ganz besonderen Umständen in Betracht gezogen werden wird, beispielsweise im Zuge einer Programmbereinigung, zur besseren Ausnutzung von Synergieeffekten oder aus rechtlichen Gründen. Beispielsweise war der Wechsel der Marke RAIDER in TWIX in Deutschland auf markenrechtliche Aspekte zurückzuführen; es ging darum, das Produkt möglichst weltweit unter einer einheitlichen Marke vermarkten zu können.

Das in Abbildung II.2.5 dargestellte Scoringmodell diente in einem Planungsbeispiel aus der Praxis in der ersten Phase zur Bewertung von verschiedenen Namen für ein großes städtisches Einkaufszentrum. Die Bewertung erfolgte im Rahmen eines Workshops, an dem Experten mit unterschiedlichen Funktionen teilnahmen.

Abbildung II.2.5 Scoringmodell

| Bewertung: Wie passen Name und Kriterium zusammen? | | | | | | | | | |
|---|---|---|---|---|---|---|---|---|---|
| Kriterium | Ge-wicht | Name 1 | | Name 2 | | Name 3 | | Name 4 | |
| | | B | G | B | G | B | G | B | G |
| Passt gut zum Standort | 16,50 | 3,00 | 49,50 | 2,75 | 45,38 | 4,75 | 78,38 | 2,65 | 43,73 |
| Signalisiert Fachhandelsangebot | 5,30 | 1,25 | 6,63 | 2,50 | 13,25 | 2,63 | 13,94 | 1,63 | 8,64 |
| Hebt sich von der Konkurrenz ab | 7,30 | 3,75 | 27,38 | 3,50 | 25,55 | 3,25 | 23,73 | 2,50 | 18,25 |
| Einprägsam und erinnerungsfähig | 20,00 | 3,87 | 77,40 | 3,63 | 72,60 | 4,00 | 80,00 | 3,10 | 62,00 |
| Verspricht hohe Qualität des Angebots | 8,90 | 2,00 | 17,80 | 3,75 | 33,38 | 4,00 | 35,60 | 1,88 | 16,73 |
| Passt gut zur Zielgruppe | 16,00 | 2,75 | 44,00 | 2,25 | 36,00 | 4,50 | 72,00 | 2,38 | 38,08 |
| Breite Angebotspalette | 3,50 | 2,10 | 7,35 | 1,88 | 6,58 | 3,00 | 10,50 | 2,50 | 8,75 |
| Lässt sich gut mit Kunst verbinden | 5,00 | 2,10 | 10,50 | 3,00 | 15,00 | 2,50 | 12,50 | 1,63 | 8,15 |
| Passt gut zur Architektur | 8,50 | 1,63 | 13,86 | 2,38 | 20,23 | 3,88 | 32,98 | 1,88 | 15,98 |
| Hat hohe überregionale Anziehungskraft | 9,00 | 1,63 | 14,67 | 2,50 | 22,50 | 3,75 | 33,75 | 3,13 | 28,17 |
| | Σ =100 | 269,08 | | 290,46 | | 393,37 | | 248,48 | |
| | | 1=geringster Wert; 5= höchster Wert | | | | | | | |
| | | B=Bewertung G=gewichtete Bewertung | | | | | | | |

Anschließend stuften die Experten die assoziative Wirkung der am besten beurteilten Namen anhand des Polaritätenprofils in Abbildung II.2.6 ein, das auf Basis der Positionierungsziele entwickelt worden war. Diejenigen Namen, die auch diesen zweiten Bewertungsschritt durchlaufen hatten, wurden schließlich im Rahmen einer repräsentativen Marktuntersuchung bei potentiellen Kunden im Einzugsgebiet des Einkaufszentrums hinsichtlich ihres Assoziationsgehalts untersucht.

## 2 Markenidentität

Abbildung II.2.6 Polaritätenprofil

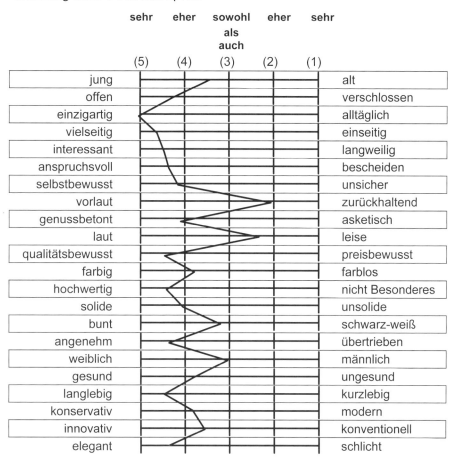

## 3 Positionierung[2]

### 3.1 Grundlagen

Jede angebotene Marke besitzt aus dem subjektiven Blickwinkel der Kunden eine bestimmte Position im Markt. Beispielsweise steht die Zigarettenmarke MARLBORO für Freiheit, Abenteuer und Männlichkeit, repräsentiert durch die Figur des Marlboro-Cowboys. Mit der Marke MILKA verbinden die Konsumenten in der Regel Schokoladengenuss aus echter Alpenmilch. Diese Position wird unter anderem durch den in der Kommunikation verwendeten Claim „die zarteste Versuchung seit es Schokolade gibt" und durch die Figur der lila Kuh vermittelt.

Die Position einer Marke wird durch vielfältige Faktoren beeinflusst. Selbst ohne den zielgerichteten Einsatz des Marketing-Mix weist eine angebotene Marke ein mehr oder weniger prägnantes Profil auf, d.h. sie kann – und dies ist in der Praxis durchaus der Fall – eine bestimmte Position im Markt weitgehend passiv und ungesteuert besetzen. Die Positionierung zielt auf die *strategische* und *aktive* Gestaltung der Stellung einer Marke im jeweils relevanten Markt ab (vgl. hierzu Esch 1992; Mühlbacher/Dreher 1996). Zentrale Aufgabe der Positionierung ist es, die zukünftige Stellung einer Marke im Markt und im Wettbewerb festzulegen, um die Richtung für einen effizienten Einsatz des Marketing-Mix gemäß den ökonomischen Zielsetzungen vorzugeben. Die Positionierung liefert die Leitidee für die quantitative und qualitative Ausgestaltung des Marketing-Mix (vgl. Becker 1996).

Eine Marke ist derart zu positionieren, dass eine dauerhafte und profitable Alleinstellung im Wettbewerb erreicht wird. Ein komparativer Konkurrenzvorteil (KKV) bzw. – in der Sprache der Praxis – eine „Unique selling proposition (USP)" oder „Unique marketing proposition (UMP)" ergibt sich,

---

[2] Teile dieses Kapitels entsprechen in den Darstellungen bei Haedrich/Tomczak 1996, S. 136-150 und Kuß/Tomczak 2001, S. 136-147.

wenn die folgenden Anforderungen erfüllt sind (vgl. insbesondere Meffert 1988, S. 119-121; Magyar 1987, S. 142-149):

- Ein echter, d.h. für die anvisierte Kundengruppe bedeutsamer Kundennutzen muss angesprochen werden. Die Leistungen der eigenen Marke sind in eine Leistung für den jeweiligen Kunden zu übersetzen.
- Der Nutzen muss für die Kunden deutlich wahrnehmbar sein. Maßstab für die erfolgreiche Umsetzung einer Positionierung ist somit die subjektive Wahrnehmung der Kunden (vgl. Tomczak/Müller 1993).
- Der Nutzen muss die eigene Marke möglichst dauerhaft von den Marken der Wettbewerber positiv abgrenzen. Die zentrale Zielsetzung besteht nicht in einer Maximierung des Nutzens des jeweiligen Kunden, sondern darin, einen relevanten Kundennutzen besser als irgendein anderer Wettbewerber oder der Kunde selbst befriedigen zu können. Mit anderen Worten, im Mittelpunkt steht die relative Steigerung des Kundennutzens (vgl. Grosse-Oetringhaus 1994).
- Der Nutzen sollte auf Kernkompetenzen im Unternehmen treffen. „Die Analyse der eigenen Ressourcenpotenziale im Sinne von besonderen Fähigkeiten ist eine entscheidende Voraussetzung für die Definition von KKVs." (Backhaus 1992, S. 22) D.h. dauerhafte komparative Konkurrenzvorteile liegen nur dann vor, wenn tatsächlich überlegene Fähigkeiten und Ressourcen vorhanden sind (vgl. Day/Wensley 1988).

### Klassisches Positionierungsmodell/reaktive Positionierung

Ein zentraler Grundgedanke des Marketing lautet: Kunden wählen diejenigen Produkte bzw. Leistungen, deren wahrgenommene Eigenschaften ihren (Nutzen-) Erwartungen am besten entsprechen. Es gilt, sich an dieser zentralen Hypothese zu orientieren, wenn Produkte bzw. Leistungen im Markt erfolgreich positioniert werden sollen. Diese Grundgedanken liegen dem „klassischen" Positionierungsmodell zugrunde. Hierbei werden die Positionen verschiedener, miteinander im Wettbewerb stehender Produkte bzw. Leistungen in einem so genannten Positionierungsraum wiedergegeben. Dieser Positionierungsraum wird durch Achsen gebildet, die die kaufentscheidungsrelevanten Produkteigenschaften eines Marktes widerspiegeln (vgl. u.a. Freter 1983, S. 33-42; Brockhoff 1992 und Abbildung II.3.1).

Abbildung II.3.1 Zweidimensionales Positionierungsmodell – Beispiel Kaffeemarken

Quelle: in Anlehnung an Gaul/Baier 1994, S. 145, zitiert nach Herrmann 1998, S. 446

Neben den Positionen der derzeit am Markt präsenten Marken lassen sich in derartigen Positionierungsmodellen auch Ansatzpunkte für eventuell offene Marktsegmente erfassen, indem so genannte Idealmarken erhoben werden, die die Idealvorstellungen bzw. Präferenzen einer bestimmten Kundengruppe im Hinblick auf den betrachteten Markt bündeln.

Das „klassische" Positionierungsmodell weist vier *Kernelemente* auf (vgl. insbesondere Freter 1983, S. 34-35; Wind 1982):

- *Eigenschaften:* Die relevanten spezifischen (Nutzen-) Erwartungen der Kunden sind zu ermitteln. Zu beachten ist, dass Eigenschaften nicht gleichgewichtig auf die Kaufentscheidungen der Kunden Einfluss nehmen. Für Kaffeekäufer sind die Eigenschaften „Geschmack" (Aroma, Bohnenmischung etc.) und „Bekömmlichkeit" (Koffeingehalt, Reizarmut etc.) von besonderer Bedeutung für die Kaufentscheidung und Zufriedenheit.

- *Positionen von Marken:* Jede Marke wird durch die von den Kunden wahrgenommenen Ausprägungen in den relevanten Eigenschaften charakterisiert. Im Beispiel sind dies die Kaffeemarken EDUSCHO GALA, JACOBS KRÖNUNG und WUNDERMILD, ALDI SCHONKAFFEE, TCHIBO BESTE BOHNE, FEINE MILDE und SANA, die in dem für Kaffeekonsumenten relevanten Eigenschaftsraum positioniert werden.

- *Positionen von Kunden:* Jeder Kunde verfügt über ein Anforderungsprofil an eine ideale Marke bzw. ein Präferenzprofil. Kunden mit ähnlichen Anforderungen und somit homogenen Bedürfnissen bilden ein Marktsegment. In dem dargestellten Beispiel der Kaffeemarken werden die Idealpunkte zweier Kundensegmente wiedergegeben.

- *Distanzen zwischen Marken- und Kundenpositionen:* Zwischen der Position eines Kunden und den wahrgenommenen Ausprägungen der betrachteten angebotenen Marken bestehen Distanzen. Die zentralen Hypothesen des „klassischen" Positionierungsmodells lauten:

    • Je geringer die Real-Ideal-Distanz, desto größer wird die Wahrscheinlichkeit, dass der Kunde eine bestimmte Marke kauft.

    • Es wird die Marke mit der geringsten Real-Ideal-Distanz bevorzugt (gekauft). So entspricht beispielsweise vermutlich die Marke JACOBS KRÖNUNG am ehesten die Vorstellungen der Kunden im Segment 2.

Grundsätzlich lassen sich zwei Stossrichtungen bei der Entwicklung einer Positionierung unterscheiden (Kroeber-Riel 1992, S. 203-204; Esch 1992, S. 10 f.):

*Anpassung der angebotenen Leistungen an die Nutzenerwartungen (Bedürfnisse, Wünsche) der Kunden:* Bei dieser Vorgehensweise werden die Nutzenerwartungen der Kunden an die so genannte Idealmarke als gegeben angenommen. Es wird das Ziel verfolgt, eine Marke auf den Markt zu bringen, welche der Idealmarke möglichst gut entspricht.

*Anpassung der Nutzenerwartungen der Kunden an die angebotenen Leistungen:* Hier wird versucht, die Nutzenerwartungen der Kunde an die Idealmarke so zu verändern, dass ihnen die angebotenen Realmarken zusagen.

Die Zielsetzung beider Vorgehensweisen besteht somit immer in einer Verringerung des von den Kunden wahrgenommenen Abstandes zwischen Ideal- und Realmarken. In der Regel kommen in der Praxis beide Ansätze kombiniert zum Einsatz.

## Möglichkeiten und Grenzen des „klassischen" Positionierungsmodells

Das „klassische" Positionierungsmodell liefert dem Marketingpraktiker zweifellos wertvolle und unverzichtbare Hinweise für die Planung des zukünftigen Einsatzes seines Marketing-Mix. Auf Basis einer Ist-Analyse lassen sich Erkenntnisse darüber gewinnen, ob mit der aktuell verfolgten Marketingstrategie die relevanten Bedürfnisse der Zielgruppe befriedigt werden oder ob gewisse Verschiebungen bei der Wahrnehmung des Images stattgefunden haben. Auch lassen sich – wie aufgezeigt – bis zu einem gewissen Grad wettbewerbsorientierte Strategien ableiten, indem beispielsweise angestrebt wird, die eigene Marke möglichst nahe bei einer bisher vom Wettbewerb nicht bedienten Idealmarke zu positionieren.

Angesichts der heutigen intensiven Wettbewerbsverhältnisse weist eine lediglich an dem „klassischen" Positionierungsmodell ausgerichtete Marketingstrategie in zahlreichen Märkten allerdings einige schwerwiegende Mängel auf. Im Einzelnen sind dies:

*Trend zur Gleichschaltung der konkurrierenden Angebote:* Alle Wettbewerber in einem Markt verfügen heutzutage nahezu über dieselben Informationen und kommen in der Folge dann zumindest in der Tendenz zu ähnlichen Schlussfolgerungen bezüglich der Ausrichtung der Marketing- und Wettbewerbsstrategien. Die Wettbewerber in einem bestimmten Markt müssten modellgemäß immer ähnlichere Marketingstrategien verfolgen, wodurch ihre Marken sowohl bezüglich der objektiven Funktionalität als auch der emotionalen Qualität für die Kunden austauschbar werden. Diese Entwicklung lässt sich in der Realität in zahlreichen Märkten beobachten (z. B. Waschmaschinen, Autoreifen, Joghurts).

*Reaktives Marketing:* Das Modell ist vergangenheitsorientiert (vgl. Trommsdorff 1992, S. 332). Sowohl Wettbewerb als auch Kundenerwartungen bzw. -bedürfnisse sind jedoch dynamisch. Auf Basis einer solchen Analyse lassen sich typischerweise lediglich Imagedefizite erkennen, die beseitigt werden sollen. Dieses Vorgehen ist vielfach sicherlich notwendig, aber letztlich Ausdruck eines reaktiven Marketing.

*Mangelnde Innovationsorientierung:* Die Präferenzen der Kunden (Idealmarken) werden in der Praxis durch gängige Methoden der Marktforschung ermittelt, in der Regel durch repräsentative Befragungen. Auf diesem Weg lassen sich aber nur die verbreiteten Ansichten der Kunden erheben, die maßgeblich durch das in der Vergangenheit betriebene Marketing geprägt wurden. „Wer sich bei der Positionierung daran orientiert, übernimmt leicht Branchenklischees, die veraltet und verbraucht sind (...)" (Kroeber-Riel 1991, S. 48). Eine Positionierung, die sich an zukünftigen Marktpotenzialen orientiert und eine Alleinstellung gegenüber der Konkurrenz erlaubt, lässt sich auf diesem Weg nicht erreichen. Ansätze aus dem strategischen Management, insbesondere der „resource-based view", können eine wertvolle Ausgangsbasis für die Schaffung einzigartiger Positionierungen liefern. Hierauf wird im Folgenden noch ausführlicher eingegangen. Innovative Positionierungen verlangen Kreativität, Spekulation und strategische Weitsicht vom Anbieter. Innovative Marken wie beispielsweise der Energydrink RED BULL oder das Fitness-Magazin FIT FOR FUN der Verlagsgruppe MILCHSTRASSE beruhen nicht auf der Befragung potentieller Kunden, sondern auf ungewöhnlichen, kreativen Ideen sowie dem Gespür dafür, welche neuen Nutzenkombinationen vom „Markt" akzeptiert werden.

*Unzureichende Annahmen zum Kundenverhalten:* Die Realität der Märkte sieht heutzutage vielfach so aus, dass sich kein Wettbewerber Defizite bei einem Basis-Imagemerkmal bzw. bei einer grundlegenden Eigenschaft der angebotenen Marken erlaubt. Trommsdorff (1992, S. 330) identifiziert vor diesem Hintergrund eine weitere fundamentale Schwäche des „klassischen" Positionierungsmodells, wenn er feststellt: „Die Vorstellung von einem allen Wettbewerbsmarken gemeinsamen, einheitlichen Image-Merkmalsraum verträgt sich insbesondere nicht mit den Erkenntnissen der noch jungen Low-Involvement-Theorie der Konsumentenbeeinflussung. Es werden durchaus nicht alle Wettbewerbsmarken nach denselben Kriterien beurteilt." Erfolgreiche Marken sind auf eigenen, nur von diesen besetzten Eigenschaftsdimensionen positioniert. Im höherpreisigen Automobilmarkt besetzt BMW beispielsweise die Positionierungsdimension „elegante Fahrdynamik"; schwedische Automobilmarken (VOLVO, SAAB) sind hingegen traditionell nahezu ein Synonym für die Eigenschaft „solide Sicherheit".

Als *Fazit* lässt sich feststellen, dass mit Hilfe des „klassischen" Positionierungsmodells versucht wird, entweder die angebotenen Marken an die Erwartungen der Kunden oder die Erwartungen der Kunden an die angebotenen Marken anzupassen. Im Mittelpunkt eines solchen Vorgehens stehen Wünsche, die von den Kunden in welcher Form auch immer explizit mit Blick auf eine bestimmte Produktkategorie artikuliert wurden. Daher kann das Positionierungsvorgehen nach diesem Modell als reaktiv bezeichnet werden.

**Aktive Positionierung**

Vor dem Hintergrund der oben diskutierten Entwicklungen gewinnt in vielen Märkten ein ergänzender Positionierungsansatz immer größere Bedeutung (vgl. Tomczak/Reinecke 1995). In zahlreichen Märkten reicht es heutzutage nicht mehr aus, das Marketing an artikulierten Kundenwünschen auszurichten. Vielmehr wird es erforderlich, latent vorhandene Kundenwünsche zu eruieren und mit entsprechenden Marketingaktivitäten zu bedienen (s. Abbildung II.3.2).

3  Positionierung

### Abbildung II.3.2 Reaktive und aktive Positionierung

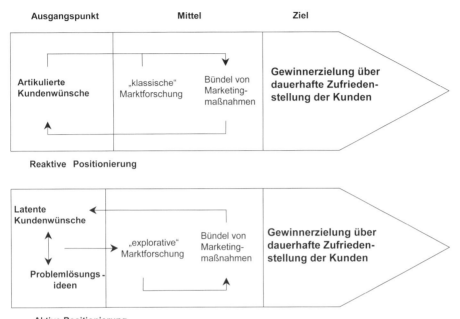

Quelle: Haedrich/Tomczak 1996, S. 143

Die hier vorgestellten Überlegungen zur aktiven Positionierung greifen Überlegungen von Ries/Trout auf (vgl. Trout/Ries 1972, Ries/Trout 1986; 1993). Bei der aktiven Positionierung geht es darum, eine neue, dem Kunden bis zu diesem Zeitpunkt unbekannte, für seine Kaufentscheidung aber wichtige Eigenschaftsdimension (möglichst die wichtigste) in einzigartiger Weise zu besetzen. Nach Ries/Trout liegt nur in einem solchen Fall ein „echter" komparativer Konkurrenzvorteil vor. Mit anderen Worten: Eine Marke verfügt nur dann über einen komparativen Konkurrenzvorteil, wenn sie quasi einen eigenen Markt bedient. So empfehlen Ries/Trout (1986, S. 79-88) Marktherausforderern, nicht das Ziel zu verfolgen, die vorhandenen Marktregeln besser als der Marktführer zu beherrschen („Größer-und-besser"-Philosophie), sondern eine Strategie zu wählen, die nach neuen Regeln bzw. nach einem neuen Markt sucht („New game strategy").

Für die Entwicklung einer aktiven Positionierung stehen zwei Ansatzpunkte aus dem strategischen Management zur Verfügung – die Outside-in- und die Inside-out-Perspektive. Beide Ansätze werden im Folgenden kurz skizziert. Generell basieren Ideen für neue Marken sowohl auf dem kontinuierlichen Monitoring und der Analyse der Kundenbedürfnisse als auch auf der Nutzung der spezifischen Ressourcen und des Know-hows des Unternehmens. Abbildung II.3.3 zeigt anhand einiger Beispiele auf, wie Marken im Sinne einer Outside-in-Orientierung bzw. Inside-out-Orientierung erfolgreich auf dem Markt positioniert wurden.

Abbildung II.3.3 Beispiele für die Outside-In- und für die Inside-Out-Orientierung

| Beispiele für die **Outside-in-Orientierung** | Beispiele für die **Inside-out-Orientierung** |
|---|---|
| MAGNUM: Der Markt für Eiscreme am Stiel konzentrierte sich lange Zeit auf Kinder und Jugendliche als Hauptzielgruppe. Auch Erwachsene genießen gerne Eiscreme als Snack, erheben jedoch andere Ansprüche als Kinder und Jugendliche. Als Konsequenz spricht UNILEVER mit der Marke MAGNUM das bisher nicht abgedeckte Bedürfnis nach einer hochwertigen Eiscreme am Stiel an. | SONY WALKMAN: Der SONY WALKMAN war der erste tragbare Kassettenrekorder auf dem Markt und stellte eine einzigartige Innovation auf dem Gebiet der Unterhaltungselektronik dar. Erst nach der Entwicklung des Geräts ging SONY daran, bei den Konsumenten das Bedürfnis zu wecken, unterwegs Musik zu hören und sie auf den SONY WALKMAN aufmerksam zu machen. |
| SWATCH: SWATCH wurde nicht deshalb zum Erfolg, weil es gelang, die Marke mit bekannten Imagedimensionen so zu positionieren, dass sie besser den Idealvorstellungen einer bestimmten Kundengruppe entsprach. Vielmehr gelang es, neue Dimensionen wie „modische Aktualität" für den Uhrenmarkt zu entdecken und möglichst einzigartig zu besetzen. | GORE: Die Firma GORE entwickelt unter der Marke GORE-TEX basierend auf einer wetterfesten und zugleich atmungsaktiven Membran Lösungen für die unterschiedlichsten Anwendungen und Kundenbedürfnisse, von wetterfester, atmungsaktiver Bekleidung über Kabelummantelungen bis zur Medizinaltechnik. |

## 3 Positionierung

> FOCUS:
> Das wöchentlich erscheinende Nachrichtenmagazin FOCUS wurde 1996 lanciert und konnte sich erfolgreich auf dem deutschen Zeitschriftenmarkt etablieren. Es appelliert vor allem an das Bedürfnis der Konsumenten nach einem informativen und visuell ansprechenden Magazin. Im Gegensatz zur Konkurrenz (z. B. SPIEGEL, STERN) ist FOCUS politisch neutraler und durch kürzere Artikel sowie zahlreiche farbige Grafiken und Übersichten sehr leserfreundlich gestaltet. Zudem wird die Zeitschrift durch Online-Angebote, z. B. Börseninformationen, ergänzt.

> NIVEA:
> Eine einzigartige Kombination pflegender Wirkstoffe bildet die Basis für die NIVEA-CREME. Diese Creme wird seit 1911 von den Konsumenten geschätzt. Da die Pflegebedürfnisse der Konsumenten jedoch im Laufe der Zeit differenzierter wurden, wird dementsprechend heute unter der Marke NIVEA ein breites Spektrum an Pflegeprodukten - z. B. als Sonnenschutz oder speziell für Männer – angeboten.

Der „klassische" Marketingansatz (vgl. hierzu Shapiro 1988; Kohli/Jaworski 1990; Narver/Slater 1990 sowie Deshpandé/Farley/Webster 1993) und der „competitive forces approach" (vgl. hierzu Porter 1980, 1986, 1988) verkörpern eine Outside-in-Orientierung (vgl. Kuß/Tomczak 2001, S. 11 f. und S. 142 ff.). Die Grundthese dieser strategischen Perspektive besagt, dass Unternehmen durch die konsequente Ausrichtung ihres Handelns an den Bedürfnissen der Kunden bzw. durch den Aufbau von Differenzierungs- oder Kostenvorteilen gegenüber der Konkurrenz in wirtschaftlich attraktiven Märkten Wettbewerbsvorteile schaffen können. Übertragen auf die Positionierung wird somit bei der Outside-in-Orientierung in einem ersten Schritt versucht, latent vorhandene und bisher noch nicht abgedeckte Bedürfnisse von bestimmten Kundengruppen zu identifizieren, um dann in einem zweiten Schritt durch die Nutzung (bzw. den Aufbau) der entsprechenden Ressourcen nach innovativen Problemlösungen zu suchen.

Die strategische Perspektive der Inside-out-Orientierung (vgl. Kuß/Tomczak 2001, S. 12 ff. und S. 144 f.) geht auf den Ansatz des „resource-based view" sowie auf Weiterentwicklungen dieses Ansatzes, den „capability-based view" und den „knowledge-based view", zurück (vgl. für einen Überblick zu den drei Ansätzen Müller-Stewens/Lechner 2001, S. 276 ff.). Die zentrale These des „resource-based view" lautet, dass Unternehmen durch spezifische Ressourcenausstattungen Wettbewerbsvorteile erzielen können. Entsprechend den Ansätzen des „capability-based view" bzw. „knowledge-based view" sind spezifische Fähigkeiten bzw. besonderes Wissen Voraussetzung für den Unternehmenserfolg. Ressourcen können sowohl materieller als auch immaterieller Art sein, entscheidend ist, dass die Ressourcen einzigartig sind, d.h. in der Regel über einen längeren Zeitraum hinweg aufgebaut werden und von der Konkurrenz nur schwer imitiert werden können. In der Regel schaffen Unternehmen Wettbewerbsvorteile nicht durch einzelne Ressourcen, sondern durch die Integration mehrerer Ressourcen zu so genannten Kernkompetenzen (vgl. Prahalad/Hamel 1980). Verfolgt ein Unternehmen somit vorrangig eine Inside-Out-Orientierung, so werden bei der Positionierung in einem ersten Schritt ausgehend von dem Know-how bzw. einer spezifischen Ressourcenausstattung des Unternehmens innovative Problemlösungen kreiert, für die in einem zweiten Schritt Kunden mit (latent vorhandenen) Bedürfnissen gesucht werden.

Als *Fazit* lässt sich die These aufstellen, dass sich eine aktive Positionierung dann nachhaltig am Markt etablieren lässt, wenn ein Unternehmen sowohl ein relevantes Kundenbedürfnis anspricht als auch über einen nachhaltigen Ressourcenvorteil verfügt.

Zur Erhebung latenter oder zukünftig relevanter Bedürfnisse reichen die klassischen Methoden der Marktforschung in der Regel nicht aus. Vielmehr ist es notwendig, neben einer umfassenden Analyse der vorhandenen internen und externen Informationen in einem Unternehmen auch neue Informationen im Rahmen einer Innovationsbedarfserfassung zu generieren. Ziel dieses explorativen Vorgehens ist es, die Probleme der Kunden besser zu verstehen und schneller als die Konkurrenz im Rahmen der Gestaltung der eigenen Marke zu berücksichtigen. Zur Informationsgewinnung kann auf verschiedene Ansätze zurückgegriffen werden (siehe auch Geschka/Eggert-Kipfstuhl 1994) wie beispielsweise die Kundenpartizipation, insbesondere die Einbeziehung von Lead Usern (vgl. von Hippel 1988, Herstatt 1991, Herstadt/von Hippel 1992), die Situationsanalyse (intensive Anwenderbeobachtung), Kreativitäts- oder Prognosetechniken oder explorative Expertengespräche.

Abschließend lässt sich feststellen, dass Überlegungen, die sich von der Analyse eines „klassischen Positionierungsmodells" leiten lassen (reaktive Positionierung), mit den Ansätzen zu einer aktiven Positionierung zu kombinieren sind. Je nach Situation müssen die Schwerpunkte allerdings entweder eher bei einer reaktiven oder eher bei einer aktiven Positionierung liegen. Insbesondere in jungen Märkten, in denen die Wettbewerbsintensität noch nicht so hoch ist, lassen sich auch heute noch mit Hilfe einer reaktiven Positionierung komparative Konkurrenzvorteile erlangen. In nahezu allen gesättigten Märkten müssen dagegen innovative Wege mittels einer aktiven Positionierung beschritten werden, um auf diese Weise quasi einen neuen Markt zu definieren.

## 3.2 Positionierungsziele und -strategien

Die Ziele einer Positionierung hängen vom langfristigen Involvement der Zielgruppe ab. Unter *Involvement* versteht man „(...) den Grad wahrgenommener persönlicher Wichtigkeit und/oder persönlichen Interesses, der durch einen Reiz (oder Reize) in einer bestimmten Situation hervorgerufen wird" (Antil 1984, S. 204). Bei hohem Involvement interessiert sich der Konsument generell für die betreffende Produktkategorie und sucht in der Regel aktiv nach Informationen, bevor er sich für eine bestimmte Marke entscheidet. Demgegenüber bringt der Konsument bei geringem Involvement der betreffenden Produktkategorie nur wenig Interesse entgegen bzw. steht ihr gleichgültig gegenüber. Die Wahl einer bestimmten Marke erfolgt eher passiv.

Ein hoher Grad an *kognitivem Involvement* äußert sich in der Regel in der intensiven Suche und Verarbeitung von Informationen aus unterschiedlichen Quellen. Dies ist häufig bei komplexeren Gütern der Fall, da hierbei die Marken aus Konsumentensicht meist Unterschiede hinsichtlich ihrer funktionalen und technischen Ausstattung aufweisen und auch mit verhältnismäßig hohen Ausgaben verbunden sind. Beispiele hierfür sind Videorecorder oder Autos.

Bei hohem *emotionalen Involvement* ist es dem Konsumenten wichtig, bestimmte Marken zu erwerben, da sie zu seinem Selbstbild – die Summe seiner

Einstellungen und Werte- passen oder da er nach außen ein bestimmtes Bild verkörpern möchte. Der Kauf von Marken ist in der Regel weniger ein Prozess mit intensiver Informationssuche und –bewertung, sondern eher ein sinnliches Erlebnis. Beispiele hierfür sind Kleidung oder CDs.

Auf Basis des ermittelten langfristigen Involvements der angestrebten Zielgruppe lassen sich die Positionierungsziele für eine Marke ableiten. Esch (2001a, S. 240-244) unterscheidet hier grundsätzlich vier Typen (vgl. Abbildung II.3.2), die im Folgenden kurz beschrieben und anhand eines Praxisbeispiels konkretisiert werden.

Abbildung II.3.2 Normziele der Positionierung

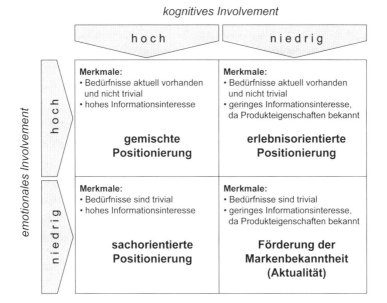

Quelle: in Anlehnung an Levermann 1994, zitiert nach Esch 2001a, S. 241

## Gemischte Positionierung: Hohes emotionales und kognitives Involvement

Wenn die Konsumenten sowohl ein hohes Informationsinteresse als auch ein bestimmtes emotionales Bedürfnis aufweisen, so ist eine gemischte Positionierung zu wählen. Ziel der Positionierung ist es somit, das betreffende emotionale Bedürfnis anzusprechen und Informationen über die Marke und ihre Kompetenz, dieses Bedürfnis zu befriedigen, zu liefern (vgl. Kroeber-Riel 1993). Beispielsweise appelliert die Marke KELLOGG'S an das Bedürfnis nach einem gesunden Frühstück. Detaillierte Angaben auf der Packung informieren über die in den Cerealien enthaltenen Vitamine und Mineralstoffe und damit über den hohen gesundheitlichen Wert der KELLOGG'S Produkte. Gleichzeitig spricht KELLOGG'S die Konsumenten aber auch emotional an, beispielsweise durch das Angebot einer breiten Palette von Geschmacksvarianten, die für Abwechslung auf dem Frühstückstisch sorgen sollen.

## Sachorientierte Positionierung: niedriges emotionales und hohes kognitives Involvement

In diesem Fall ist das kognitive Involvement der Konsumenten hoch, die Konsumenten assoziieren jedoch kaum sinnliche Erlebnisse mit den betreffenden Marken. Daher ist es bei der Positionierung entscheidend, an die vorhandenen, überwiegend rationalen Bedürfnisse der Konsumenten zu appellieren und differenzierte, sachliche Informationen in den Vordergrund zu stellen. Häufig interessieren sich die Konsumenten insbesondere für die technischen und/oder funktionalen Eigenschaften der Marken, insbesondere für die innovativen Elemente von Neueinführungen. Entsprechend appelliert beispielsweise HILTI – die Marke steht für kompetente, innovative Lösungen für den Profi am Bau - etwa bei der Einführung eines neuen Laser-Distanzmessgerätes an ein Grundbedürfnis der Zielgruppe – messen von Distanzen – und stellt sachlich-informativ dar, durch welche innovativen Eigenschaften (z. B. Laserpointer) dieses Bedürfnis befriedigt werden kann.

### Erlebnisorientierte Positionierung: hohes emotionales und niedriges kognitives Involvement

Das Ziel der erlebnisorientierten Positionierung wird vor allem dann verfolgt, wenn die in einem bestimmten Markt angebotenen Marken in Bezug auf ihre sachlich-funktionalen Eigenschaften wenig differenzierte Profile aufweisen. Dies ist häufig auf gesättigten Märkten der Fall. Marketingmanager sehen sich häufig mit gesättigten Märkten konfrontiert, da weltweit ca. 75% aller Märkte als gesättigt bezeichnet werden können (vgl. Harrigan 1989). In solchen Märkten entscheiden sich die Konsumenten nicht aufgrund bestimmter Grundfunktionen und -leistungen für eine Marke. Diese werden von den Konsumenten bei allen Marken als nahezu gleich wahrgenommen, daher sind die Konsumenten auch kaum an sachlichen Produktinformationen interessiert. Die Konsumenten suchen vielmehr Marken, die für bestimmte emotionale Werte stehen und sich durch ein einzigartiges Erlebnisprofil von den Wettbewerbern abheben. Im Bereich Kaffeemarken ist die Marke „JACOBS KRÖNUNG" ein gelungenes Beispiel für eine derartige Positionierung. Das einzigartige Aroma und die hohe Qualität dieses Kaffees werden durch die konsequente Verwendung der edlen und dezenten Farbe dunkelgrün und durch die Darstellung von Kaffeetrinken in einem gehobenen Ambiente, z. B. bei festlichen familiären Anlässen, in eine erlebnisorientierte Positionierung übersetzt.

### Positionierung durch Aktualität: niedriges emotionales und kognitives Involvement

In diesem Fall ist zum einen der Informationsbedarf der Konsumenten gering, zum anderen sind die Konsumenten auch emotional kaum involviert. Ziel der Positionierung ist es, dafür zu sorgen, dass die Marke in den Köpfen der Konsumenten präsent bleibt. Es gilt, den Konsumenten die Marke und ihre zentrale Botschaft immer wieder ins Gedächtnis zu rufen. Bei einer Positionierung durch Aktualität sollen weder die konkreten sachlich-funktionalen Eigenschaften der Marke noch die spezifischen emotionalen Werte vermittelt werden, sondern die Marke an sich soll durch regelmäßige Wiederholung in den Köpfen der Konsumenten verankert bleiben. So werden beispielsweise die Marken MILKA (Tafelschokolade) oder NIVEA (Creme) immer wieder neu thematisiert und weisen daher sowohl eine konstant hohe allgemeine Markenbekanntheit als auch eine hohe Markenaktualität auf.

**Positionierungsstrategien**

Nachdem die Zielsetzung der Positionierung festgelegt wurde, ist im nächsten Schritt eine Positionierungsstrategie auszuwählen, die sich zur Erreichung dieser Zielsetzung eignet. Hierbei sind generell folgende vier Entscheidungsdimensionen zu beachten (vgl. Kuß/Tomczak 2001, S. 148 f.):

- *Strategie-Variation:* Soll die bisher verfolgte Positionierungsstrategie beibehalten oder verändert werden und wenn ja, in welchem Grad?
- *Strategie-Stil:* Mit welchem Vorgehen soll dem Wettbewerb begegnet werden?
- *Strategie-Substanz:* Welcher zentrale Nutzen soll den Kunden angeboten werden?
- *Strategie-Feld:* Welche Zielgruppen sollen vorrangig angesprochen werden?

Die folgenden Ausführungen konzentrieren sich auf die Frage, in welchem Ausmaß die bisher verfolgte Positionierungsstrategie verändert werden sollte und welche strategischen Stossrichtungen sich dementsprechend ergeben. Zu den übrigen Entscheidungsdimensionen sei an dieser Stelle auf Kuß/Tomczak (2001, S. 155 ff.) verwiesen. Grundsätzlich lassen sich drei strategische Stossrichtungen unterscheiden (s. Abbildung II.3.4):

- *Beibehaltung der Position der Marke*
- *Umpositionierung* der Marke durch eine
  - Anpassungs- und/oder Beeinflussungsstrategie (Umpositionierung im alten Positionierungsraum)
  - Anbaustrategie (Umpositionierung im neuen Positionierungsraum)
- *Neupositionierung* der Marke

Diese werden im Folgenden erläutert und anhand eines Praxisbeispiels konkretisiert (vgl. zu den folgenden Ausführungen insbesondere Kuß/Tomczak 2001, S. 149 ff. sowie Esch 2001a, S. 245 ff.; Haedrich/Tomczak 1994, S. 934 f.).

Abbildung II.3.4 Positionierungsstrategien

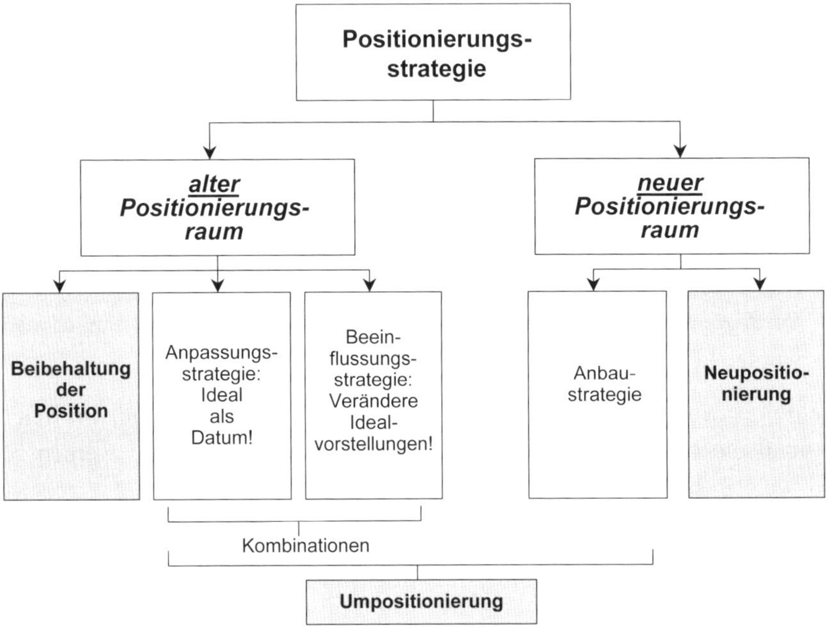

```
                    ┌─────────────────────┐
                    │  Positionierungs-   │
                    │      strategie      │
                    └──────────┬──────────┘
              ┌────────────────┴────────────────┐
              ▼                                  ▼
    ┌──────────────────┐              ┌──────────────────┐
    │      alter       │              │      neuer       │
    │ Positionierungs- │              │ Positionierungs- │
    │      raum        │              │      raum        │
    └──────────────────┘              └──────────────────┘
```

| Beibehaltung der Position | Anpassungs-strategie: Ideal als Datum! | Beeinflussungs-strategie: Verändere Idealvorstellungen! | Anbaustrategie | Neupositionierung |

Kombinationen → Umpositionierung

Quelle: Esch 2001a, S. 246; Kuß/Tomczak 2001, S. 153

Beibehaltung der Markenposition

Die Positionierung einer Marke wird dann beibehalten, wenn sich die Zielgruppe als wirtschaftlich tragfähig und die bisher eingesetzte Marketingstrategie als passend und wirksam zur Ansprache dieser Zielgruppe erwiesen hat. Auf instrumenteller Ebene ist in der Regel zu empfehlen, die Identität und das Image der Marke im Kern zu bewahren, im Zeitablauf aber dennoch kleinere Änderungen vorzunehmen, um das Image der Marke zeitgemäß zu halten und die Awareness bei der Zielgruppe zu stärken. Die Strategie der Beibehaltung der Markenposition wird beispielsweise von TOBLERONE verfolgt. TOBLERONE ist als Schweizer Qualitätsschokolade mit Honig und Mandelnougat in der einzigartigen dreieckigen Form positioniert. Diese Position wird z. B. durch eine Werbekampagne mit berühmten Sehenswürdigkeiten in dreieckiger Form (z. B. Matterhorn; Oper in Sydney) gleichzeitig gestärkt und aktuell gehalten.

Umpositionierung der Marke

Wenn sich die Vorstellungen der Konsumenten in Bezug auf die Idealmarke geändert haben, vergrößert sich als Folge möglicherweise die Distanz zwischen der Idealmarke und der eigenen Marke. Dies macht häufig eine Umpositionierung der Marke erforderlich. Weitere Gründe für eine Umpositionierung können z. B. eine Verkleinerung der Zielgruppe – so dass diese unrentabel wird – oder eine Imitation der eigenen Strategie durch die Konkurrenz sein.

Erfolgt die Umpositionierung im alten Positionierungsraum, so spricht man von einer Anpassungs- und/oder einer Beeinflussungsstrategie. Während die Anpassungsstrategie darauf abzielt, die eigene Marke wieder stärker an die – neue – Position der Idealmarke anzunähern, wird mit der Beeinflussungsstrategie versucht, die Idealvorstellungen der Konsumenten zugunsten der eigenen Marke zu verändern. Darüber hinaus besteht auch die Möglichkeit, eine Umpositionierung im neuen Positionierungsraum durchzuführen. Diese Vorgehensweise wird als Anbaustrategie bezeichnet. Hierbei werden in der Regel einige zentrale Elemente der Positionierung der Marke beibehalten, aber um eine (oder mehrere) weitere Positionierungseigenschaft(en) ergänzt. Als Beispiel für eine derartige Umpositionierung lässt sich die Marke ADIDAS anführen: Nachdem ADIDAS in den 80er Jahren bei jüngeren Konsumenten Imageverluste gegenüber amerikanischen Konkurrenten wie NIKE und REEBOK zu verzeichnen hatte, gelang es dem Unternehmen in den 90er Jahren – da die Marke zunächst in der Technoszene zu Kultstatus gelangte –, den Mythos der bekannten Marke mit den drei Streifen neu zu beleben. Das charakteristische und weltweit bekannte Logo mit den drei Streifen und die hohe Qualität der Sportbekleidung wurden beibehalten, zusätzlich wurde ADIDAS jedoch als trendige, modische Marke nicht nur für Sportler positioniert.

Neupositionierung der Marke

Eine grundsätzliche Neupositionierung der Marke wird notwendig, wenn sich die Einstellungen der bisherigen Zielgruppe so stark geändert haben, dass die Position der eigenen Marke sehr weit von der Position der Idealmarke entfernt ist. In diesem Fall ist es zu empfehlen, die Marke in einem neuen Positionierungsraum mit veränderten Positionierungseigenschaften zu positionieren. Die Marke GATORADE stellt ein Beispiel für die Neupositionierung einer Marke dar (vgl. hierzu Arnold 1992, S. 171 ff.): Zunächst wurde GATORADE für eine verhältnismäßig kleine Zielgruppe positioniert – als isotonisches Sportgetränk für Training und Wettkämpfe von Leistungssportlern, insbesondere zum Ersatz der durch extreme körperliche Anstrengung verlorenen Substanzen, wie z. B. Mineralstoffe. Es stellte sich jedoch heraus, dass das Konzept der Marke gegenüber den Konsumenten nicht klar genug kommuniziert wurde und dass die angestrebte Zielgruppe zu klein war. Im Zuge der Neupositionierung wurde die Zielgruppe von GATORADE deutlich erweitert: Es werden nicht nur Leistungssportler angesprochen, sondern Konsumenten in verschiedenen Situationen, die starken Durst hervorrufen, z. B. Krankheit/Fieber, körperliche Arbeit, sommerliche Temperaturen und sportliche Betätigung wie etwa Joggen. Die Marke wurde somit zum einen in einem neuen Positionierungsraum – „alkoholfreie Erfrischungsgetränke" mit Konkurrenten wie z. B. COCA-COLA, APPOLINARIS – positioniert, zum anderen mit neuen Positionierungseigenschaften belegt (z. B. „erfrischend," „wohlschmeckend", „durstlöschend" im Gegensatz zu den früheren zentralen Positionierungseigenschaften „isotonisch" und „wissenschaftlich getestet").

# 4 Umsetzung von Markenidentität und -positionierung

## 4.1 Aufbau des Markenimages durch integrierte Kommunikationsmaßnahmen

Kommunikationspolitische Maßnahmen haben eine Schlüsselfunktion bei der Profilierung einer Marke und beim Imageaufbau (vgl. hierzu auch Abschnitt III.3.2). Ausgehend von der Festlegung der Markenidentität und den dort verankerten Wertvorstellungen geht es darum, die zukünftige Position der Marke zu planen und mit Hilfe offensiver Kommunikationsmaßnahmen einen Alleinstellungsanspruch gegenüber der Zielgruppe durchzusetzen: "A brand position is the part of the brand identity and value proposition that is to be actively communicated to the target audience and that demonstrates an advantage over competing brands" (Aaker 1996, S. 71).

In Abbildung II.4.1 sind einige Merkmale gegenübergestellt worden, die für die Informationsverarbeitung unter High- und Low-Involvement-Bedingungen charakteristisch sind.

Abbildung II.4.1 Verarbeitung von Kommunikationsbotschaften unter High- und Low-Involvement-Bedingungen

| High Involvement (hohes kognitives Involvement) | Low Involvement (niedriges kognitives Involvement) |
|---|---|
| • starke Aufmerksamkeit, hohe Ich-Beteiligung, Interesse an Informa-tionen, Informationen werden auch gesucht | • schwache Aufmerksamkeit, geringe Ich-Beteiligung, kein oder nur geringes Interesse an Informationen, Informationsaufnahme nur, wenn Informationen angeboten werden |
| • gedankliche Auseinandersetzung mit der Botschaft (Bildung von Für- und Gegenargumenten), Spektrum akzeptabler Behauptungen gering | • keine bzw. geringe kognitive Auseinandersetzung mit der Botschaft, Spektrum akzeptabler Behauptungen groß |
| • Übermittlung vieler, auch komplexer Informationen möglich<br>• verbale und nicht-verbale Informationen möglich | • nur wenige, einfache Informationen werden verarbeitet<br>• nicht-verbale Informationen wie Bilder werden leichter verarbeitet als verbale Informationen |
| • Gesamturteil über das Produkt ist von der Qualität der Argumente abhängig | • Gesamturteil ist u.a. von Randfaktoren wie Größe, Farbigkeit des Kommunikationsmittels abhängig |
| • schnelles Lernen, langsames Vergessen | • langsames Lernen, schnelles Vergessen |

Quelle: Haedrich 1999, S. 385

Aufgrund der relativ schwachen Aufmerksamkeit, die der Markenkommunikation in Situationen mit niedrigem kognitiven Involvement entgegengebracht wird, ist es zweckmäßig, nicht-verbale Informationsmittel in den Vordergrund zu stellen und die sachbezogenen Informationen auf wenige Aussagen zu konzentrieren. Im Mittelpunkt steht ein einprägsames, unverwechselbares Bildmotiv, ergänzt durch Headline und Slogan in Verbindung mit dem Markenzeichen und evtl. einigen knappen textlichen Erläuterungen. Da damit gerechnet werden muss, dass die Botschaft in einer Low-Involvement-Situation nur langsam gelernt wird, sind häufige Wiederholungen ratsam (vgl. Abbildung II.4.2).

Abbildung II.4.2 Empfehlungen für Low-Involvement-Kommunikation

**Für eine Kommunikationsbotschaft, die bei Low Involvement wirksam werden soll, können u.a. folgende Empfehlungen ausgesprochen werden:**

- wegen der relativ oberflächlichen Auseinandersetzung des Konsumenten mit der Botschaft ist der *Einsatz aktivierender Techniken* naheliegend; u.U. sind auch Übertreibungen sinnvoll, sofern sie nicht gegen § 3 UWG (Irreführung) verstoßen.

- die Botschaft sollte auf wenige *zentrale Argumente* (UAP - Unique Advertising Proposition) fokussiert werden, die für die Angehörigen der Kommunikations-Zielgruppe bedürfnisrelevant sind.

- empfohlen wird die Umsetzung des UAP in Form *bildlicher* (und/ oder musikalischer) *Schlüsselreize,* flankiert durch eine knappe, mit dem Schlüsselreiz abgestimmte verbale Aussage.

- aufgrund der Tatsache, dass damit zu rechnen ist, dass die Produktbotschaft schnell vergessen bzw. durch Botschaften von Wettbewerbsangeboten überlagert wird, sind *möglichst viele Wiederholungen* der Kommunikation ratsam.

- Unterstützt werden kann die Umsetzung dieser Empfehlung durch die Auswahl sog. *Low-Involvement-Medien* (u.a. Fernsehen, sog. nichtklassische Medien wie Event-Marketing,Internet)

Um auch unter erschwerten Kommunikationsbedingungen ein konsistentes Markenschema aufbauen und Schritt für Schritt komplettieren zu können, ist eine einheitliche Linie bei sämtlichen Kommunikationsmaßnahmen Voraussetzung. Sowohl auf formaler als auch auf inhaltlicher Ebene ist daher eine konsequente Integration aller markenbezogenen Kommunikationsaktivitäten notwendig. Esch gibt anhand einer Integrations-Matrix Anhaltspunkte für die Vorgehensweise (vgl. Abbildung II.4.3). Beispiele für formale Integration sind Präsenssignale wie Markenzeichen, bestimmte Farbkombinationen, typografische Elemente und die gesamte Optik der Kommunikationsmittel; inhaltlich kann die Integration durch Schlüsselbilder oder identische bzw. semantisch gleiche Kernaussagen erfolgen.

Abbildung II.4.3 Integrationsmatrix

| Mittel zur Integration / Dimensionen der Integration | formale Integration | | inhaltliche Integration | | | |
|---|---|---|---|---|---|---|
| | | | durch Sprache | | durch Bilder | |
| | „klassische" formale Mittel (Corporate-Design-Maßnahmen) | Präsenzsignale, Wort-Bild-Zeichen | identische Aussagen | semantisch gleiche Aussagen | gleicher Bildinhalt | Schlüsselbild |
| zeitlich | | | | | | |
| zwischen den eingesetzten Kommunikationsmitteln | | | | | | |

Quelle: Esch 2001, S.612

Untersuchungen haben ergeben, dass hinsichtlich der Eignung einzelner Gestaltungsmittel zur kommunikativen Integration eine Wirkungshierarchie existiert. Bildliche Integration – anhand von sog. strategischen Schlüsselbildern – ist sowohl einer sprachlichen Integration – z.B. durch Slogans oder Headlines mit semantisch gleichen Aussagen – als auch der formalen Integration überlegen. Formale Integrationselemente – beispielsweise die Marke oder das Corporate Design – spielen wiederum eine größere Rolle als sprachliche Integrationsbemühungen. Das ist dadurch zu erklären, dass kommunikative Beeinflussungsversuche oftmals – in der heute häufig anzutreffenden Situation des kognitiven Low Involvements – darauf hinauslaufen, den Konsumenten auf der emotionalen Ebene anzusprechen bzw. durch deutliche Betonung formaler Gestaltungselemente eine hohe Markenaktualität zu erreichen. Die inhaltlich und formal abgestimmten Kommunikationsinstrumente sind zeitlich so einzusetzen, dass die

sog. wirksame Reichweite einer Kommunikationskampagne in jedem Planungsteilabschnitt mit festgelegten Zielvorstellungen übereinstimmt.[3]
Esch schlägt vor, bei der Integration der Kommunikationsaktivitäten zwischen Leit-, Integrations- und Folgeinstrumenten zu unterscheiden (vgl. Abbildung II.4.4). An der Spitze der Bedeutungsskala steht nach wie vor die klassische Werbung. Hier ist der Gestaltungsspielraum relativ gering, d.h. die eingesetzten Kommunikationsmittel müssen in formaler und inhaltlicher Hinsicht konsequent abgestimmt werden. Größer sind die Freiheitsgrade z.B. bei der Integration von Verkaufsförderungsmaßnahmen, noch größer bei der der "Folgeinstrumente", wie beispielsweise Internet, Direct Mail und Sponsoring. Eine derartige Klassifizierung kann allerdings nur grundsätzlicher Natur sein; situativ kann sich die Einordnung der eingesetzten Kommunikationsinstrumente auf beiden Dimensionen deutlich verschieben.

---

[3] Wirksamkeit einer Kommunikationskampagne ist nur dann zu erwarten, wenn die erreichten Zielgruppenangehörigen in jedem Planungsteilabschnitt (z.B. in einem Planungszeitraum von 3 Monaten) pro Person eine ausreichende Zahl von Kontakten erhalten. In Low-Involvement-Situationen ist eine relativ große Kontaktdosis notwendig, damit die Botschaft aufgenommen wird.

Abbildung II.4.4 Bedeutung einzelner Kommunikationsinstrumente für die integrierte Kommunikation und Freiheitsgrade der Realisation

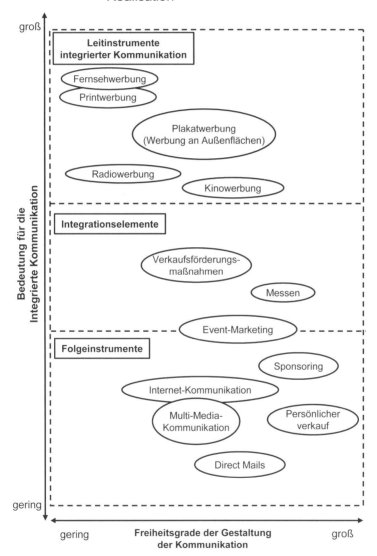

Quelle: Esch 2001, S.615

4 Umsetzung von Markenidentität und -positionierung 71

## 4.2 Flankierung der Kommunikationspolitik durch produkt-, preis- und distributionspolitische Maßnahmen

Integrierte Kommunikationsmaßnahmen sind Bestandteil des Marketing-Mix und werden nur im Rahmen sämtlicher für die Marke geplanter und umgesetzter Maßnahmen wirksam. Aus den Beispielen und Ausführungen in den vorangegangenen Abschnitten geht deutlich hervor, dass strategische Markenführung eng mit Entscheidungen hinsichtlich der Wahl der situationsadäquaten Positionierungsstrategie und - davon ausgehend - dem Einsatz und der Ausgestaltung der Marketinginstrumente verknüpft ist. Das Präferenzniveau einer Marke wird zunächst durch die Produktqualität beeinflusst; Markenartikel - insbesondere Premiummarken - implizieren i.d.R. ein relativ hohes Qualitätsniveau. Produktqualität findet ihren Ausdruck zunächst in der technischen Beschaffenheit des Produktes, darüber hinaus in Ausstattung, Verpackung und Produkt-Design; durch eine entsprechende Gestaltung dieser *produktpolitischen Instrumente* kann sich ein wichtiger strategischer Wettbewerbsvorteil für die Marke ergeben (Beispiel: THERAMED-Zahnpasta; hier liegt ein wichtiger Profilierungsschwerpunkt bei der zur Zeit der Markteinführung neuartigen Verpackung. Hochwertiges Design ist z.B. kennzeichnend für Produkte der Marken BRAUN und ALESSI). Gemeinsam mit dem Markenzeichen übernehmen diese Elemente wichtige Funktionen hinsichtlich der Identifizierung und Differenzierung des Angebots.

Überdurchschnittlich erfolgreiche Modelle der instrumentellen Leitplanung (beispielsweise das Premiummarken-Modell und das Qualitätsstrategie-Modell; vgl. Haedrich/Tomczak 1994, S. 942-945) deuten darauf hin, dass auch die Programm- und Servicepolitik wichtige Beiträge für eine effiziente Markenführung liefern können. Eine auf die Bedürfnisse der Zielgruppe im Hinblick auf Breite und Tiefe abgestimmte Programmpolitik sowie die Höhe des Serviceniveaus (Beratung und Information, Lieferleistung, Kundendienst, Garantieleistung, vgl. Haedrich/Tomczak 1996, S. 46-51) eröffnen Gestaltungsspielräume, die kreativ ausgeschöpft werden können.

Eng mit produktpolitischen Maßnahmen verbunden sind Entscheidungen in der *Preispolitik*. Aus kalkulatorischen Gründen ist unmittelbar einsichtig, dass eine anspruchsvolle Ausgestaltung des produktpolitischen Instrumentariums relativ hohe Kosten erfordert, die mit dem Produktpreis eingespielt werden müssen. Mindestens ebenso wichtig ist aber der Einfluss des Produktpreises auf die Nachfrage: Von dem Preis gehen Signalwirkungen aus, die dem Käufer die Einordnung des Produktes in das subjektiv empfundene Preis-Leistungsverhältnis der Warengruppe erleichtern (das ist bei dem oben erwähnten "Premiummarken-Modell" der Fall). Je nach der angestrebten Höhe des Präferenzniveaus kann ein relativ hoher Preis positive Qualitätsanmutungen flankieren und eine wichtige Stütze des Markenimages werden. Die wahrgenommene Wertigkeit der Marke aus Sicht des Kunden ergibt sich durch die Abwägung von Qualitäts- und Nutzenvorstellungen einerseits und dafür einzusetzenden Kosten auf der anderen Seite, wobei der zu entrichtende Preis, aber auch Opportunitätskosten (u.a. Zeit- und Energieaufwand) eine Rolle spielen. Als *Value Pricing* wird dabei eine Vorgehensweise bezeichnet, die sich das Ziel setzt, die richtige Balance zwischen wahrgenommener Produktqualität, den Kosten des Produkts und dem Produktpreis zu finden, um auf diese Weise für das Angebot eine positive Alleinstellung in der Preis-Leistungsrelation der Produktgattung zu sichern (vgl. Keller 1998, S. 185).

Auch *distributionspolitische* Maßnahmen erfüllen beim Markenaufbau wichtige Funktionen. Das betrifft sämtliche Entscheidungsfelder, auf denen eine Kooperation mit den Vertriebskanälen zweckmäßig ist, u.a. im Bereich der Sortimentspolitik, der Warenpräsentation, beim Service, bei Beratung und Verkaufsförderung. Je nach dem angestrebten Präferenzniveau der Marke wird entweder eine generelle oder selektive, im Einzelfall sogar exklusive Distribution angezeigt sein. In den beiden letzteren Fällen sind bestimmte rechtliche Rahmenbedingungen zu beachten (vgl. Ahlert 1991, S. 205-213; Ahlert/ Schroeder 1996, S. 384-406).

Grundsätzlich kann davon ausgegangen werden, dass ein konsistentes Marketing-Mix beim Markenaufbau und der Markenführung relativ große positive Synergien entfaltet. Neben der Abstimmung der Instrumente zwischen einzelnen Instrumentalbereichen kommt es auch auf einen Intra-Fit der Instrumente an. Oberste Zielsetzung ist die Entwicklung eines Marketing-Mix für das Angebot, das den Ansprüchen an das angestrebte Qualitätsniveau

Rechnung trägt. Das beginnt bei der Gestaltung der Produktqualität, der Markierung des Produkts, der Programmpolitik und des Serviceniveaus und setzt sich beim Preis-, Vertriebs- und Kommunikations-Mix fort. Bei Dienstleistungen ist besonders darauf zu achten, dass derartige Produkte entlang einer Dienstleistungskette wahrgenommen werden (z.B. entsteht ein touristisches Produkt erst durch die Zusammenfügung zahlreicher Produktelemente wie Beratung und Buchung im Reisebüro, Transport zum Zielort, Unterbringung und Verpflegung am Zielort, die durch den Kunden in Anspruch genommen werden und auf die von ihm wahrgenommene Produktqualität mehr oder weniger starken Einfluss nehmen).

Was die *kommunikativen* Maßnahmen angeht, so kommt ihnen bei der Markenführung eine *Hebelwirkung* zu. Die formale, inhaltliche und zeitliche Abstimmung aller Kommunikationsmaßnahmen spielt daher beim Markenaufbau und in der strategischen Markenführung eine herausragende Rolle. Sowohl beim Aufbau als auch bei der Festigung des Markenschemas hat ein konsistenter kommunikativer Auftritt der Marke große Bedeutung. Insbesondere solche neuen Informationen werden in das Markenschema aufgenommen und dienen der notwendigen Verdichtung und Festigung des Markenimages, die sich in das vorhandene Markenbild einordnen lassen, d.h. die aus Sicht des Konsumenten einen deutlich erkennbaren Bezug zu der Marke aufweisen.

Marken-Assoziationen gehen u.a. auch von der Organisation aus, sofern diese als "Absender" der Marke in Erscheinung tritt. Insofern ist für eine erfolgreiche strategische Markenführung nicht nur die Abstimmung des Marketing-Mix auf der Markenebene Voraussetzung, sondern erforderlich ist ein kongruenter Auftritt der gesamten Organisation. Sowohl Corporate Communication, Corporate Design als auch Corporate Behavior müssen aufeinander abgestimmt sein. Voraussetzung für den Aufbau eines konsistenten Markenimages sind im Innenbereich der Organisation klare Vorstellungen über die Unternehmensidentität als Grundlage für den Aufbau eines Unternehmensimages. Mit anderen Worten alle Maßnahmen auf der Marken- und Unternehmensebene sind eng miteinander verzahnt (vgl. Haedrich 1993; Jeschke 1993).

## 4.3 Problemfelder bei der Umsetzung der Positionierung

Bei der Umsetzung einer Positionierung lassen sich die im Folgenden dargestellten typischen Problemfelder identifizieren (vgl. hierzu Esch 2001a, S. 250 ff.; Esch/Andresen 1996 und Abbildung II.4.5):

Abbildung II.4.5 Probleme bei der Umsetzung der Positionierung

| Problem | Beschreibung |
|---|---|
| Konzentration auf einige wenige Positionierungseigenschaften | In vielen Branchen läßt sich beobachten, dass ähnliche Positionierungseigenschaften gewählt werden (vgl. Kroeber-Riel 1993). Dies hat zur Folge, dass überwiegend bereits bekannte Bedürfnisse der Konsumenten in den jeweiligen Märkten angesprochen werden, kaum jedoch latente Bedürfnisse. In vielen Fällen ist daher zu empfehlen, die Möglichkeit einer kreativen, alternativen Positionierung durch Belegung neuer Positionierungseigenschaften zu prüfen. |
| Überbetonung sachlicher Positionierungs eigenschaften | Wie bereits bei der Darstellung der Positionierungsziele ausgeführt, ist eine sachorientierte Positionierung nur zu empfehlen, wenn das kognitve Involvement der Konsumenten hoch ist und es sich bei den Marken um echte Innovationen handelt. Dies ist aber in der Regel nur auf wenig ausgereiften Märkten der Fall, die meisten Märkte gelten jedoch als gesättigt (s.o.). Trotzdem wird häufig auch eine sachorientierte Positionierung gewählt, wenn die Konsumenten wenig kognitiv involviert sind und es in dem betreffenden Markt kaum noch echte Innovationen gibt. Infolgedessen weisen die Marken ein wenig differenziertes Profil auf und sind aus Sicht der Konsumenten weitgehend austauschbar, wie beispielsweise im Markt für Haushaltsgeräte (Kühlschränke, Herde etc.). |
| Ungeeignete Messverfahren | Als Basis für die Ableitung von Handlungsempfehlungen für Strategien und Maßnahmen der Positionierung ist zunächst (außer bei Neueinführungen) die Ist-Position der Marke aus Konsumentensicht zu ermitteln. Zu diesem Zweck werden Konsumenten häufig gebeten, verschiedene Marken anhand einer Liste vorgegebener Eigenschaften zu beurteilen. Das Gesamtbild ergibt dann die Imageprofile der Marken. Derartige Imagemessungen weisen jedoch mehrere Schwächen auf: Zum einen werden relativ allgemein gehaltene Eigenschaften abgefragt, das Image einer Marke aus Konsumentensicht bildet sich jedoch aufgrund komplexerer Zusammen- |

## 4 Umsetzung von Markenidentität und -positionierung

| | |
|---|---|
| | hänge, z. B. durch innere Bilder der Konsumenten. Zum anderen ist zu kritisieren, dass den Konsumenten eine Liste von Eigenschaften vorgegeben wird. Möglicherweise enthält diese Liste Eigenschaften, die aus Konsumentensicht nicht relevant für das Image der Marke sind, während aus ihrer Sicht prägende Eigenschaften in der Liste fehlen. |
| Ableitung falscher Handlungsempfehlungen | Ein weiteres Problem bei der Umsetzung der Positionierung besteht darin, dass möglicherweise auf Basis der ermittelten Ist-Position Maßnahmen abgeleitet werden, die zur Erreichung der angestrebten Soll-Position ungeeignet sind. Stellt man beispielsweise fest, dass die eigene Marke hinsichtlich einer Positionierungseigenschaft Schwächen aufweist, ist es in der Regel wenig sinnvoll, die Position der eigenen Marke hinsichtlich dieser Eigenschaft zu verbessern, wenn diese Eigenschaft bereits von mehreren Wettbewerbern sehr erfolgreich belegt wird. |
| Ungeeignete Bestimmung der personellen Verantwortlichkeiten | Häufig sind Produktmanager für die Umsetzung der Positionierung verantwortlich. Produktmanager wechseln etwa nach zwei bis drei Jahren, für den Erfolg einer Marke ist dagegen ein gewisses Maß an Kontinuität zur Erhaltung des Markenkerns und die Kontrolle der eingesetzten Strategien und Maßnahmen erforderlich. Daher ist zu empfehlen, die konsistente und kontinuierliche Führung der Marke durch geeignete Methoden zu unterstützen (z. B. Erstellung grundsätzlicher Vorgaben für die Führung und Ausgestaltung der Marke; Schaffung von Anreizsystemen; Förderung der zielgerechten Umsetzung der Positionierung). Hierzu können Ansätze aus dem Knowledge Management wertvolle Anregungen bieten (vgl. hierzu von Krogh/Roos 1996). |

Diese Darstellung verdeutlicht, dass die Umsetzung einer Positionierung häufig eine ebenso große Herausforderung darstellt wie die strategische Planung der Positionierung. Marketingmanager sollten daher nach geeigneten Lösungen suchen, um diesen Gefahren frühzeitig entgegenzuwirken und so zum Erfolg der Marke am Markt beizutragen. In diesem Zusammenhang sind insbesondere folgende Ansatzpunkte zu nennen (vgl. hierzu Esch 2001a, S. 254 ff.; Esch/Andresen 1996):

- *Abstimmung der Positionierung auf die Wahrnehmung der Konsumenten:* Wie bereits dargestellt, ist die Wahrnehmung einer Positionierung aus Konsumentensicht komplex und lässt sich nicht auf einige, verhältnismäßig abstrakte Eigenschaften reduzieren. Daher ist zunächst zu ermitteln, welche Assoziationen aus Sicht der Konsumenten eine bestimmte Positionierungseigenschaft ausmachen. Auf Basis der Ergebnisse dieser Untersuchung kann die Positionierung konkretisiert und durch entsprechende Marketingmaßnahmen umgesetzt werden. In einem zweiten Schritt ist dann der Erfolg zu überprüfen, d.h. es ist zu erfragen, wie die Positionierung von den Konsumenten wahrgenommen wird.

- *Schaffung einer einzigartigen Positionierung:* Ziel der Umsetzung einer Positionierung ist es, ein unverwechselbares, eigenständiges Profil der Marke zu schaffen. Dies kann entweder durch die Belegung (einer Kombination) einzigartiger Positionierungseigenschaften und/oder durch ein einzigartiges Konzept zur Umsetzung der Positionierung erfolgen.

- *Integration der Marketingmaßnahmen*: Voraussetzung für einen einheitlichen Markenauftritt ist die Integration sämtlicher Marketingmaßnahmen, die zur Umsetzung der Positionierung der Marke eingesetzt werden. Entscheidend ist, dass sämtliche Maßnahmen den Konsumenten dasselbe Image der Marke vermitteln. Bereits kleine Abweichungen zwischen den verschiedenen Marketingmaßnahmen (z. B. Fernseh- und Printwerbung) können zu einem unklaren Bild führen und damit das Image der Marke verwässern.

Die zielgerechte Entwicklung von Strategien und Ableitung von Maßnahmen beeinflusst wesentlich den Erfolg der Positionierung und letztendlich auch den Erfolg der Marke. Demzufolge ist zu empfehlen, den Prozess und die Ergebnisse der Positionierung zu kontrollieren bzw. zu messen. Auf das Thema „*Controlling der Positionierung*" wird daher im Rahmen des Kapitels IV „Marken-Controlling" eingegangen.

# III. Strategische Entscheidungsfelder der Markenführung

## 1 Typen von Marken

Je nach der Ausgangssituation des Unternehmens und seiner strategischen Geschäftsfelder - abhängig von der Wettbewerbsintensität und der Wettbewerbsposition (vgl. Porter 1980; 1990) - sind zur Erreichung der gesetzten Unternehmens- und Marketingziele unterschiedliche marken-strategische Optionen Erfolg versprechend. Dabei geht es sowohl um Entscheidungen auf der Unternehmens- als auch auf der Geschäftsfeldebene.

In der strategischen Planung werden heute i.d.R. die weitgehend synonymen Begriffe "Strategisches Geschäftsfeld" (SGF) bzw. "Strategische Geschäftseinheit" (SGE) verwendet. Ein SGF wird als Produkt-Markt-Kombination mit eigenständigen strategischen Erfolgsfaktoren aufgefasst (vgl. Kreilkamp 1987, S. 316-334); es kann mit einer einzelnen Marke identisch sein, umfasst häufig aber mehrere ähnlich positionierte Marken. Dabei besteht ein Trade-off zwischen der Eigenständigkeit der strategischen Erfolgsfaktoren eines SGF (z.B. Qualität, Design, Preis) und den spezifischen strategischen Erfolgspotenzialen des SGF, d.h. den Ressourcen und Fähigkeiten, die einem SGF zur Verfügung stehen. Um dieses Problem zu lösen, werden oft unterschiedliche Planungsebenen in das Unternehmen eingezogen. Auf einer mittleren Managementebene existieren SGF, die jeweils aus mehreren gleichartigen Produkten bzw. Marken bestehen (Ziel: Eigenständigkeit der Strategischen Erfolgsfaktoren der einzelnen SGF). Diese werden zu Strategischen Arbeitsgebieten bzw. Geschäftsbereichen auf einer höheren Managementebene zusammengefasst (Ziel: Eigenständigkeit der Strategischen Erfolgspotenziale in den einzelnen Strategischen Geschäftsbereichen). Die Firma SIEMENS bearbeitet beispielsweise die Geschäftsbereiche Information und Kommunikation, Verkehr, Medizin, Licht und ist außerdem an dem Halbleiterproduzenten Infineon beteiligt; jedes Arbeitsgebiet besteht aus unterschiedlichen Produkten bzw. Marken.

Markenstrategische Entscheidungen auf der Unternehmensebene betreffen das sog. Corporate Branding (vgl. Abschnitt III.9). Die folgenden Ausführungen beziehen sich auf die Geschäftsfeldebene und betreffen Basisentscheidungen bezüglich des Markentyps, und zwar hinsichtlich des Einsatzgebietes der Marke (der geografischen Reichweite der Marke) und der Art der Marke (der Zahl der unter einer Marke angebotenen Produkte).

## 1.1 Einsatzgebiet einer Marke

Hinsichtlich des Einsatzgebietes können lokale, regionale, überregionale, nationale und internationale Marken unterschieden werden, wobei internationale Marken sowohl multinational, beispielsweise ländergruppenspezifisch, als auch global in Form von Weltmarken ausgeprägt sein können (vgl. Abschnitt III 7). Lokale bzw. regionale Marken werden häufig für Produkte verwendet, die über lokale bzw. regionenspezifische Besonderheiten positioniert werden sollen (Beispiele: Biermarken wie BERLINDER KINDL oder PADERBORNER PILS). Allerdings besteht heute aus Kostengründen, insbesondere aber wegen nicht zu übersehender Positionierungsnachteile (u.a. Schwierigkeit des Aufbaus dauerhafter Wettbewerbsvorteile) die Tendenz zu einer nationalen bzw. internationalen Markenpolitik in unterschiedlichen Abstufungen. Bei der Wahl des sog. relevanten Marktes - desjenigen Teiles des Gesamtmarktes, auf dem das Unternehmen tätig werden will, weil dort die Chancen für eine erfolgreiche strategische Markenführung als relativ groß, die Risiken als verhältnismäßig gering veranschlagt werden sowie die notwendigen Erfolgspotenziale vorhanden sind - spielt die räumliche Marktabgrenzung eine wichtige Rolle. Hier geht es u.a. um die Frage, in welchem geografischen Radius sich der Wettbewerb abspielt. Herrscht auf einem Markt ein globaler Wettbewerb (wie z.B. auf Hightech- oder Automobilmärkten), hat ein regionales oder nationales Angebot i.d.R. wenig Chancen, es sei denn, dass es sich auf regionale bzw. nationale Besonderheiten stützen kann.

## 1.2 Art der Marke

Hinsichtlich der Art der Marke kann untergliedert werden in
- Produkt-(Einzel- bzw. Mono-)Marken,
- Produktgruppen-, Familien- bzw. Range-Marken und
- Programm-, Dach- bzw. Company-Marken.

Einer *Produktmarke* ist eindeutig ein bestimmtes Produkt zugeordnet (z.B. MON CHÉRIE, NUTELLA, PERSIL). Becker stellt die Vor- und Nachteile von Produktmarken gegenüber (vgl. Abbildung III.1.1). Vorteile liegen vor allem in der Ausrichtung auf eine fest umrissene Zielgruppe und in den eindeutigen Positionierungs- und Profilierungsmöglichkeiten, Nachteile sind insbesondere mit der immer kürzer werdenden Amortisationsdauer notwendiger Entwicklungs- und Marktinvestitionen verbunden.

Abbildung III.1.1 Wichtige Vor- und Nachteile der Einzelmarke

| Vorteile | Nachteile |
| --- | --- |
| • Klare („spitze") Profilierung eines Produktes möglich<br>• Konzentration auf eine definierte Zielgruppe<br>• Wahl einer spezifischen Positionierung gegeben<br>• Gute Darstellungsmöglichkeit des Innovationscharakters eines neuen Produktes<br>• Profilierungs- und Positionierungsfreiheiten im Produktlebenszyklus (Relaunch-Maßnahmen)<br>• Vermeidung eines Badwill-Transfereffektes bei Mißerfolg des Produktes auf andere Produkte des Unternehmens | • Produkt muss den gesamten Markenaufwand (Markenbudget) alleine tragen<br>• Voraussetzung ist ein tragfähiges Marktvolumen (-potenzial)<br>• Langsamer Aufbau einer Markenpersönlichkeit („brand identity")<br>• Bei immer kürzeren Produktlebenszyklen Gefahr, dass der break-even-point nicht mehr erreicht wird<br>• Durch Strukturwandel von Märkten kann die Überlebensfähigkeit produktspezifischer Marken gefährdet sein<br>• Immer größere Probleme, geeignete und schutzfähige Markennamen zu finden |

Quelle: Becker 1994, S. 474

Deshalb ist heute die Tendenz klar erkennbar, *Produktgruppenmarken* aufzubauen bzw. eingeführte Einzelmarken zu Markenfamilien auszubauen (Beispiele: KNORR, NIVEA, MARS). Allerdings kommt es darauf an, dass sich der Markenkern für derartige Maßnahmen als ausreichend tragfähig erweist, mit anderen Worten dass Chancen und Risiken eines Markentransfers gründlich überprüft worden sind (vgl. Abschnitt III.4).

Wie aus Abbildung III.1.2 ersichtlich ist, bieten Familienmarken u.a. den Vorteil, dass sich das erforderliche Marketingbudget auf mehrere Produkte verteilt. Sofern ein spezifischer Positionierungs- und Imagevorteil der Stammmarke vorhanden ist, kann dieser unter bestimmten Voraussetzungen auf andere Produkte übertragen werden, wodurch eine Markenfamilie entsteht und das Markenimage des Stammproduktes u.U. sogar gestärkt wird. Allerdings besteht die Gefahr der "Markenüberdehnung", beispielsweise der sog. Kannibalisierung des Stammproduktes, sofern die einzelnen Produkte der Markenfamilie nicht ausreichend gegeneinander abgegrenzt werden können.

1 Typen von Marken 81

Abbildung III.1.2 Wichtige Vor- und Nachteile der Familienmarke

| Vorteile | Nachteile |
|---|---|
| • Spezifische Profilierungsmöglichkeit (vor allem bei spezieller „Nutzenphilosophie" für Produktlinien)<br>• Mehrere Produkte tragen den erforderlichen Markenaufwand (Markenbudget)<br>• Neue Produkte partizipieren am Goodwill der Familienmarke (Starthilfe)<br>• Insbesondere bei Vorhandensein einer speziellen Nutzenphilosophie gute Ausschöpfungsmöglichkeiten von (neuen) Teilmärkten (Satellitenstrategie)<br>• Jedes neue „philosophie-gerechte" Produkt stärkt das Markenimage (Markenkompetenz)<br>• Die Familienmarke ermöglicht die Bildung eigenständiger „strategischer Geschäftsfelder"(Organisationseinheiten mit eigenen strategischen Erfolgsfaktoren) | • Der „Markenkern" der Ausgangsmarke begrenzt die Innovationsmöglichkeiten<br>• Andererseits Gefahr der Markenüberdehnung bzw. -verwässerung durch nicht philosophie-adäquate Neuprodukte(„rubber effect")<br>• Bei der Profilierung einzelner Produkte muss Rücksicht auf die Basispositionierung genommen werden<br>• Wettbewerbsbedingte Restrukturierungsmaßnahmen (Relaunch) sind relativ begrenzt (insbesondere gegenüber starken Einzelmarken)<br>• Die Familienmarke ist nur dort einsetzbar, wo die Abnehmer (Verbraucher) Angebotssysteme mit entsprechenden Nutzenklammern akzeptieren<br>• Familienmarkensysteme sind gefährdet, wenn der Handel solche Systeme nicht voll aufnimmt (bzw. nicht als System präsentiert) |

Quelle: Becker 1994, S. 475

Schließlich stellt der Aufbau von *Dach- bzw. Company-Marken* einen weiteren Schritt dar, um Synergie-Potenziale in dem Angebotsprogramm auszuschöpfen, allerdings unter Inkaufnahme von Problemen, die sich zwangsläufig hinsichtlich der eigenständigen Positionierung und Profilierung einzelner Marken unterhalb der Dachmarke ergeben (vgl. Abbildung III.1.3). Viele Anbieter suchen daher nach Auswegen, spezielle Zielgruppenangebote von der Dachmarke zu lösen und als Mono- bzw. Produktgruppen-Marken zu positionieren.

Abbildung III.1.3 Wichtige Vor- und Nachteile der Dachmarke

| Vorteile | Nachteile |
|---|---|
| • Alle Produkte tragen den notwendigen Markenaufwand (Markenbudget) gemeinsam<br>• Eine vorhandene Dachmarke erlaubt relativ leicht die Einführung neuer Produkte<br>• Jedes neue Produkt kann am Goodwill der Dachmarke partizipieren (Starthilfe)<br>• Kurze Produktlebenszyklen bei einzelnen Produkten gefährden nicht die gesamte Ökonomie der Marke<br>• Man ist nicht auf den aufwendigen Prozess der Suche nach neuen schutzfähigen Marken angewiesen | • die klare Profilierung eines ganzen Programms unter einer Marke ist stark erschwert (nur „runde" Profilierung möglich)<br>• Die Konzentration auf einzelne Zielgruppen ist im Prinzip nicht möglich<br>• Als Positionierung kann nur eine allgemeine, eher unspezifische „Lage" gewählt werden<br>• Auf Besonderheiten der Profilierung einzelner Programmteile kann (auch bei Relaunch-Aktivitäten) keine Rücksicht genommen werden<br>• Innovationen können nicht spezifisch profiliert bzw. ausgelobt werden<br>• Im Falle des Scheiterns eines Produktes ergeben sich Badwill-Transfereffekte auf die Marke und alle Produkte insgesamt |

Quelle: Becker 1994, S. 473

## 2 Markenportfolio und -architektur

### 2.1 Gründe für Mehrmarkenstrategien

Die Grundpositionierungen "Leistungs- bzw. Preisvorteil" gehen davon aus, dass es verschiedene Marktschichten mit unterschiedlich akzentuierten Verbraucherbedürfnissen gibt. Marktschichtenmodelle werden in letzter Zeit häufig dazu benutzt, die Struktur einzelner Märkte und schrittweise sich vollziehende Wandlungsprozesse zu kennzeichnen.

In Abbildung III.2.1 sind verschiedene Marktschichtenmodelle gegenüber gestellt worden. Der Wandel der Marktstruktur, der anhand der Modelle sichtbar wird, ist inzwischen in zahlreichen Märkten empirisch bestätigt worden: Das obere Marktsegment (mit einem deutlichen Leistungsvorteil) sowie das untere Segment (mit einem klaren Preisvorteil) nehmen zu, das mittlere Segment wird immer schmaler.

84　　　　　　　　III. Strategische Entscheidungsfelder der Markenführung

Abbildung III.2.1 Marktschichten-Modell

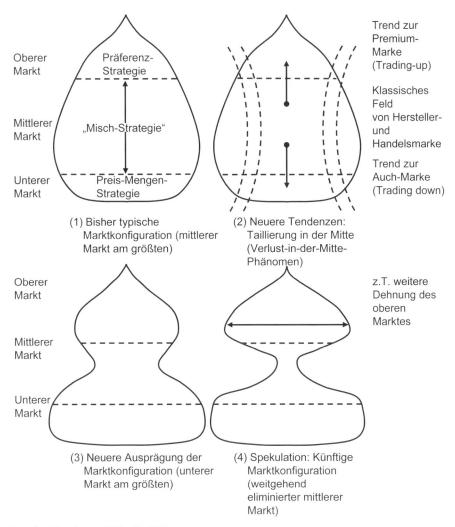

Quelle: Becker 1993, S.423

Offensichtlich präferieren die Verbraucher Angebote, die eindeutig positioniert sind. Beide Marken-Grundpositionierungen bauen auf unterschiedlichen, jeweils

## 2 Markenportfolio und -architektur

klar gegeneinander abgrenzbaren Markenidentitäten und -positionierungen auf; der dominante Nutzen für den Kunden ist auf dem einen Pol in qualitativen Kriterien verankert, auf dem anderen basiert er auf einem besonders günstigen Preis. "Mischstrategien" sind i.d.R. durch eine unscharfe Positionierung gekennzeichnet, die zu keinem klaren Preis- bzw. Leistungsvorteil führten (vgl. Abbildung III.2.2 ).

Abbildung III.2.2 Positionierung von Marken in einzelnen Marktschichten

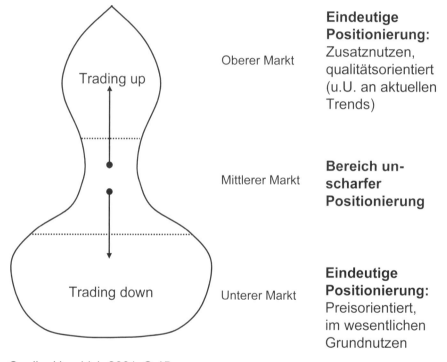

Quelle: Haedrich 2001, S.45

Mit der zunehmenden Polarisierung vieler Märkte in eine obere Marktschicht mit Premiummarken und eine untere mit Discount-Angeboten hängt das "Flucht-aus-der-Mitte-Phänomen" zusammen. Die Anbieter müssen sich dafür entscheiden, Marken, die ehemals im Konsumbereich des mittleren Marktes angesiedelt waren, entweder auf- oder abzuwerten. Sofern sie beide Marktschichten in ein und demselben Markt erfolgversprechend bearbeiten wollen, ist eine differenzierte Vorgehensweise bei der Marktbearbeitung mit unterschiedlichen Marken empfehlenswert.

Dieser Empfehlung sind inzwischen zahlreiche Markenartikelhersteller gefolgt. Die Vorgehensweise stark diversifizierter Unternehmen bei der Führung ihrer Markenportfolios ist besonders deutlich im Automobilmarkt erkennbar: Der VW-Konzern, der mit seinen Marken traditionell im mittleren Markt positioniert war, strebt an, einzelnen Programmmarken unterhalb der Konzernmarke (u.a. den Marken VW, AUDI, SEAT, ŠKODA) klare Segmente zuzuordnen, beispielsweise der Marke AUDI das obere Marktsegment, SEAT und ŠKODA die untere Marktschicht. Allerdings sind bisher klare hierarchische Einordnungen erst ansatzweise erkennbar, da dazu umfangreiche Analysen des Markenportfolios notwendig sind.

Mehrmarkenstrategien werfen eine Reihe von Chancen, aber auch von Risiken auf. Chancen liegen u.a. darin, interne Synergiepotenziale zu mobilisieren, das marktliche Risiko einzuschränken, die Bedürfnisse einzelner Abnehmerkreise zielgenau anzusprechen und dadurch Kundenzufriedenheit und -bindung zu erhöhen. Risiken können beispielsweise in der Gefahr der "Übersegmentierung" gesehen werden - d.h. einzelne Markensegmente sind von ihrer Größe her nicht tragfähig und auch nicht ausreichend stabil - sowie darin, dass einzelne Marken innerhalb des Markenportfolios nicht ausreichend gegeneinander abgegrenzt sind, so dass sie sich gegenseitig kannibalisieren (vgl. Meffert/Perrey 2001, S. 690-695).

Um die Voraussetzungen für eine aussichtsreiche Parallelbearbeitung eines Marktes mit einem Portfolio unterschiedlicher Marken zu schaffen, ist die Entwicklung einer sog. Markenarchitektur anhand eindeutig festgelegter Kriterien notwendig.

## 2.2 Markenarchitektur

Diversifizierte Unternehmen führen i.d.R. ein mehr oder weniger umfangreiches Portfolio von Marken, die in unterschiedlichen Segmenten eines Marktes angesiedelt sind. Eine systematische Ordnung der Marken ist sowohl aus Sicht des

## 2 Markenportfolio und -architektur

Marktes als auch des Unternehmens zweckmässig: Jeder Marke muss eine strategische Rolle zugewiesen werden, die ihre Mission, den Markeninhalt sowie die Ausrichtung der Marke sichtbar macht (vgl. Abbildung III.2.3). Durch die *Mission* wird die Aufgabe der Marke im Rahmen der Unternehmenspolitik verdeutlicht. Der *Markeninhalt* ist durch die Markenidentität und das Programm zum Aufbau eines konsistenten Markenimages geprägt, während mit der *Ausrichtung* der Marke Zielgruppe, Absatzgebiet sowie die wichtigsten Wettbewerber festgelegt werden.

Abbildung III.2.3 Dimensionen der strategischen Rolle von Marken

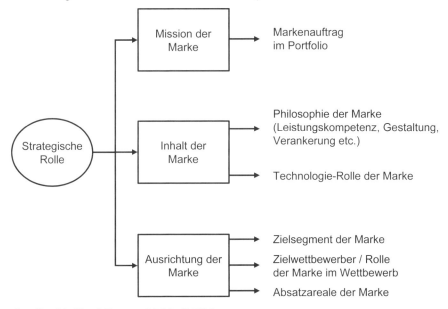

Quelle: Meffert/ Perrey 2001, S.701

Die Entwicklung einer Markenarchitektur ist logische Konsequenz einer Mehrmarkenstrategie, die das Ziel verfolgt, mehrere Segmente ein und desselben Marktes bzw. einen Gesamtmarkt durch unterschiedliche Marken effektiv und effizient zu bearbeiten. Häufig werden in den Unternehmen Mehrmarkenstrategien geplant, um die Potenziale verschiedener Marktschichten in den bearbeiteten Märkten so gut wie möglich auszuschöpfen; erst zu einem späteren

Zeitpunkt folgen Überlegungen, die Rollen der einzelnen Marken in einem Markt und ihre Aufgaben im Markenportfolio zu bestimmen. Ausgehend von dem Anliegen des Portfolio-Managements, Chancen und Risiken einzelner Strategischer Geschäftsfelder sowie der darin zusammengefassten Marken mit ihren jeweiligen Stärken und Schwächen im Verhältnis zum Hauptwettbewerb zu ermitteln und Prioritäten bezüglich der Ressourcenverteilung und der Marktbearbeitung festzulegen, können zunächst folgende grundsätzliche Schlussfolgerungen abgeleitet werden:

1. zweckmäßig ist zunächst eine Fokussierung des Ressourceneinsatzes auf *strategisch wichtige Marken*, mit anderen Worten auf solche Marken, die sich in der Vergangenheit positiv entwickelt haben und die noch deutlich erkennbare Markt- und Nachfragepotenziale aufweisen ("question marks" und "stars");

2. weiterhin zu gewährleisten ist der möglichst lange Erhalt von Marken, die in der Reifephase stehen und relativ hohe liquide Mittel erwirtschaften ("cash cows"), die zur Finanzierung der "question marks" und "stars" sowie zur Entwicklung neuer Produkte benötigt werden;

3. zu bereinigen ist das Portfolio von Marken, die keinen Zukunftstrend erkennen lassen und deren Lebenszyklus weitgehend abgeschlossen ist ("dogs").

Für jedes Unternehmen ist es daher unabdingbar, die Position seiner Marken und deren Entwicklungstrends in der Vergangenheit und Zukunft systematisch und kontinuierlich zu analysieren. NESTLÉ beispielsweise sieht als strategisch wichtige Marken ("bread-and-butter-brands") die Dach- bzw. Produktgruppenmarken NESTLÉ, MAGGI, BUITONI und PERRIER an.[4] Strategisch wichtige Marken sind oft solche, die für das Unternehmen weltweit von Bedeutung sind; allerdings spielen in vielen Märkten nationale oder multinationale Marken eine Rolle, so dass der Gesichtspunkt der geografischen Reichweite einer Marke in Relation zu der räumlichen Abgrenzung ihres relevanten Marktes zu beurteilen

---

[4] Diese Angaben basieren auf einem Gastvortrag an der Universität des Saarlandes von dem Vorstandsvorsitzenden der Nestlé Deutschland AG, Hans G. Güldenberg

ist. UNILEVER hat sich das Ziel gesetzt, das internationale Portfolio in fünf Jahren von 1600 Marken auf 400 Marken zusammen zu streichen und sich im deutschen Markt auf 40 strategisch bedeutsame Marken von derzeit 100 Marken zu konzentrieren (u.a. auf LANGNESE, IGLU, RAMA, BISKIN, LUX, SUNIL, DOMESTOS, DU DARFST).[5]

In diesem Zusammenhang müssen u.a. auch Breite und Tiefe des Programms jeder einzelnen strategisch wichtigen Marke festgelegt sowie geklärt werden, welche Produkte innerhalb der einzelnen Programme besonders förderungswürdig bzw. welche eliminationsverdächtig sind. Zu unterstützen sind solche Produkte, die besondere Umsatzchancen in der Zukunft haben; ihre Aufgabe besteht gleichzeitig darin, Aktualität und Image des Unternehmens und damit den Unternehmenswert systematisch auszubauen. Konsequent zu eliminieren sind dagegen solche Produkte, die lediglich Ressourcen binden und keine klare Aufgabe im Rahmen des Markenportfolios haben.

Um die Aufgabe jeder einzelnen Marke des Markenportfolios hinsichtlich der zu bearbeitenden Märkte bzw. Marktsegmente, ihre Leistungskompetenz sowie ihre Wettbewerbsposition zu verdeutlichen, ist es zunächst zweckmäßig, eine *Markenhierarchie* zu entwickeln, die die Struktur des Markenportfolios sichtbar macht. Esch/Bräutigam ordnen die hier zur Verfügung stehenden Möglichkeiten in eine Markenarchitektur-Matrix ein (vgl. Abbildung III.2.4). Unproblematisch ist es, wenn nur eine Marke in einem Markt geführt wird. Unabhängig davon, ob es sich dabei um eine Einzel-, Familien- oder Dachmarke handelt, besteht die Matrix aus einer Hierarchieebene. Sofern jedoch ein Markt mit zwei oder mehr als zwei Marken bearbeitet wird, entstehen komplexere Markenarchitekturen.

---

[5] vgl. Süddeutsche Zeitung Nr. 131 vom 8.6.2000, S. 28

## Abbildung III.2.4 Markenarchitektur-Matrix

|  |  | Anzahl der Marken | |
|---|---|---|---|
|  |  | eine Marke | zwei oder mehr Marken |
| **Anzahl der Hierarchieebenen** | eine Hierarchieebene | • Einzelmarke<br>• Familienmarke<br>• Dachmarke | • Mehrmarke<br>• Markenallianz |
|  | zwei oder mehr Hierarchieebenen |  | Komplexe Markenarchitekturen |

Kombination der klassischen Strategien

Quelle: Esch/ Bräutigam 2001, S.715

In den folgenden der Praxis entlehnten Beispielen teilen sich jeweils mehrere Marken die Aufgabe der Bearbeitung eines Marktes. In Abbildung III.2.5 werden unterhalb einer Dachmarke mehrere Einzelmarken geführt. Ein anderes markantes Beispiel liefert der italienische Süßwarenhersteller FERRERO, der die Markenphilosophie verfolgt, jeweils starke Mono-Marken aufzubauen.

Abbildung III.2.5 Kombination von Einzel- und Dachmarke

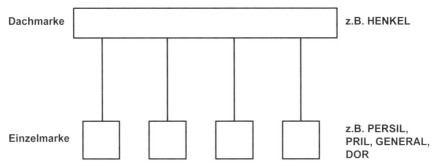

Quelle: Becker 1994, S. 476

Ähnlich ist das Beispiel in Abbildung III.2.5: Hier ist eine Dachmarke mit mehreren Markenfamilien gekoppelt. BMW beispielsweise führt unter der

## 2 Markenportfolio und -architektur

Dachmarke zahlreiche Markenfamilien, u.a. die 3er, 5er und 7er-Serie sowie die Marke MINI

Abbildung III.2.5 Kombination von Familien- und Dachmarke.

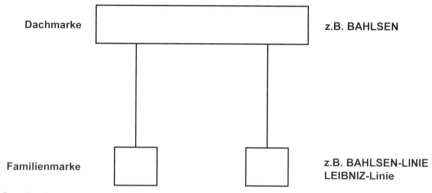

Quelle: in Anlehnung an Becker 1994, S. 477

Schließlich zeigt die dreistufige Markenhierarchie in Abbildung III.2.6 die Möglichkeit, Dachmarken sowohl mit Familien- als auch mit Einzelmarken zu verbinden. UNILEVER/BEST FOODS beispielsweise führt u.a. im Markt der Familienmarke KNORR die Einzelmarken SPAGHETTERIA, KRÄUTERLINGE, HÜTTENSNACK.

Abbildung III.2.6 Kombination von Einzel-, Familien- und Dachmarke

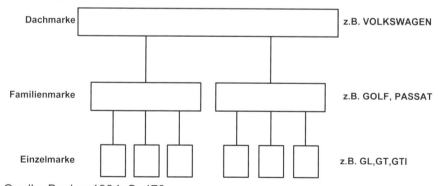

Quelle: Becker 1994, S. 478

Ein weiteres Problem ergibt sich aus der Frage, welche Bedeutung den einzelnen Marken innerhalb einer Markenhierarchie zugewiesen wird und inwieweit der Konsument darauf hingewiesen werden soll, dass zwischen den einzelnen Marken Abhängigkeiten bestehen. Soll der Verbraucher z.B. darauf aufmerksam gemacht werden, dass SPAGHETTERIA eine Marke von KNORR, KNORR wiederum ein Programm von UNILEVER/BEST FOODS darstellt? Offenbar handelt es sich hier um eine Fragestellung, die in Zusammenhang mit den Identitäten und Positionierungen der einzelnen Marken eines derartigen Markensystems zu beantworten ist. Darauf aufbauend ist die Rolle der einzelnen Marken festzulegen, indem u.a. die marktliche und technologische Leistungskompetenz der einzelnen Marken sowie ihre Aufgaben im Verhältnis zum Wettbewerb zu klären sind.

In Abbildung III.2.7 werden die zur Verfügung stehenden Möglichkeiten aufgezeigt. Sofern in einer komplexen Markenarchitektur verschiedene Markenarten miteinander zu verbinden sind ("gemischte Marken"), ist zu entscheiden, welche Marke dominant in Erscheinung treten und welche evtl. lediglich als "Absender" beispielsweise auf der Verpackung oder in der Werbung genutzt werden soll (vgl. hierzu auch Abschnitt III.9).

Abbildung III.2.7 Konsumentenbezogene Klassifikation von Markenarchitekturen

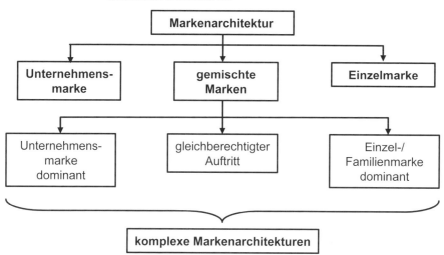

Quelle: Esch/ Bräutigam 2001, S. 725

TUI unterscheidet in dem neuen Markenkonzept beispielsweise sog. *aligned brands*, die für die Dachmarke WORLD OF TUI aufgrund ihres Umsatzvolumens und ihrer Qualitätsausstrahlung eine besondere Bedeutung haben; hier wird jeweils die Dachmarke (einschließlich Logo) eng mit der individuellen Marke verknüpft (z.B. bei HAPAG-LLOYD, JETAIR, BRITANNIA). Daneben stehen sog. *endorsed brands*, bei denen das Dachmarkensymbol zwar zur Flankierung der einzelnen Marke verwendet wird, gegenüber der individuellen Marke jedoch eher in den Hintergrund tritt (z.B. bei den Marken ROBINSON, AIRTOURS, FIRST). Schließlich gibt es die dritte Kategorie der sog. *non-endorsed brands*, die getrennt von der Dachmarke WORLD OF TUI geführt werden, um Imagekollisionen zu vermeiden (z.B. die Marken im unteren Preissegment L'TOUR, 1, 2, FLY) (vgl. Thunig 2002, S. 56-68). In jedem Fall sollte gründlich geprüft werden, wie weit die Profilierung einzelner Marken innerhalb des Markensystems gehen soll. Da nur starke Marken die Chance haben, vom Verbraucher wahrgenommen zu werden und ihre Funktionen bezüglich Identifikation und Differenzierung des Angebots erfüllen zu können, ist eine Konzentration der unternehmerischen Ressourcen auf eine begrenzte Zahl strategisch wichtiger Marken unabdingbar.

In dem folgenden Praxisbeispiel (vgl. Abbildung III.2.8) ist das Markenportfolio in drei Strategische Geschäftsbereiche untergliedert, und zwar nach Funktionen, Technologien und Zielmärkten (vgl. Abell 1980). Jeder Strategische Geschäftsbereich ist in drei Strategische Geschäftsfelder (SGF), jedes SGF in einzelne Marken aufgeteilt.

Abbildung III.2.8 Markenarchitektur eines diversifizierten Unternehmens

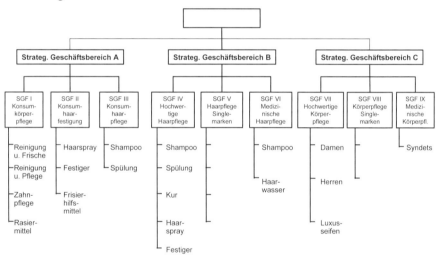

Eine derartig komplexe Markenarchitektur ist Ausgangspunkt für eine gründliche Analyse des vorhandenen Markenportfolios; darüber hinaus bietet sie die Möglichkeit, Marktnischen zu erkennen, die eine Bearbeitung lohnen. Der Strategische Geschäftsbereich A zielt auf Konsummärkte, den traditionellen Sektor des Unternehmens. Hier sind strategisch wichtige Marken, überwiegend im Stadium der Reife, angesiedelt, die möglichst lange erhalten werden müssen, da sie die interne Finanzquelle des Unternehmens darstellen. Geschäftsbereiche B und C sind durch Nachwuchs- bzw. Wachstumsprodukte gekennzeichnet mit relativ hohem Cash-Bedarf. Hier kommt es darauf an, klare Prioritäten zu setzen, um die finanziellen Mittel zu konzentrieren. Teilweise enthalten die SGF auch eliminationsverdächtige Produkte, zum Teil auch solche, die sich noch im Stadium der technischen Entwicklung befinden. Gleichzeitig zeichnen sich Marktnischen ab, die u.U. zukünftig bearbeitet werden sollten.

# 3 Einführung neuer Marken

## 3.1 Grundlagen

Ziel der Einführung einer neuen Marke ist es, ein bestimmtes, neues Kompetenzfeld zu besetzen. Daran orientiert werden entsprechend Produkte in diesem Kompetenzfeld entwickelt. Produkte sind somit Instrumente, die dazu eingesetzt werden, um die Marke aufzubauen. Die folgenden drei Fallbeispiele verdeutlichen diesen Zusammenhang.

---

**Fallbeispiel DU DARFST**

Als Folge des Trends zu einer kalorienbewussten, gesunden Ernährung wächst etwa seit Beginn der achtziger Jahre der Wunsch der Konsumenten nach kalorienarmen Lebensmitteln. Zahlreiche Hersteller nahmen daraufhin kalorienreduzierte Varianten ihrer Marken in ihr Sortiment auf, meist gekennzeichnet durch den Zusatz „light". UNILEVER verfolgt dagegen mit ihrer Marke DU DARFST das Ziel, den Kompetenzbereich „wohlschmeckende low-fat Lebensmittel" zu besetzen. Entsprechend bietet DU DARFST unkomplizierte Produkte an, die eine gesunde, fettbewusste Ernährung einfach und selbstverständlich machen und zudem zum allgemeinen Wohlbefinden beitragen sollen. Die Du darfst-Produktpalette umfasst ein breites, abwechslungsreiches Angebot hochwertiger Produkte, die es den Konsumenten erleichtern, sich ausgewogen zu ernähren. In den über 70 Lebensmitteln wird konsequent das „Mehr-weniger-Prinzip" umgesetzt. Das bedeutet, dass das Produkt durch die Wahl alternativer Zutaten gewohnt gut schmeckt, aber weniger Fett enthält. So wird beispielsweise bei den Feinkostsalaten feine Salatcreme anstatt Mayonnaise verwendet.

**Fallbeispiel VIRGIN**

Die Marke VIRGIN ist ein weiteres Erfolgsbeispiel für den konsequenten Aufbau einer neuen Marke durch die Besetzung eines Kompetenzbereichs. Diese besteht darin, dass Virgin im Vergleich zur Konkurrenz Angebote schafft, die frischer und jünger sind oder aus Kundensicht einen höheren Wert bieten. Daher zielt VIRGIN auf Bereiche ab, in denen die Konsumenten mit den bisherigen Leistungen unzufrieden sind. Ebenso ist VIRGIN stark im E-Commerce aktiv. Charakteristisch für Virgin ist proaktives Vorgehen und ein hohes Mass an Unternehmergeist und Risikofreudigkeit. Das Spektrum der Marke VIRGIN reicht von Flugreisen über CDs bis hin zu Erfrischungsgetränken. Unabhängig von der Produktkategorie trägt vor allem das dynamische Image der Marke, aber auch die Persönlichkeit des Unternehmensgründers Richard Branson zum Erfolg von VIRGIN bei. Aus der Vielzahl der Produkte lassen sich die Flugreisen als Beispiel herausgreifen: VIRGIN bietet während der Flüge im Vergleich zur Konkurrenz ein besonders breites und innovatives Spektrum an Inflight-Entertainment an, das beispielsweise auch PC-Spiele umfasst.

**Fallbeispiel RELAX** (vgl. hierzu Dolmetsch/Hauswirth 1998)

Die Zürich Versicherung lancierte im Zuge einer verstärkten Ausrichtung auf die Bedürfnisse der Kunden die Marke RELAX. Ausgangspunkt war die Erkenntnis, dass ein Versicherungs- und Finanzdienstleister aus Sicht der Kunden nicht in erster Linie konkrete Leistungen anbietet, sondern vor allem ein Leistungsversprechen, sich auf die Zürich (nicht nur) in Notsituationen verlassen zu können. Entsprechend erwarten die Kunden weniger ständig neue und ausgeklügeltere Leistungen, sondern vor allem die Vermittlung von Zufriedenheit und Wohlbefinden. Diesen Überlegungen wurde durch die Einführung der Marke RELAX Rechnung getragen. Mit RELAX demonstriert die Zürich ihre umfassende Customer-Care-Kompetenz. Voraussetzung hierfür war eine grundlegende Reorganisation des Unternehmens, von einer funktionalen zu einer kundensegmentbezogenen Organisationsstruktur. Unter der Marke RELAX wurden verschiedene Produkte wie z. B. das RELAX Assistance Basispaket - eine

## 3 Einführung neuer Marken 97

kombinierte Pannenhilfe, Annullierungskosten- und Reiseschutzversicherung - lanciert. Weitere Maßnahmen wie z. B. die Einführung einer Gratistelefonnummer (Hilfe bei Problemen, z. B. Autounfall und Anfragen durch ein Spezialistenteam rund um die Uhr und weltweit) und der Help Points (Erledigung der Schadensbearbeitung, Hilfe bei Reparaturen und Herstellung der Mobilität durch *einen* Ansprechpartner) trugen ebenfalls zur Umsetzung der Customer-Care-Kompetenz bei. Zudem unterstützte eine innovative Werbekampagne die Einführung von RELAX. Im Gegensatz zur üblicherweise eher konservativ geprägten Werbung für Versicherungen und Finanzdienstleistungen setzte die Zürich-Kampagne – durchgehend für alle Unternehmensbereiche - auf Tiere als Verkörperung der RELAX-Philosophie.

Generell ist die Einführung einer neuen Marke mit hohen Investitionen und Risiken verbunden (vgl. Esch/Fuchs/Bräutigam/Redler 2001, S. 759; Esch/Wicke 2001, S. 13; Murphy 1990, S. 25). Andererseits sind neue Marken notwendig: Sie generieren zukünftig für das Unternehmen Umsatz und tragen damit wesentlich zum Erhalt des Unternehmens bei (vgl. Esch/Wicke 2001, S. 13). Die Flut an Neueinführungen insbesondere im Konsumgüterbereich führt dazu, dass immer höhere finanzielle Aufwendungen, insbesondere auch für die Marketingmaßnahmen, notwendig sind, um sich am Markt – im Wettbewerb um die Aufmerksamkeit der Kunden – und gegenüber dem Handel – beim Kampf um Regalplätze- durchzusetzen. Die Investitionen in eine neue Marke werden für eine Neueinführung im Bereich kurzlebige Konsumgüter in Deutschland auf einen zwei bis dreistelligen DM-Millionen-Betrag geschätzt (vgl. Sattler 1997).

Die *Hauptursache für Flops bei der Einführung neuer Marken* liegt darin, dass sie sich nicht genügend vom Wettbewerb abheben. Daneben lassen sich noch weitere Probleme identifizieren, wie beispielsweise die mangelnde Funktionalität des Produkts, die massive Preissenkung eines Wettbewerbers oder eine wenig ansprechende Verpackung. Häufig handelt es sich jedoch um ein gelungenes und funktional fehlerfreies Produkt, der Preis wird angemessen gewählt, das Verpackungsdesign ansprechend gestaltet und die Marke erreicht im Handel nationale Distribution – trotzdem wird die Marke zum Flop. In diesen Fällen liegt die Ursache meist darin, dass die Marke sich nicht genügend von den

Wettbewerbern abhebt, da sie über kein spezielles Differenzierungsmerkmal verfügt. Hierbei handelt es sich lediglich um eine gute Kopie einer Marke, mit der die Konsumenten bisher zufrieden waren; somit bietet die neue Marke den Konsumenten keinen attraktiven Anreiz (z. B. einzigartiger Produktnutzen, originelle Verpackung und Kommunikation), um die Marke zu wechseln (vgl. Murphy 1990, S. 29).

Bevor die Einführung einer neuen Marke geplant und realisiert wird, ist zunächst zu prüfen, ob dies – insbesondere aufgrund der damit verbundenen hohen Kosten und Risiken – wirklich gerechtfertigt ist und ob nicht die Erweiterung einer bestehenden Marke eventuell die geeignetere Strategie ist. Die folgende Abbildung (vgl. Abbildung III.3.1) verdeutlicht, dass es zwei grundsätzliche strategische Optionen gibt, um in eine neue Produktkategorie einzudringen. Dies kann zum einen durch die *Erweiterung einer bestehenden Marke* (vgl. hierzu Abschnitt III.4), zum anderen durch die *Lancierung einer neuen Marke* erfolgen.

Abbildung III.3.1 Die Lancierung einer neuen Marke als strategische Option

|  | bisheriger Markenname | neuer Markenname |
|---|---|---|
| bisherige Produktkategorie | Produktlinienerweiterung | flankierende Marke |
| neue Produktkategorie | Markenerweiterung | neue Marke |

Quelle: in Anlehnung an Esch/Fuchs/Bräutigam/Redler 2001, S. 757

Als Beispiel für eine Neueinführung lässt sich die Marke SMART anführen. MERCEDES lancierte das Kleinstauto nicht nur unter einem neuen Markennamen (anders als beispielsweise den Kleinwagen MERCEDES A-KLASSE), sondern gliederte sogar die Produktion und Vermarktung der Fahrzeuge in Form eines

3 Einführung neuer Marken 99

Joint-Venture-Unternehmens aus. Die Einführung einer neuen Marke ist zu empfehlen, wenn das Markenimage der bestehenden Marke mit der neuen Produktkategorie nicht kompatibel ist – beim Beispiel MERCEDES passte das Kleinstauto SMART nicht zum gehobenen Image der Luxusfahrzeuge - oder in dieser Produktkategorie aus Sicht der Konsumenten nicht als relevant erachtet wird. Zudem spricht häufig das zu erwartende Wachstumspotenzial einer neuen Produktkategorie dafür, mit einer neuen Marke in diesem Markt aufzutreten (vgl. Esch/Fuchs/Bräutigam/Redler 2001, S. 758 f.), wenn das Kompetenzfeld der bereits vorhandenen Marke zu eng ist, um die neue Produktkategorie abzudecken. Beispielsweise führte HENKEL ein Waschmittel für besondere Waschkraft bereits bei niedrigen Temperaturen unter der neuen Marke WEIßER RIESE ein. Das Kompetenzfeld der (Premium-) marke PERSIL – traditionelles Universalwaschmittel mit Spitzenqualität für höchste Ansprüche - wäre hierfür zu eng gewesen. Unternehmenszusammenschlüsse oder –aufkäufe können ebenfalls zur Bildung neuer Marken führen, wie beispielsweise die Marke E.ON – basierend auf einem Zusammenschluss der Unternehmen VEBA und VIAG - im Bereich Energieversorgung zeigt. Auch aus einer Internationalisierungs- und Standardisierungsstrategie kann die Lancierung einer neuen, globalen Marke resultieren (vgl. Esch/Wicke 2001, S. 9) – beispielsweise die Marke ERNST&YOUNG, die geschaffen wurde, um einen international konsistenteren Markenauftritt des in zahlreichen Ländern tätigen Steuerberatungs-, Wirtschaftsprüfungs- und Consultingunternehmens sicherzustellen. Zuvor war ERNST&YOUNG in den einzelnen Ländern jeweils unter unterschiedlichen Markennamen vertreten (z. B. SCHITAG, ERNST&YOUNG in Deutschland).

Murphy plädiert dafür, dass bereits das Grobkonzept für eine Marke ein eindeutiges *Differenzierungsmerkmal* („point of difference") der Marke beinhalten sollte (vgl. zu den folgenden Ausführungen Murphy 1990, S. 27 f.). Nur wenn die Marke sich durch ihre Einzigartigkeit signifikant gegenüber den Wettbewerbern abhebt, wird sie langfristig im Markt erfolgreich sein. Bei der Entwicklung eines Differenzierungsmerkmals müssen laut Murphy folgende Anforderungen (vgl. Abbildung III.3.2) erfüllt werden:

Abbildung III.3.2 Anforderungen an ein Differenzierungsmerkmal für eine neue Marke

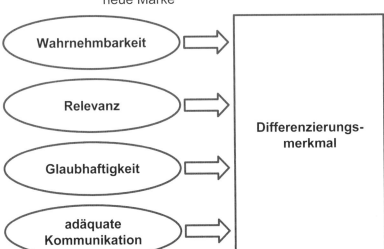

Quelle: in Anlehnung an Murphy 1990, S. 27 f.

- Das Differenzierungsmerkmal muss von den Konsumenten *wahrgenommen* werden.
- Das Differenzierungsmerkmal muss aus Konsumentensicht *erwünscht* sein. Konsumenten stellen eine Vielzahl von Anforderungen bzw. Wünschen an eine neue Marke. Bei der Entwicklung des zentralen „point of difference" ist zu berücksichtien, welche dieser Eigenschaften der Marke von höchster Relevanz ist oder ob von den Konsumenten eine einzigartige Kombination mehrerer Eigenschaften gewünscht wird.
- Darüber hinaus muss das Differenzierungsmerkmal aus der Sicht der Konsumenten *glaubhaft* sein, d.h. das Nutzenversprechen der Marke muss beim Gebrauch des Produkts erfüllt werden.
- Schließlich ist die *adäquate Kommunikation* des Differenzierungsmerkmals unabdingbar für die erfolgreiche Einführung einer neuen Marke. Zur Kommunikation zählen nicht nur die Maßnahmen der Kommunikationspolitik (z. B. Werbung), sondern auch der Markenname, das Produkt selbst und die

Verpackung. Entscheidend ist, dass die Kommunikation insgesamt konsistent ist, klar das Differenzierungsmerkmal herausstellt und ansprechend, d.h. passend zur Marke und zur anvisierten Zielgruppe, gestaltet ist. Im Bereich Kosmetik stellt die Marke CLINIQUE ein erfolgreiches Beispiel für adäquate Markenkommunikation dar (vgl. hierzu auch Abschnitt II.4.1).

## 3.2 Prozess der Einführung einer neuen Marke

Nachdem die Entscheidung für die Einführung einer neuen Marke gefällt wurde, sind die systematische Planung und Realisierung der Einführung entscheidende Voraussetzungen für den nachhaltigen Erfolg einer Marke am Markt (vgl. Esch/Wicke 2001, S. 52). Die folgende Abbildung (vgl. Abbildung III.3.3) gibt einen Überblick über den *Prozess der Einführung einer neuen Marke*. Im Folgenden wird auf die einzelnen Prozessschritte vertieft eingegangen.

Abbildung III.3.3 Prozess der Einführung einer neuen Marke

```
┌─────────────────────────────────────────────┐
│            Ideengenerierung                 │
└─────────────────────────────────────────────┘
                      ↓
┌─────────────────────────────────────────────┐
│        Grobentwurf der Markenkonzepte       │
└─────────────────────────────────────────────┘
                      ↓
┌─────────────────────────────────────────────┐
│    Prüfung und Auswahl interessanter Konzepte │
└─────────────────────────────────────────────┘
                      ↓
┌─────────────────────────────────────────────┐
│     Test der erfolgversprechenden Konzepte  │
└─────────────────────────────────────────────┘
                      ↓
┌───────────────────────┐ ┌───────────────────────────┐
│ Technische Entwicklung│ │ Entwicklung des Marketingkonzepts │
└───────────────────────┘ └───────────────────────────┘
                      ↓
┌─────────────────────────────────────────────┐
│   Tests auf Konsumenten- und Handelsebene   │
└─────────────────────────────────────────────┘
                      ↓
┌─────────────────────────────────────────────┐
│              Markteinführung                │
└─────────────────────────────────────────────┘
```

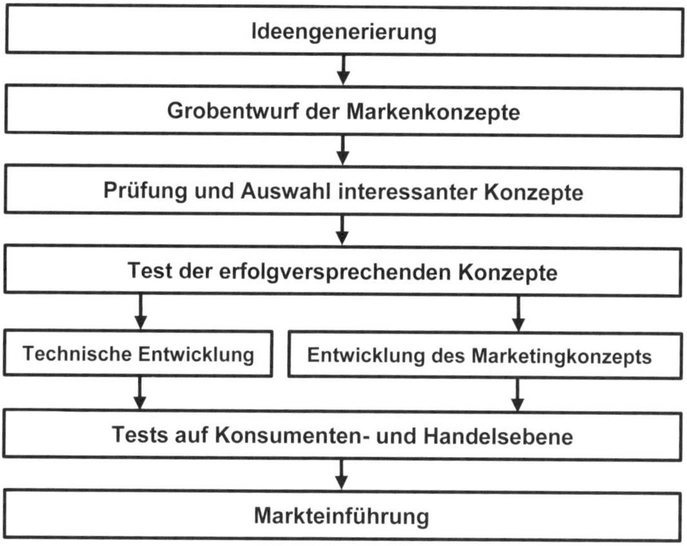

Quelle: in Anlehnung an Haedrich/Tomczak 1996, S. 171 ff.; Witt 1996, S. 10; Herrmann 1998, S. 509 ff.

Der Prozess weist zahlreiche Übereinstimmungen mit dem Prozess der Einführung eines neuen Produktes auf, ist jedoch keineswegs mit diesem gleichzusetzen (vgl. zu den folgenden Ausführungen Kapferer 1992, S. 85 ff.). Betrachtet man die Historie einiger bekannter Marken, so stellt man fest, dass diese anfangs häufig nicht mehr waren als die Namen für ein Produkt. So geht z. B. die Marke ADIDAS auf den Namen des Unternehmensgründers Adi Dassler zurück oder die Marke KLEENEX auf einen zentralen Produktnutzen („clean"). Bei etablierten Marken kann man nun beobachten, dass sich deren Bekanntheit weniger auf den urspünglichen Bezug des Markennamens (z. B. eine Produkteigenschaft) zurückführen lässt, sondern dass die Marke sich vielmehr aufgrund imagebildender kommunikativer Maßnahmen verselbständigt hat. Der Markenname steht z. B. bei ADIDAS eigentlich nur für den Firmengründer, das Kompetenzfeld der Marke ist aber viel weiter gefasst: ADIDAS steht für trendige, modische und unkonventionelle Bekleidung, nicht nur für Sportler. Die Marke weist somit nun ein eigenständiges Profil auf und wird aus Konsumentensicht mit bestimmten Werten assoziiert. Nur Marken mit einem klaren Profil werden sich langfristig erfolgreich am Markt behaupten können. Beim Aufbau einer neuen Marke ist es demzufolge unerlässlich, nicht nur ein Produkt zu kreieren, dessen Funktionen relevante Kundenbedürfnisse ansprechen, sondern auch Assoziationen zu schaffen, so dass die Marke in den Köpfen der Konsumenten für eine einzigartige Kombination bestimmter Werte steht (vgl. hierzu auch Kapitel II).

Die folgende Darstellung berücksichtigt dementsprechend die Besonderheiten, die bei der Einführung einer neuen Marke zu beachten sind. Insbesondere die Inhalte und Gestaltung der Kommunikation spielen beim Markenaufbau häufig eine bedeutende Rolle. Daher wird die Kommunikation im folgenden Prozess vertieft behandelt.

- Phase 1: Ideengenerierung

In der ersten Phase des Planungsprozesses für die Einführung einer neuen Marke gilt es nun, mögliche Ideen zu gewinnen und diese zu bewerten. Hierzu sind zunächst möglichst viele Informationen sowohl aus internen (z. B. Aussendienstmitarbeiter) als auch aus externen (z. B. Lead User) Quellen heranzuziehen und unterschiedliche Methoden (z. B. Brainstorming, Morphologischer Kasten) einzusetzen (vgl. Murphy 1990, S. 29). Ein Überblick über mögliche Ideenquellen und Methoden findet sich beispielsweise bei Haedrich/Tomczak (vgl. 1996, S. 187 ff.) und bei Herrmann (vgl. 1998, S. 515 ff.). In dem Abschnitt II.2 „Markenidentität" wurde bereits die Entwicklung von Konzepten für neue Marken angesprochen.

- Phase 2: Grobentwurf der Markenkonzepte

In der nächsten Phase werden einige auf Basis bestimmter Kriterien (z. B. Kosten; Übereinstimmung mit strategischen Unternehmenszielen) ausgewählte Ideen (vgl. hierzu Haedrich/Tomczak 1996, S. 192 f.) grob zu Markenkonzepten ausgearbeitet. Ebenso wie für die Einführung eines neuen Produktes besteht jedoch auch bei der Einführung einer neuen Marke eine Voraussetzung für den Erfolg darin, dass es sich dabei um eine echte Innovation handelt (vgl. hierzu auch Abschnitt II.3 „Positionierung"). Dies ist dann der Fall, wenn mit der neuen Marke ein neues Kompetenzfeld besetzt wird.

- Phase 3: Prüfung und Auswahl interessanter Konzepte

Liegen erste Grobkonzepte für die Marke vor, so sind diese im nächsten Schritt zu prüfen und die erfolgversprechendsten Konzepte für die anschliessende Testphase auszuwählen. Im Rahmen dieses Bewertungs- und Selektionsprozesses ist eine Vielzahl von Einflussgrössen zu berücksichtigen. Hierzu zählen sowohl interne (z. B. technische Realisierbarkeit, erforderliche Investitionen) als auch externe Faktoren (z. B. Relevanz des Nutzenversprechens aus Kundensicht; rechtliche Bestimmungen; Aktionen der Konkurrenz). Aus der Vielzahl von möglichen Einflussfaktoren ist eine geeignete Auswahl zu treffen; nachdem beispielsweise im Rahmen eines Punktbewertungsverfahrens bzw. Scoringmodells ausgewählte Kriterien gewichtet worden sind, können die vorliegenden Grobkonzepte bewertet werden (vgl. Haedrich/Tomczak 1996, S. 216 ff.). Darüber hinaus können im Rahmen des Prozesses tiefergehende Analysen durchgeführt werden - wie beispielsweise mit Hilfe des Quality Function Deployment, ein Verfahren, bei dem die

Anforderungen der Konsumenten zunächst nach ihrer Bedeutung (aus Sicht der Konsumenten) gewichtet und anschliessend mittels Matrizen (s. Abbildung III.3.4) schrittweise in spezifische Eigenschaften einer Marke übersetzt werden (vgl. Herrmann 1998, S. 228 ff.).

Abbildung III.3.4 Quality Function Deployment: Matrix zur Gegenüberstellung von Kundenwünschen und Konstruktionsmerkmalen (Beispiel)

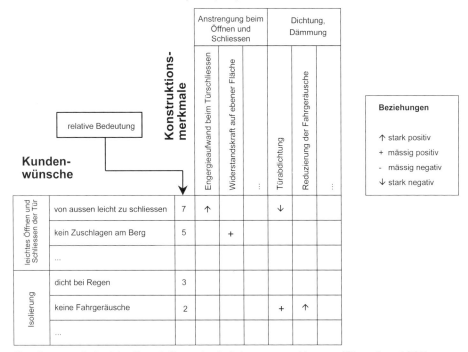

Quelle: vereinfachte Darstellung in Anlehnung an Hauser/Clausing 1997, S. 68, zitiert nach Herrmann 1998, S. 232

- Phase 4: Test der erfolgversprechenden Konzepte

Die selektierten erfolgversprechenden Konzepte werden in der Regel verschiedenen Tests unterzogen. Da die Entwicklung und Markteinführung einer neuen Marke mit hohen Investitionen verbunden ist, gilt es, durch Tests möglichst frühzeitig mögliche Schwächen der Marke zu identifizieren und zu verbessern, um so die Wahrscheinlichkeit für den Erfolg der Marke zu erhöhen. Es ist jedoch kaum möglich, das Konzept für eine neue Marke gesamthaft zu testen, sondern in der Regel werden lediglich einzelne Bestandteile des Markenkonzepts getestet. Beispielsweise war es im Fall von RED BULL sehr schwierig, Prognosen hinsichtlich der Akzeptanz bei der anvisierten Zielgruppe und damit des Erfolgs der Marke zu treffen. Das Konzept zur Einführung der Marke RED BULL zielte darauf ab, zunächst Opion Leader als Kunden zu gewinnen. Diese Personen gelten als Meinungsführer in ihrem jeweiligen sozialen Umfeld und sollten somit in dieser Vorbildfunktion für eine bestimmte Gruppe diese von der Marke RED BULL überzeugen. Ob das Konzept der Marke tatsächlich über Opinion Leader weitere Konsumenten überzeugt, lässt sich jedoch kaum testen.

Ein wichtiges Element des Konzepts für eine neue Marke stellt der Markenname dar. Die Erfolgswahrscheinlichkeit kann mit Hilfe von *Namenstests* überprüft werden (vgl. zu den folgenden Ausführungen Kircher 2001, S. 491 ff.; Kohli/LaBahn/Thakor 2001, S. 464 ff.). Für die Befragung von Konsumenten im Rahmen von Namenstests eignen sich sowohl quantitative als auch qualitative Techniken. Häufig erfolgt zunächst eine qualitative Befragung zur Gewinnung detaillierter Beurteilungen der Namen (z. B. Gründe, warum bestimmte Markennamen bei den Befragten negative Assoziationen hervorrufen). Daraufhin wird eine Vorselektion der Namen getroffen und möglicherweise eine quantitative Befragung durchgeführt. Potenzielle Namen für die neue Marke können anhand folgender Kriterien beurteilt werden (die Reihenfolge der Kriterien gibt ihre Bedeutung wieder):
„ (...) - Relevanz für die Produktkategorie
- assoziative und emotionale Bedeutung
- allgemeine Anziehungskraft
- Einprägsamkeit (hinsichtlich „recall" und recognition")
- Diskriminitionsfähigkeit
- Vereinbarkeit mit dem Image des Unternehmens und bereits bestehenden Produktlinien"
(Kohli/LaBahn/Thakor 2001, S. 464).

Darüber hinaus können einzelne Bestandteile des Markenkonzepts in dieser Phase auch durch Produkt- und Konzepttests überprüft werden. Bei *Produkttests* geht es um die „(...) Überprüfung der Anmutungs- und Verwendungseigenschaften" (Herrmann 1998, S. 523) einer neu zu entwickelnden Marke, z. B. der Farbe oder des Materials. Mit Hilfe von *Konzepttests* wird die neue Marke mit einigen markanten Sätzen beschrieben und/oder anhand eines vorläufigen Entwurfs (z. B. Holzmodell eines Pkw) eventuell auch visuell dargestellt. Ziel ist es, die Wirkung der zentralen Eigenschaften der Marke auf die Konsumenten zu testen (vgl. Haedrich/Tomczak 1996, S. 193 ff.; Herrmann 1998, S. 523 ff.).

- **Phase 5: Technische Entwicklung und Entwicklung des Marketingkonzepts**

Hat man ein erfolgversprechendes Konzept für eine neue Marke identifiziert, so beginnt in der nächsten Phase die Umsetzung des Konzepts. Hierzu zählt zum einen die technische Entwicklung des Produkts entsprechend den festgelegten funktionalen Anforderungen, zum anderen die Entwicklung des gesamten Marketingkonzepts im Hinblick auf die angestrebte Markenpositionierung. Beide Prozesse laufen in der Regel in etwa zeitgleich ab, daher ist die Koordination und Abstimmung zwischen Technik und Marketing insbesondere in dieser Phase von hoher Bedeutung für den Erfolg der Neueinführung einer Marke (vgl. Witt 1996, S. 8).

Auf die technische Entwicklung wird an dieser Stelle nicht vertieft eingegangen. Sie umfasst im Wesentlichen die Erstellung von Mustern, Modellen und Prototypen auf Basis des vorgegebenen Markenkonzepts und der Termin- und Budgetvorgaben. Nach einer technischen und wirtschaftlichen Begutachtung wird schliesslich das Endprodukt entwickelt (vgl. Witt 1996, S. 10).

Zur *Entwicklung des Marketingkonzeptes* zählt die Weiterentwicklung der Produktkonzeption (Funktionsmerkmale, Verpackung), die Wahl der Distributionsstrategie und –kanäle, die Festlegung der Preisstrategie sowie die Entwicklung eines Kommunikationskonzepts. Im Rahmen der Entwicklung des Marketingkonzepts kommt der Planung und Gestaltung der *kommunikationspolitischen Strategien und Maßnahmen bei der Lancierung einer neuen Marke* eine besondere Bedeutung zu. Die Möglichkeiten der Kommunikation gegenüber den Endkunden und dem Handel haben sich in den letzten Jahren aufgrund verschiedener Entwicklungen deutlich verändert, beispielsweise durch die ständig steigende Zahl der Internetnutzer, um nur einen Trend herauszugreifen. Dem Markenmanager bieten sich somit eine Vielzahl von unterschiedlichen Kommunikationsmedien und –strategien, die er im Rahmen des Marketingkonzepts zur Einführung einer neuen Marke nutzen kann. Über die Frage, welche Kommunikationsmedien und –strategien sich hierzu am besten eignen, existieren in Wissenschaft und Praxis unterschiedliche Auffassungen. Hinsichtlich der zur Einführung einer neuen Marke eingesetzten Kommunikation lassen sich grundsätzlich zwei Wege unterscheiden, zum einen die klassische Kommunikation, zum anderen die Kommunikation über alternative und neue Kanäle. Im Folgenden werden hierzu jeweils die Vorzüge aufgezeigt. In der Praxis werden die Konsumenten meist über beide Arten von Kommunikationskanälen angesprochen, wobei der Schwerpunkt in der Regel entweder bei den klassischen oder bei den alternativen bzw. neuen Kanälen liegt.

Häufig wird nach wie vor die *klassische Kommunikation* – insbesondere Werbung in den Massenmedien (Fernsehen, Radio, Zeitungen, Zeitschriften und Aussenwerbung) – genutzt, um eine neue Marke aufzubauen (vgl. zu den folgenden Ausführungen Rossiter/Percy 2001, S. 523 ff.). Für diese Strategie spricht, dass die Medien der Individualkommunikation und Verkaufsförderungs-Maßnahmen nur in begrenztem Masse die Markenbekanntheit erhöhen. Ausserdem weisen diese Kommunikationswege eine beschränkte Reichweite auf und sind somit eher zur Ansprache sehr spezieller Zielgruppen oder als Ergänzung zur Ansprache über die klassischen Kommunikationsmedien geeignet. Beim Aufbau einer neuen Marke werden zwei Ziele verfolgt:

– Es gilt, eine möglichst hohe Markenbekanntheit (Aktualität) zu erreichen. Hierzu zählt zum einen der Markenrecall, d.h. die Konsumenten sollen sich beim Kaufentscheidungsprozess z. B. an einen Fernsehspot der neuen Marke erinnern. Möglicherweise reicht die Markenbekanntheit sogar aus, um bei den Konsumenten ein positives Image der Marke zu erzeugen und den Kaufentscheidungsprozess entsprechend zu beeinflussen. Dieser Zusammenhang trifft häufig zu, wenn bei den Konsumenten nur ein geringes Mass an Involvement vorliegt und die Images der verschiedenen Marken aus ihrer Sicht sehr ähnlich sind. In diesem Fall wählen die Konsumenten häufig Marken, die ihnen bekannt und vertraut sind (vgl. Keller 1999, S. 969). Zum anderen ist aber auch die Markenrecognition von entscheidender Bedeutung, d.h. die Werbung muss Verpackung, Logo und Namen der neuen Marke in der Werbung so prägnant darstellen, dass die Konsumenten diese im Regal wiedererkennen.

– Die Markenbekanntheit bildet die Grundlage für den Aufbau einer positiven Einstellung der Konsumenten gegenüber der Marke. Mit Hilfe der Kommunikation sind somit ein aus Konsumentensicht relevanter Zusatznutzen oder bestimmte Image-Assoziationen zu vermitteln. Gelingt dies, so wird die Marke im Rahmen des Kaufentscheidungsprozesses positiv bewertet.

Viele bekannte Markenartikelhersteller im Konsumgüterbereich setzen aus diesen Gründen nach wie vor auf klassische Kommunikation bei der Einführung (und auch bei der Pflege) ihrer Marken. Als Beispiel hierfür lässt sich die Lancierung der Marke FEBREZE – ein Deodorantspray zur Entfernung von Gerüchen und Bakterien aus Textilien – der Firma PROCTER & GAMBLE anführen, die durch starken Werbedruck insbesondere durch Fersehspots, aber auch durch Printanzeigen vor allem in Frauenzeitschriften unterstützt wurde.

Demgegenüber sprechen einige aktuelle wissenschaftliche Beiträge sowie Beispiele namhafter Unternehmen dafür, dass die klassische Kommunikation über Massenmedien beim Aufbau neuer Marken zugunsten der Kommunikation über alternative (z. B. Sponsoring) und neue (z. B. Internet) Kanäle zunehmend in den Hintergrund tritt (vgl. zu den folgenden Ausführungen Joachimsthaler/Aaker 2001, S. 539 ff.). Eine Ursache hierfür ist die Fragmentierung der Medien, die sich beispielsweise anhand der Entwicklung des Mediums Fernsehen manifestiert: Zu den wenigen öffentlich-rechtlichen Fernsehsendern (mit beschränkter Werbezeit) kamen immer mehr Privatsender hinzu; es zeichnet sich eine Tendenz zu Special-Interest-Kanälen (z. B. für Sport, Kultursendungen, Home-Shopping, Kinderprogramme) ab, die mit ihren Programmen gezielt bestimmte Kundengruppen ansprechen. Zudem werden Konzepte wie z. B. Video-on-Demand diskutiert, die das Ziel haben, das Medium Fernsehen interaktiver und kundenindividueller zu gestalten. Ein weiterer Grund für die steigende Bedeutung alternativer und neuer Medien sind Kosteneinsparungen. Die Kosten für die Werbung in klassischen Medien sind immens und steigen weiter an, wie z. B. die Preisentwicklung für Anzeigen in Printmedien in den letzten Jahren zeigt. Möglicherweise können Konsumenten beispielsweise über das Internet effizienter angesprochen werden. Ein gutes Beispiel für den Aufbau einer erfolgreichen Marke weitgehend ohne den Einsatz von Massenmedien stellt die Marke BODY-SHOP dar (vgl. Joachimsthaler/Aaker 2001, S. 513 ff.;). Zur Kommunikation der Marke dienen in erster Linie Publicity sowie In-store-Erlebnisse. Das soziale Engagement der Unternehmensgründerin Anita Roddick prägt die strategische Ausrichtung und damit letztlich auch das Marketing von THE BODY SHOP. Beispielsweise unterstützt THE BODY SHOP verschiedene Initiativen in der dritten Welt und verzichtet auf Tierversuche bei der Entwicklung der Kosmetikprodukte. Dieses Engagement spricht gezielt Konsumenten mit ähnlichen Wertvorstellungen an. Zudem trägt auch die Atmosphäre in den BODY-SHOP-Läden entscheidend zum Image der Marke bei. Hierzu zählen Regale aus Holz, umweltfreundliche Verpackung der Produkte sowie Informationen über soziale Projekte.

Zum Aufbau von Marken lassen sich also je nach Ausgangssituation und Anforderungen des Marktes und Umfeldes sowohl klassische Kommunikationsmedien als auch alternative und neue Medien wirkungsvoll einsetzen. Häufig ist auch eine Kombination im Sinne einer integrierten Kommunikation zu empfehlen (vgl. hierzu ausführlich Esch 2001, S. 599 ff.).

- **Phase 6: Tests auf Konsumenten- und Handelsebene**

Vor der Markteinführung finden häufig weitere Tests auf Konsumenten- und/oder Handelsebene statt.

Mit Hilfe von *Assoziations- und Imagetests* (vgl. hierzu Esch/Andresen 1996, S. 82 f.) wird überprüft, welche Eigenschaften die Konsumenten mit der betreffenden Marke im Vergleich zu Konkurrenzmarken verbinden. Hierzu wird den Konsumenten eine Liste an verbalen Aussagen – z. B. „bietet umweltfreundlichen Kraftstoff an" für Tankstellenmarken wie ESSO oder SHELL – vorgelegt, und die Konsumenten geben jeweils an, in welchem Ausmaß sie der Aussage zustimmen. Als Ergebnis erhält man Imageprofile der betreffenden Marken. Zu beachten ist bei diesem Vorgehen jedoch, dass durch die Vorgabe von Eigenschaften der Marken möglicherweise Aussagen abgefragt werden, die aus Konsumentensicht wenig differenzierend oder relevant sind. Dagegen bieten die Verfahren den Vorteil, dass sie standardisiert sind, somit verhältnismäßig leicht und kostengünstig eingesetzt werden können und rasch Ergebnisse liefern.

Darüber hinaus können einzelne Bestandteile des Markenkonzepts in dieser Phase auch durch Store-Tests und Testmärkte überprüft werden. Bei einem *Store-Test* wird die betreffende Marke in ausgewählten Einzelhandelsgeschäften probeweise verkauft. So lässt sich das Konsumentenverhalten am Point of Sale unter realen Bedingungen untersuchen und insbesondere die Wirksamkeit der im jeweiligen Geschäft eingesetzten MarketingMaßnahmen überprüfen. Mit Hilfe eines Store-Tests lassen sich relativ kostengünstig Informationen über den voraussichtlichen Markterfolg der Marke gewinnen, das Verfahren eignet sich jedoch nicht zur Generierung von Informationen über die Kunden und ihren Kaufentscheidungsprozess. Findet der Test in mehreren Einzelhandelsgeschäften in einem regional abgegrenzten Teilmarkt statt, so spricht man von einem *Testmarkt*. Der Vorteil dieses Tests liegt darin, dass er bereits ein besonders gutes Bild der Realität liefert und sich somit anhand der gewonnenen Erkenntnisse wertvolle Rückschlüsse für die Gestaltung der Marketing-Maßnahmen ziehen lassen. Wesentliche Nachteile des Verfahrens sind die hohen Kosten, die Verzerrung von Testergebnissen durch „typische" Testgebiete und die fehlende Geheimhaltung gegenüber der Konkurrenz. Als Alternative bieten sich so genannte *Testmarktersatzverfahren* an, die unter weitgehender Ausschaltung der Schwierigkeiten regionaler Testmärkte vergleichbare Einsatzmöglichkeiten bieten. Hierzu zählen Mini-Testmärkte, eine Kombination von Store-Tests mit einem Konsumenten-Panel, wie sie von Marktforschungsinstituten durchgeführt werden (z. B. GfK-BehaviorScan). Eine weitere Möglichkeit sind *Labortestmärkte*. Bei diesem Verfahren werden die Konsumenten nicht in einer Einkaufsstätte – im realen Umfeld –, sondern in einem Labor – in einem künstlichen Umfeld – mit der zu testenden Marke konfrontiert (vgl. ausführlich zu Tests auf Konsumenten- und Handelsebene Haedrich/Tomczak 1996, S. 204 ff.; Herrmann 1998, S. 524 ff.).

## 3 Einführung neuer Marken

- Phase 7: Markteinführung

Schließlich erfolgt nach erfolgreichen Tests auf Konsumenten- und/oder Handelsebene die Einführung der neuen Marke. Zunächst ist der *Prozess der Adaptation und Diffusion von Innovationen* (vgl. ausführlich Rogers 1995 sowie für einen Überblick Haedrich/Tomczak 1996, S. 220 ff.; Herrmann 1998, S. 532 f.) bei potenziellen Kunden zu untersuchen. Ob und mit welcher Geschwindigkeit die einzelnen Phasen dieses Prozesses durchlaufen werden, hängt zum einen von bestimmten *Eigenschaften der Marke und ihres Umfelds* (vgl. Abbildung III.3.5), zum anderen vom *Ausmaß der Bereitschaft der Konsumenten ab, eine neue Marke auszuprobieren*.

Abbildung III.3.5 Einflussfaktoren auf die Diffusion von Innovationen

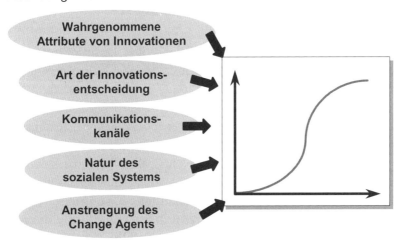

Quelle: Rogers 1995

Nach Rogers lassen sich fünf zentrale Faktoren im Hinblick auf die Marke und ihr Umfeld identifizieren, die die Diffusionsgeschwindigkeit beeinflussen:
- Wahrgenommene Attribute der Innovation (Hierzu zählen beispielsweise der relative Wettbewerbsvorteil, die Kompatibilität mit bestehenden Lösungen, die Testfähigkeit, die Komplexität der Innovation und die Beobachtbarkeit des Vorteils)

- Art der Innovationsentscheidung
- Kommunikationskanäle
- Natur des sozialen Systems
- Anstrengung des Change Agents.

Je nach dem Ausmaß, in dem die Konsumenten bereit sind, Innovationen auszuprobieren, lassen sich nach Rogers fünf Gruppen von Konsumenten unterscheiden: Innovatoren, Frühadopter, eine frühe Mehrheit, eine späte Mehrheit und Nachzügler. Der Diffusionsprozess von Innovationen ist häufig langwierig, d. h. die Anzahl der Innovatoren und Frühadopter ist gering, erst wenn die Gruppe der frühen Mehrheit das Produkt kauft, steigt die Diffusion signifikant an. Beispielsweise erreichte POLAROID mit Sofortbildkameras erst nach 15 Jahren einen echten Markterfolg.

Auf Basis der über den Verlauf des Adaptations- und Diffusionsprozesses gewonnenen Erkenntnisse wird im nächsten Schritt eine geeignete *Einführungsstrategie* für die neue Marke ausgewählt (vgl. Haedrich/Tomczak 1996, S. 223 ff.; Herrmann 1998, S. 532 f.). Anhand der Dimensionen Timing der Einführung (Pionier oder Follower), Zielmarkt (regional, national, international), Zielkunden (z. B. gezielte Ansprache von Innovatoren) und Einführungs-Marketing-Mix (z. B. Vertrieb der neuen Marke ausschliesslich in Fachmärkten zu einem hohen Preis) lassen sich unterschiedliche Strategien unterscheiden und entsprechend der Erfordernisse zu einer Gesamtstrategie kombinieren. Beispielsweise wurde bei der Einführung der Marke RED BULL eine Pionierstrategie – erster Energydrink auf dem europäischen Markt – verfolgt. RED BULL wurde zunächst ausschliesslich in Österreich zu einem im Verhältnis zu anderen Erfrischungsgetränken relativ hohen Preis verkauft.

Für die erfolgreiche Umsetzung der entwickelten Einführungsstrategie ist ein gezieltes und koordiniertes *Management des Einführungsprozesses* unerlässlich. Es gilt insbesondere, die Aktivitäten der Produktion mit den Aktivitäten des Marketing abzustimmen, beispielsweise um einen Vertrauensverlust bei den Kunden zu vermeiden, der durch zu späten Produktionsbeginn und Lieferverzögerungen hervorgerufen werden kann (vgl. Haedrich/Tomczak 1996, S. 227 ff.).

# 4 Management eingeführter Marken

Aufgrund der hohen Investitionen bei der Kreation und Markteinführung einer neuen Marke streben die Hersteller in der Regel an, die Marke möglichst lange am Markt zu halten. Zudem bietet eine bereits erfolgreich am Markt eingeführte Marke wertvolle Potenziale. Steht die Marke beispielsweise für ein bestimmtes Nutzenversprechen, wie etwa Nivea für Pflege, so lässt sich dies auf weitere Produkte ausdehnen. Darüber hinaus ist es für den dauerhaften Erfolg am Markt unerlässlich, die Entwicklung der Marke konsequent - in Übereinstimmung mit den strategischen Zielen und den Grundsätzen der Marke - und kontinuierlich zu steuern und durch geeignete Maßnahmen zu unterstützen. Es gilt, die Potenziale eingeführter Marken durch das Management dieser Marken bzw. die Leistungspflege möglichst effizient und effektiv zu nutzen und nachhaltig auszuschöpfen. Dieser Abschnitt stellt zunächst die grundsätzlichen strategischen Stossrichtungen dar, die zu diesem Zweck verfolgt werden (vgl. Tomczak/Reinecke/ Kaetzke 2000) und geht anschliessend auf die in der Praxis besonders häufig eingesetzten Strategien des Relaunch und des Markentransfers im Detail ein.

## 4.1 Basisstrategien zum Ausschöpfen von Markenpotenzialen

Bezogen auf das Ausschöpfen von Potenzialen einer Marke lassen sich grundsätzlich *zwei strategische Stossrichtungen* unterscheiden (vgl. Abbildung III.4.1).

Abbildung III.4.1 Ausschöpfen von Leistungspotenzialen

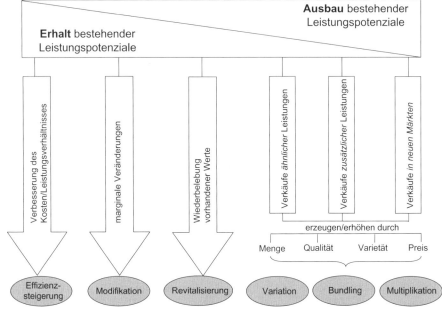

Quelle: in Anlehnung an Tomczak/Reinecke/Kaetzke 2000, S. 451

Zum einen kann das Unternehmen in erster Linie danach streben, bestehende Potenziale zu erhalten, zum anderen kann es den Ausbau bestehender Potenziale in den Vordergrund stellen. Diese beiden Optionen sind dabei nicht als sich gegenseitig ausschliessende Alternativen anzusehen, sondern können auch gleichzeitig verfolgt werden. Die hier vorgestellte Systematisierung knüpft an bereits bestehende Konzepte an. So umfasst beispielsweise das Konzept von Herrmann zur Produktmodifikation die beiden Grundstrategien der Produktvariation – differenziert in Produktpflege und –relaunch – und Produktdifferenzierung (vgl. Herrmann 1998, S. 535 ff. sowie Brockhoff 1993, S. 268 ff.; Büschken/von Thaden 2000, S. 555). Durch die Zugrundelegung des aufgabenorientierten Ansatzes (vgl. Tomczak/Reinecke 1996, 1999) als Rahmenmodell wird jedoch ein neuer Fokus eingenommen, der nicht Produkte, sondern Potenziale in das Zentrum der Betrachtung rückt. Potenziale können sich in Form physischer Produkte manifestieren, jedoch auch in den Werten einer Marke oder

## 4 Management eingeführter Marken

in den Fähigkeiten eines Unternehmens, Ressourcen zu identifizieren und in Leistungen umzusetzen. Somit knüpft die folgende Darstellung an vorhandene Systematiken an, betont jedoch die Potenzialorientierung.

Beim *Erhalt bestehender Potenziale* wird die bisherige, eventuell geringfügig geänderte Leistung an weitgehend denselben Markt abgesetzt. Dabei steht die Verlängerung des Produktlebenszyklus der bisherigen Leistung im Vordergrund. In diesem Zusammenhang lässt sich beispielsweise die kontinuierliche Weiterentwicklung des VW GOLF anführen. Hierbei wurde die Marke im Rahmen der Leistungspflege über mehrere Produktgenerationen konsequent weiterentwickelt (vgl. Klumpp/Roosdorp 1998; Meffert 1998, S. 1225 ff.). Dagegen zeichnet sich die Grundstrategie *Ausbau von Leistungspotenzialen* dadurch aus, dass die bisherige Leistung geändert wird und/oder neue Märkte angesprochen werden. Somit wird der Produktlebenszyklus der Leistung neu „angekurbelt". Die vom Volkswagenkonzern verfolgte Plattformstrategie, bei der ausgehend von einem identischen Grundmodell beispielsweise auch die beiden Fahrzeuge AUDI A3 und VW NEW BEETLE gefertigt werden, die jeweils unterschiedliche Kunden ansprechen, verdeutlicht den Ausbau von Leistungspotenzialen.

Zum *Erhalt bestehender Leistungpotenziale* lassen sich drei Optionen anführen. Diese schliessen sich gegenseitig nicht aus, sondern können je nach Ausgangssituation kombiniert eingesetzt werden:

- Die *Effizienzsteigerung* ist vor allem unternehmensintern gerichtet. Die betreffende Leistung befindet sich derzeit am Markt und soll dort noch möglichst lange weitgehend unverändert gehalten werden. Maßnahmen zur Effizienzsteigerung sind z. B. die Optimierung von (Produktions-) prozessen, Kostensenkungs- sowie Qualitätssteigerungsprogramme; ferner die Beseitigung von Mängeln, die erst nach der Markteinführung der Leistung aufgetreten sind (vgl. Bungard/Hoffmann 1995, S. 39 ff.). In diesem Zusammenhang ist auch das Verfahren der Wertanalyse zu nennen. Dieses zielt darauf ab, den gesamten Prozess der Leistungserstellung und -vermarktung dahingehend zu überprüfen, wie sich bei gleichbleibenden Produktleistungen die Kosten senken lassen, um so ein besseres Kosten-/Leistungsverhältnis zu schaffen (vgl. Bucksch/Rost 1985).

- Bei der *Modifikation* bestehender Leistungen sind sowohl unternehmensinterne als auch unternehmensexterne Impulse als Auslöser denkbar. Es handelt sich hierbei um marginale Adaptionen der bereits am Markt eingeführten Leistung, die Leistung bleibt jedoch insgesamt weitgehend unverändert. Als Beispiele für Maßnahmen im Rahmen der Modifikation sind etwa die Verjüngung eines Markenlogos oder eine Verpackungsänderung aufgrund neuer gesetzlicher Bestimmungen zu nennen.

- Zur *Revitalisierung* einer Leistung führen in erster Linie unternehmensexterne Faktoren. Die Leistung befindet sich derzeit am Markt, in der Regel in einer späten Phase des Produktlebenszyklusses, oder ist bereits nicht mehr am Markt. Die Leistung verfügt jedoch noch über ein genügend grosses Potenzial (z. B. hoher Bekanntheitsgrad, Markenwert) und wird daher neu lanciert. Als Massnahme der Revitalisierung ist beispielsweise der Relaunch bzw. die Neubelebung einer etablierten Marke zu nennen – etwa die Markteinführung des Schweizer Erfrischungsgetränkes RIVELLA GRÜN. RIVELLA ist eine traditionelle Schweizer Marke, die über längere Zeit nahezu unverändert am Markt gehalten wurde. Das Getränk ist als Erfrischungsgetränk mit Milchserum insbesondere für Sportler und Gesundheitsbewusste positioniert, bisher gab es zwei Varianten rot und blau (kalorienreduziert). Mit der Einführung von RIVELLA GRÜN, einer neuen RIVELLA mit Grünteeextrakten, gelang es durch die Assoziation mit dem Modegetränk Grüntee, das etwas „angestaubte" Image der Marke zu verjüngen. Je nach Ausgangssituation der bisherigen Leistung und nach den angestrebten Zielen lassen sich durch Revitalisierung Leistungspotenziale nicht nur erhalten, sondern auch ausbauen.

Beim *Ausbau von Leistungspotenzialen* ist zwischen den Optionen Variation, Bundling und Multiplikation zu unterscheiden. Impulse gehen überwiegend von unternehmensexternen Faktoren aus:

- Bei der *Variation* wird neben der sich derzeit am Markt befindenden Version einer Leistung eine veränderte Version dieser Leistung eingeführt. Darunter sind Maßnahmen wie z. B. Brand Extensions (vgl. ausführlich Aaker 1990) oder Sortimentserweiterungen zu subsummieren, etwa die Einführung der Haarstylinglinie von PANTENE PROV. PROCTER & GAMBLE führte zunächst das PANTENE PROV Shampoo sehr erfolgreich als Shampoo mit einer beson-

4  Management eingeführter Marken                                          117

deren Pflegeformel für glänzendes Haar ein. Das Potenzial der Marke
PANTENE PROV liess sich durch die Lancierung einer Haarstylinglinie
(Spray, Gel etc.) weiter ausbauen; hierbei wurde das Konzept der besonderen
Pflegeformel auf weitere, verwandte Produktbereiche ausgeweitet. In diesem
Zusammenhang ist anzumerken, dass die Variation einer Leistung möglicherweise bereits als Leistungsinnovation bezeichnet werden kann, wenn es
sich dabei um eine derart umfangreiche Veränderung gegenüber der ursprünglichen Leistung handelt, dass der Leistungskern (vgl. Zanger 2000,
S. 104 f.) neu definiert wird. Die Bezeichnungen „Leistungsinnovation" und
„Leistungspflege" sind somit als Kontinuum zu sehen. Nach Ansicht zahlreicher Autoren ist die Kundensicht entscheidend, ob ein Produkt als gänzlich neu oder als veränderte Version bezeichnet wird (Herrmann 1998,
S. 535 f.).

- Die Potenziale bereits am Markt vorhandener Leistungen lassen sich zudem
  durch *Bundling* ausbauen. Diese Strategie basiert auf dem Leistungssystem-Ansatz von Belz (vgl. zu den folgenden Ausführungen Belz 1991; Belz 1997,
  S. 14 ff.). Leistungssysteme zielen darauf ab, die Probleme der Kunden umfassender oder wirtschaftlicher als bisher zu lösen. Hierzu ist es erforderlich,
  die (bisherige) Kernleistung sowie (Zusatz-) Dienstleistungen zu strukturieren, die aus Kundensicht relevanten Kombinationen dieser Teilleistungen zu
  entwickeln und den Kunden entsprechend zu kommunizieren. Maßnahmen
  im Rahmen des Bundling sind beispielsweise Produktanreicherungen (z. B.
  Updates bei Softwarepaketen in Verbindung mit Schulungen) oder Kombinationen bereits eingeführter Produkte mit komplementären Produkten oder
  mit (Zusatz-) Dienstleistungen. Bei der Konzeption von Leistungspaketen
  durch Bundling spielt die Preisgestaltung eine wichtige Rolle. So lässt sich
  möglicherweise ein höherer Preis am Markt durchsetzen, wenn dem Kunden
  durch die Kombination mehrerer Teilleistungen zu einer spezifischen
  Problemlösung ein erhöhter Nutzen geboten wird. Service rund um das Produkt ist nicht als notwendige Zusatzleistung zu verstehen, vielmehr lässt sich
  durch Service eine Differenzierung gegenüber der Konkurrenz und die
  Schaffung von echtem Nutzen für den Kunden erreichen: „Product support is
  the oft-forgotten last process in product creation. It starts with the launch of
  the product and ends when the product is withdrawn as the next generation

comes in. In industries that depend on technical service or applications engineering to turn products into real value to customers, this process is vital to success. (...) product support is service and service is value" (Deschamps/ Nayak 1995, S. 15 f.).

- Werden bestehende Leistungskonzepte wiederholt und systematisch auf neue Märkte angewendet, so spricht man von *Multiplikation*. Die Leistung befindet sich derzeit am Markt und wird unverändert oder mit marginalen Anpassungen auf neue Märkte übertragen. Hierdurch lassen sich aufgrund der Lern- und Erfahrungskurveneffekte Zeitvorteile erzielen. Maßnahmen im Rahmen der Multiplikation sind beispielsweise das Erschliessen neuer Verwendungsmöglichkeiten, etwa in der Pharmabranche durch die Entdeckung neuer Indikationsbereiche von Medikamenten, oder die geografische Multiplikation, etwa durch den Markteintritt in Nachbarländern. Multiplikation lässt sich zudem durch Plattformkonzepte wirksam unterstützen. Als Produktplattform bezeichnen Meyer/Lehnerd „(...) a set of common components, modules, or parts from which a stream of derivative products can be efficiently created and launched" (Meyer/Lehnerd 1997, S. 7). Dieses Konzept lässt sich nicht nur in der Leistungsentwicklung, sondern auch für das Ausschöpfen von Leistungspotenzialen anwenden.

Nachdem die grundsätzlichen strategischen Optionen im Rahmen des Managements eingeführter Marken dargestellt wurden, soll im Folgenden vertieft auf die in der Praxis häufig eingesetzten Strategien des Relaunch und des Markentransfers eingegangen werden.

4  Management eingeführter Marken                                    119

## 4.2 Relaunch

Die *Strategie des Relaunch*[6] einer Marke wird typischerweise in späten Phasen des Produktlebenszyklus eingesetzt (vgl. Abbildung III.4.2). Voraussetzung hierbei ist, dass die Marke noch über ein genügend grosses Potenzial (z. B. hoher Bekanntheitsgrad, Markenwert) verfügt. Ziel des Relaunch ist es, die Marke grundsätzlich zu überarbeiten und dabei aktuellen Entwicklungen und Trends Rechnung zu tragen. Diese können sowohl von internen Veränderungen als auch von Seiten der Kunden, des Wettbewerbs oder des Umfelds ausgehen. Es wird angestrebt, die Marke in der verbesserten Form erneut zu lancieren und so das Leben, d.h. die Präsenz der Marke am Markt, auszudehnen.

Abbildung III.4.2 Relaunch als Strategie des Product Life Cycle Managements

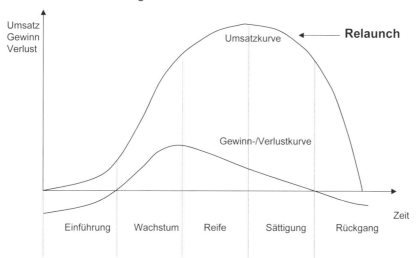

Quelle: in Anlehnung an Becker 1998, S. 744

---

[6] Die dargestellte Basisstrategie der Revitalisierung und der Relaunch weisen Überschneidungen auf. Die Revitalisierung setzt an bestehenden Potenzialen an, die sich in Markenwerten, aber z. B. auch in Ressourcenausstattung, Know-how etc. manifestieren können. Der Begriff der Revitalisierung ist somit weiter gefasst als der des Relaunch, der ausschliesslich an der Marke ansetzt.

Als Beispiel lässt sich in diesem Zusammenhang die Waschmittelmarke PERSIL der Firma HENKEL anführen. PERSIL ist seit über 100 Jahren am Markt, die Marke befindet sich also bereits seit längerer Zeit in der Reifephase. Der lange Lebenszyklus und letztlich der Erfolg der Marke liegen darin begründet, dass relevanten Veränderungen stets durch entsprechende Relaunches Rechnung getragen wurde: Beispielsweise führte die steigende Bedeutung des Umweltschutzes zur Lancierung von PERSIL PHOSPHATFREI sowie der Wunsch der Kunden nach kompakteren, aber genauso leistungsfähigen Waschmitteln zur Entwicklung der PERSIL MEGAPERLS (vgl. ausführlich Springinsfeld 1996). Somit gelang es, PERSIL immer wieder erfolgreich zu „verjüngen" und den Erfordernissen des Marktes und des Umfeldes anzupassen. Als weitere bekannte Erfolgsbeispiele für diese Strategie lassen sich TOBLERONE, TEMPO und NIVEA nennen.

Im Einzelnen dient der Relaunch einer Marke unterschiedlichen Zielsetzungen (vgl. Abbildung III.4.3), häufig werden auch mehrere Ziele kombiniert verfolgt. Folgende Zielsetzungen lassen sich identifizieren (vgl. Aaker 1992, S. 282 ff.):

Abbildung III.4.3 Ziele des Relaunch einer Marke

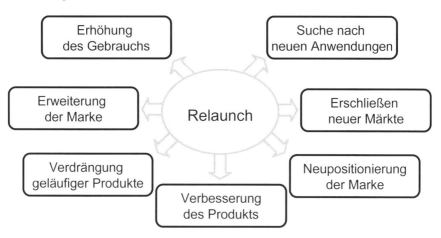

Quelle: in Anlehnung an Aaker 1992, S. 282

- *Erhöhung des Gebrauchs:* In diesem Fall zielt der Relaunch darauf ab, dass die Konsumenten das Produkt vermehrt kaufen bzw. zu mehr Gelegenheiten konsumieren. Beispielsweise strebt COCA-COLA in den U.S.A. an, dass die Konsumenten das Getränk nicht nur tagsüber und abends als Erfrischung trinken, sondern bereits zum Frühstück als Alternative zu Kaffee konsumieren.

- *Erweiterung der Marke:* Die Marke wird mit einer erweiterten Produktpalette neu lanciert. So bietet die Firma HERO nach dem Relaunch der HERO-Konfitüre neben der bisherigen Qualitätskonfitüre zwei Konfitüren für kalorien- bzw. umweltbewusste Konsumenten an.

- *Verdrängung geläufiger Produkte:* Ziel ist es, mit dem neuen Markenauftritt erfolgreich Konkurrenzprodukte vom Markt zu verdrängen. Als Beispiel hierfür lässt sich die Wandelung der Marke ŠKODA von einer „Ostmarke" zu einer Marke des Volkswagenkonzerns anführen. Während ŠKODA früher nur eine sehr begrenzte, extrem preisorientierte Käuferschicht ansprach, konkurriert ŠKODA nun erfolgreich mit anderen Marken im attraktiven Segment der (unteren) Mittelklasse.

- *Verbesserung des Produkts:* Die Marke wird mit einem verbesserten Produkt neu lanciert. Als Beispiel hierfür lassen sich verbesserte Rezepturen und benutzerfreundlichere Verpackungen bei Lebensmitteln oder Relaunches bei Waschmitteln (z. B. verbesserte Waschleistung durch PERSIL MEGAPERLS) anführen.

- *Neupositionierung der Marke:* Hierbei wird die Marke erneut am Markt eingeführt, nimmt jedoch eine andere Positionierung als die ursprüngliche ein. Der Relaunch des VW KÄFER als VW NEW BEETLE demonstriert dies: Zunächst war das Auto als Fahrzeug für jedermann positioniert, der NEW BEETLE spricht dagegen in erster Linie Konsumenten mit einer Vorliebe für ausgefallene, „nostalgische" Autos an (s. auch Prozess des Relaunch).

- *Erschliessen neuer Märkte:* In diesem Fall zielt der Relaunch darauf ab, neben dem bisherigen Markt weitere Märkte zu bedienen. Beispielsweise verfolgt die Firma STEIFF die Strategie, ihre Stofftiere nicht mehr ausschliesslich an Kinder als Spielzeug zu verkaufen, sondern spricht zunehmend Er-

wachsene an, für die die Plüschtiere attraktive Sammlerobjekte und Dekorationsgegenstände darstellen.
- *Suche nach neuen Anwendungen:* Ziel ist es, dass die Konsumenten das Produkt infolge des Relaunch neben dem ursprünglichen Verwendungszweck auch für weitere Anwendungen einsetzen, wie beispielsweise BAKING SODA (Backpulver), das neben seiner Funktion als Backzutat auch als Reinigungsmittel z. B. in Zahncreme und Waschpulver verwendet wird.

Am Beispiel des VW NEW BEETLE wird im Folgenden der Prozess des Relaunch einer Marke (vgl. Abbildung III.4.4) aufgezeigt:

Abbildung III.4.4 Prozess des Relaunch einer Marke

Quelle: in Anlehnung an Fischer 1999, S. 183

- Zunächst ist der *Markenkern* zu *ermitteln*. Dabei gilt es zu analysieren, an welche Komponenten der Marke die Verbraucher sich erinnern (z. B. charakteristische runde Form des VW KÄFER/NEW BEETLE), was sie mit der Marke assoziieren und welchen Bekanntheitsgrad die Marke noch hat.

- Im Folgenden werden die *Anforderungen an das neue Produkt spezifiziert* (z. B. Einhaltung der Abgasnormen). Einerseits sollen die früheren Werte der Marke vermittelt werden, andererseits müssen die aktuellen Bedürfnisse der Konsumenten berücksichtigt und die Konkurrenzfähigkeit mit modernen Marken sichergestellt werden.

- Ziel der *Marktanalyse* ist es, die Einstiegsmöglichkeiten im jeweiligen Markt zu prüfen (z. B. wurden bei der Lancierung des VW NEW BEETLE die U.S.A. als Einstiegsland gewählt) und das Wachstumspotenzial abzuschätzen.

- Ist die Entscheidung für den Relaunch erfolgt, werden geeignete Strategien und Maßnahmen zur *Revitalisierung des Markenimage* und zum *Vermarktungskonzept* festgelegt und die *Distributionskanäle* ausgewählt.

- Schliesslich gilt es, das *Budget* zu bestimmen und die Zielerreichung zu überprüfen sowie gegebenenfalls AlternativMaßnahmen zu entwickeln.

## 4.3 Markentransfer

Einen wichtigen Bestandteil des Werts einer Marke stellt neben ihrem Beitrag zum Erfolg in existierenden Geschäftsfeldern deren Potenzial dar, außerhalb des bisherigen Geschäfts- bzw. Tätigkeitsbereichs Umsätze und Gewinne generieren zu können. Smith/Park (2001) bezeichnen diesen Wertbestandteil einer Marke als *latenten Markenwert*. Aufgabe von Markentransfers (Markendehnungen bzw. –erweiterungen) ist es, diesen Markenwert auszuschöpfen, indem der „Goodwill" der Stammmarke – das Markenguthaben - auf Erweiterungsprodukte bzw. in neue Tätigkeitsfelder übertragen und somit kapitalisiert wird. Zu betonen ist, dass ein idealtypischer Markenerweiterungsprozess nicht nur dadurch gekennzeichnet ist, dass „Goodwill" von der Stammmarke auf das Erweiterungsprodukt, sondern auch umgekehrt „Goodwill" vom Erweiterungsprodukt auf die Stammmarke übertragen wird (siehe u.a. Esch/Fuchs/

Bräutigam/Redler 2001, S. 762 f.). Ziel ist es, den latenten Markenwert durch Markentransfers zu festigen und zu stärken (siehe auch Abbildung III.4.5). Als Beispiel für einen erfolgreichen Markentransfer lässt sich die Marke MARLBORO nennen: Unter der Marke MARLBORO werden neben Zigaretten auch Reisen und Outdoor-Bekleidung vermarktet. Einerseits wurden die Potenziale des Markenimages von MARLBORO mit den zentralen Werten Freiheit und Abenteuer genutzt. Andererseits stärkte der Markterfolg der Transferprodukte wiederum das Image der Zigarettenmarke.

Abbildung III.4.5 Idealtypischer Markenerweiterungsprozess

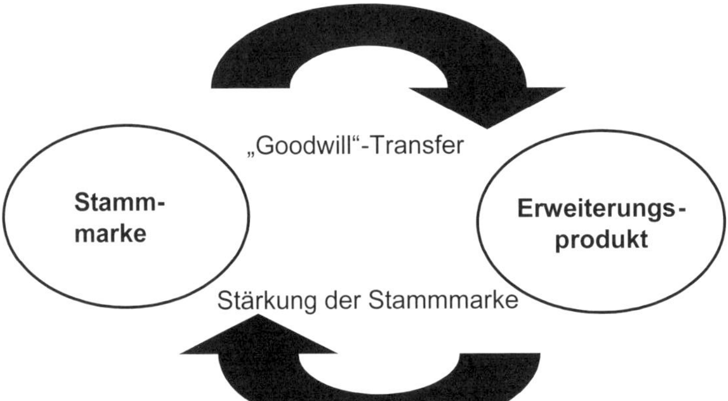

Quelle: Esch/Fuchs/Bräutigam/Redler 2001, S. 763

**Optionen des Markentransfers**

Auf einer übergeordneten Entscheidungsebene muss sich das Markenmanagement eines Unternehmens mit den folgenden drei interdependenten Fragenkreisen beschäftigen:

1. Soll eine etwaige Produkt- bzw. Leistungsinnovation unter einer neuen Marke oder unter Nutzung eines etablierten Markennamens eingeführt werden?

# 4 Management eingeführter Marken

2. In welchen neuen Produkt- bzw. Leistungsfeldern lässt sich das Guthaben einer bestehenden Marke nutzen?
3. Ist es erforderlich, das Kompetenzfeld einer bestehenden Marke durch neue Produkte bzw. Leistungen zu ergänzen, um diese zu stärken?

Pragmatisch formuliert, liegt ein Markentransfer dann vor, wenn ein Unternehmen einen etablierten Markennamen benutzt, um ein neues Produkt einzuführen bzw. ein neues Geschäftsfeld zu erschließen (siehe auch Keller 2001, S. 796). Im Einzelnen lassen sich die im Folgenden dargestellten und in der Abbildung III.4.6 zusammenfassend wiedergegebenen Optionen des Markentransfers unterscheiden:

- *Produktlinienerweiterung* (z.B. die Biermarke JEVER mit den Erweiterungen „Fun" und „Light").
- *Produktkategorieerweiterung* (z.B. Erweiterung der Babywindel-Marke PAMPERS um Feuchtigkeitstücher).
- *Diversifikation* (z.B. Verwendung des Markenbildes von MCDONALD'S ausserhalb der Fastfood-Gastronomie im Hotelbereich).

Abbildung III.4.6 Optionen des Markentransfers

Neben der Möglichkeit derartiger *horizontaler Markentransfers* besteht auch die Option, Markenwerte *vertikal*, d.h. sowohl vorwärts als auch rückwärts, zu transferieren. So ist die Marke VIRGIN nicht nur horizontal breit gedehnt worden, sondern verfügt sowohl über eine starke Präsenz auf Hersteller- (z.B. Cola-Getränke, Jeans, CDs) als auch auf Handelsebene (z.B. VIRGIN Megastores, VIRGIN Travelstore).

Die folgende Abbildung (vgl. Abbildung III.4.7) gibt einen detaillierteren Überblick über mögliche *Kategorien von Markenerweiterungen*:

Abbildung III.4.7 Kategorien von Markenerweiterungen

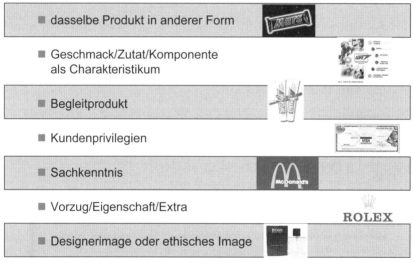

Quelle: in Anlehnung an Aaker 1992, S. 247

*Dasselbe Produkt* wird *in anderer Form* angeboten, z. B. MARS als Eiscreme.

Ein *charakteristischer Geschmack* oder eine *Zutat* oder *Komponente* lässt sich in unterschiedlichen Produktkategorien einsetzen. So ist z. B. die Faser GORE-TEX nicht nur in Bekleidung, sondern auch in Zelten und Kabelummantelungen enthalten.

Ein *Begleitprodukt* zum bisherigen Produkt wird lanciert, z. B. ELMEX Zahnbürsten zur ELMEX Zahncreme.

Mit dem Produkt verbundene *Kundenprivilegien* werden auf weitere Produkte übertragen, z. B. die Marke VISA auf Traveller Cheques.

Das Unternehmen nutzt seine spezifischen *Sachkenntnisse*, z. B. MCDONALD'S im Fast Food Bereich, um zusätzliche Produkte, z. B. Ketchup, zu entwickeln.

Ein besonderer *Vorzug* bzw. eine *Eigenschaft* oder ein bestimmtes *Extra* lässt sich in mehreren Produktkategorien wirksam einsetzen, z. B. das luxuriöse Image der Marke ROLEX neben Uhren auch für Schmuck.

Unter dem *Designerimage* oder *ethischen Image* einer Marke kann ein breites Spektrum an unterschiedlichen Produkten vermarktet werden; z. B. bietet die Marke BOSS, eine exklusive Modemarke für Männer, auch Parfum.

**Erfolgsfaktoren von Markentransferstrategien**

Inzwischen liegen zahlreiche Erkenntnisse zu den Erfolgsfaktoren von Markentransfers vor (siehe hierzu den Überblick bei Keller 2001, S. 798-799; vgl. auch Hätty 1989, S. 144 f.; Esch/Fuchs/Bräutigam/Redler 2001, S. 767 ff.). Werden diese Ergebnisse pointiert zusammengefasst, so lässt sich feststellen, dass insbesondere zwei übergeordnete Faktoren das Erweiterungspotenzial einer Marke positiv oder negativ beeinflussen.

- Grad des Abstraktionsniveaus der zu transferierenden Assoziationen

Hier gilt, je abstrakter diese Assoziationen sind, desto breiter ist das von der Marke abgedeckte Kompetenzfeld und desto wahrscheinlicher ist ein „Fit" zwischen zu transferierender Marke und neuem Produkt. Eine Marke wie VIRGIN, die für eher abstrakte Werte wie „Fun" und ein gewisses Underdog-Image steht, verträgt offensichtlich ein Leistungsspektrum, welches von Erfrischungsgetränken über Airlines bis hin zu Textilien reicht. Hingegen ist eine produktgeprägte Marke wie PAMPERS („Babywindeln") auf ein eher enges Kompetenzfeld beschränkt. Empirische Untersuchungen haben z.B. ergeben, dass eine Markenerweiterung bei prestigehaltigen Marken (z.b. ROLEX, BMW) grundsätzlich erfolgversprechender als bei funktionalen, d.h. grundnutzenbezogenen Marken ist (vgl. Park/Milberg/Lawson 1991).

- **Stärke der zu transferierenden Marke**

Hier gilt, je stärker, d.h. je aktueller („Bekanntheitsgrad") und je profilierter („Image") eine Marke ist, desto erfolgreicher lassen sich Markentransfers durchführen (vgl. u.a. Keller/Aaker 1992; Esch/Fuchs/Bräutigam/Redler 2001, S. 684 ff.). Marken mit einem hohen Qualitätsimage sind offensichtlich dehnbarer als solche im mittleren Qualitätssegment (vgl. Keller/Aaker 1992).

Marken, die ein breites Kompetenzfeld abdecken und gleichzeitig eine hohe Markenstärke aufweisen, besitzen in diesem Sinne einen hohen latenten Markenwert bzw. verfügen über ein großes Potenzial für Markentransfers (siehe auch die Abbildung III.4.8). Um den Wert der betreuten Marke zu steigern, besteht die Aufgabe des Markenmanagements somit darin, die Markenstärke bei gleichzeitiger Erweiterung des Kompetenzfeldes zu erhöhen. Dies ist fraglos eine äußerst herausfordernde Aufgabe. Denn die These, dass mit steigendem Abstraktionsniveau („Erweiterung des Kompetenzfeldes") die Markenstärke („Profiliertheit der Marke") abnimmt, ist nicht nur plausibel, sondern entspricht auch den Erfahrungen zahlreicher Markenverantwortlicher. Andererseits ist festzuhalten, dass es sich um kein „Naturgesetz" handelt, sondern um eine Aufgabe, die, wie beispielsweise die Marke „VIRGIN" oder auch viele Luxusmarken zeigen, unter gewissen Rahmenbedingungen gelöst werden kann.

Abbildung III.4.8 Erweiterungspotenzial einer Marke

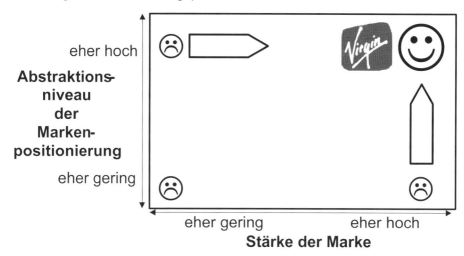

Quelle: in Anlehnung an Esch/Fuchs/Bräutigam/Redler 2001, S. 773

Zudem sollte das Erweiterungsprodukt ein ausreichendes *Innovationspotenzial* aufweisen. Ein bekanntes Markenimage reicht nicht aus, um in einer neuen Produktkategorie erfolgreich zu sein, vielmehr sollte das Erweiterungsprodukt eine innovative Problemlösung und/oder ein originelles Marketingkonzept bieten, um sich nicht als Me-too-Produkt zu positionieren. Häufig ist es wenig erfolgversprechend, mit einem Markentransfer in einen Markt einzudringen, der bereits durch die Präsenz starker und etablierter Marken besetzt ist. Daher streben viele Unternehmen mit einem Markentransfer an, in einem Markt, der noch nicht durch dominierende Marken gekennzeichnet ist, eine führende Position einzunehmen. Hier sind die Chancen höher, sich gegenüber der Konkurrenz durchzusetzen. Somit ist die *Diskriminierungsfähigkeit* der Marke eine weitere wichtige Voraussetzung für einen erfolgreichen Markentransfer.

**Chancen und Risiken von Markentransfers**

Weiter oben wurde der latente Markenwert als Beitrag der Marke bei der Einführung neuer Produkte bzw. Tätigkeiten definiert. Aus einem finanzorientierten Blickwinkel stellt der latente Markenwert die Differenz des diskontierten Wertes zukünftiger Cash flows zwischen einer etablierten und einer neuen Marke dar, summiert über die Anzahl möglicher Produkte, um die die Marke erweitert werden kann (vgl. Smith/Park 2001).

Im Einzelnen nehmen bei der Wahl einer Markentransferstrategie die im Folgenden beschriebenen Faktoren in positiver bzw. negativer Weise Einfluss auf die zukünftigen Cash flows und damit auf den Unternehmenswert (siehe auch den Überblick in Abbildung III.4.9):

Abbildung III.4.9 Potenzielle Wirkungen einer Markentransferstrategie auf den Cash flow

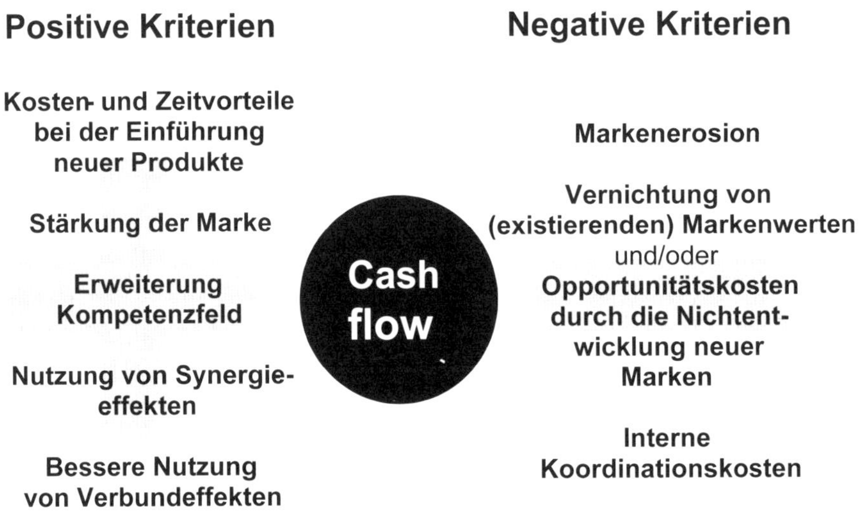

**Positive Kriterien**

**Kosten- und Zeitvorteile bei der Einführung neuer Produkte**

**Stärkung der Marke**

**Erweiterung Kompetenzfeld**

**Nutzung von Synergieeffekten**

**Bessere Nutzung von Verbundeffekten**

**Negative Kriterien**

**Markenerosion**

**Vernichtung von (existierenden) Markenwerten und/oder Opportunitätskosten durch die Nichtentwicklung neuer Marken**

**Interne Koordinationskosten**

Cash flow

Positive Einflussfaktoren

- *Kosten- und Zeitvorteile bei der Einführung neuer Produkte*
  Insbesondere durch einen reduzierten Lernaufwand der Kunden (u.a. aufgrund einer verbesserten Entscheidungseffizienz, einer Reduktion des wahrgenommenen Kaufrisikos) ergeben sich Effizienzvorteile. Gemäss einer Studie von Sattler (1997) stehen in Deutschland beispielsweise einem

Marketingbudget zur Einführung einer neuen Marke innerhalb der ersten fünf Jahre von durchschnittlich 117 Mio. DM durchschnittlich zwischen 67 Mio. und 78 Mio. DM Marketingbudget bei einem Markentransfer gegenüber.

- *Stärkung der Marke*
  Durch Markentransfers kann eine Marke gestärkt werden. So aktualisiert z.B. das TT-Modell nicht nur die Positionierung der Marke AUDI, sondern schärft das Image im Sinne einer exklusiven Sportlichkeit.

- *Erweiterung des Kompetenzfeldes*
  Durch geeignete Produktlinienerweiterungen lässt sich das Kompetenzfeld einer Marke erweitern. So soll die Marke ISOSTAR heute nicht mehr nur für einen isotonischen Sport-Drink stehen, sondern durch das Hinzufügen von sportbegleitenden Produkten zur äußeren Anwendung wie Warm-up-Cream, Cool Gel oder Massage Oil das breitere und abstraktere Kompetenzfeld Sport Care besetzen.

- *Nutzung von Synergieeffekten*
  Durch Markentransfers lassen sich Synergieeffekte im Marketing-Mix nutzen. Zum einen können knappe Ressourcen konzentrierter eingesetzt werden (Economies of Scale), zum anderen kann durch eine erhöhte Anzahl von „Kontaktpunkten" die kommunikative Präsenz der Marke bei den Kunden sowohl quantitativ als auch qualitativ verbessert werden. In diesem Sinn trägt ein Produkt nicht nur als Umsatz- und Kostenträger zur Steigerung des Unternehmenswertes bei, sondern transportiert als Kommunikationsinstrument spezifische, d.h. potenziell die Positionierung der Marke stützende Botschaften zum Kunden. So sind in der Automobilbranche zweifellos die Produkte die wirkungsvollsten Kommunikationsinstrumente.

- *Bessere Nutzung von Verbundeffekten*
  Produkte bzw. Leistungen, die ein Unternehmen als Verbund anbietet („Alles aus einer Hand"), werden vom Kunden unter einer gemeinsamen Marke eher als integrierte Problemlösung wahrgenommen als wenn die einzelnen Leistungsbestandteile unter verschiedenen eigenständigen Marken angeboten werden, wie es in der Finanzdienstleistungsbranche verbreitet ist (z.B. VOLKSBANKEN RAIFFEISENBANKEN, R+V VERSICHERUNG, UNION

INVESTMENT, SCHWÄBISCH HALL als gemeinsamer Problemlöser in der Altersvorsorge).

### Negative Einflussfaktoren

- *Markenerosion*

Ries/Ries (1998, S. 79) stellen fest: „The easiest way to destroy a brand is to put its name on everything." Durch zu viele und zu schnelle Markenerweiterungen sowie durch Markentransfers auf Produkte mit zu wenig affinen Eigenschaften besteht die Gefahr, die Marke zu überdehnen bzw. das Image der Marke zu verwässern, häufig einhergehend mit der zusätzlichen Folge negativer Rückkopplungen auf andere unter der Marke angebotene Produkte.

Vor diesem Hintergrund stellt sich in den Unternehmen immer wieder die Frage, wie sich ein Markenguthaben am besten nutzen lässt. Zwei Positionen lassen sich unterscheiden:

- *Bewahrung der bestehenden Markenidentität („Fokussierung")*

Dieser Position liegt die These zugrunde, dass sich der Markenwert am besten dadurch ausschöpfen lässt, dass konsequent an einer bestimmten Identität und Positionierung festgehalten wird. Auf diesem Wege werden Irritationen vermieden und das klare sowie eindeutige Profil einer Marke wird gestärkt. Nur Markentransfers, die mit der bestehenden Identität und Positionierung kompatibel sind, dürfen durchgeführt werden. Markentransfers, die die Identität und Positionierung verändern, sind im Sinne dieser u.a. von Ries/Ries vertretenen Doktrin zu vermeiden, da eine Veränderung zwangsläufig Markenerosion und damit Vernichtung von Markenwerten zur Folge hat.

- *Erweiterung der Markenidentität*

Dieser Position liegt die Annahme zugrunde, dass erstens durch Erweiterungen Identität und Positionierung einer Marke grundsätzlich in einem positiven Sinn verändert werden können und dass zweitens die Erweiterung des Kompetenzfeldes einer Marke deren Wert potenziell steigern kann.

Grundsätzlich muss sich das Markenmanagement eines Unternehmens immer wieder mit diesen beiden Positionen zum Umgang mit Markentransfers auseinandersetzen. Es ist nicht so sehr zu fragen, ob durch einen Markentransfer vom Markenguthaben abgehoben wird, was zweifellos häufig der Fall ist, sondern von viel größerem Interesse ist, ob ein solches Abheben den Markenwert langfristig steigert oder reduziert. So ist beispielsweise zu fragen, ob nicht in der Gegenwart bzw. näheren Zukunft durch einen Markentransfer relativ sicher zu erzielende Cash flows eventuelle Schwächungen der Marke in der Zukunft aufwiegen und letztlich den Markenwert steigern. Auch ist zu fragen, ob nicht eine Erweiterung des Kompetenzfeldes eine Schwächung des Markenprofils unter bestimmten Rahmenbedingungen aufwiegt.

- *Opportunitätskosten durch die Nichtentwicklung neuer Marken*

  Durch die Anwendung von Markentransferstrategien entstehen simultan Opportunitätskosten, da mit der Entscheidung für einen Markentransfer auf die Entwicklung einer neuen Marke und einen gewissen Markenwert verzichtet wird. So besitzt DAIMLERCHRYSLER mit der Marke SMART heutzutage ein sehr wertvolles Asset, welches, wäre man der üblichen Dachmarken-Strategie des Hauses MERCEDES gefolgt, nicht vorhanden wäre. Mit Blick auf zahlreiche Unternehmen, insbesondere in der Markenartikelindustrie, lässt sich die These formulieren, dass durch die Konzentration auf Markentransferstrategien die Kompetenz zur Markeninnovation nicht mehr bzw. nur noch in Ansätzen vorhanden ist.

- *Vernichtung von existierenden Markenwerten*

  Im Zuge von Unternehmenszusammenschlüssen und –akquisitionen sowie von so genannten „Bereinigungen des Markenportfolios" werden immer wieder Marken abgeschafft und der Versuch unternommen, deren positive Eigenschaften auf andere Marken zu transferieren (z.B. aktuell in Deutschland D2 und VODAFONE oder in der Schweiz SUNRISE und DIAX). Die zentrale Frage lautet: Ist der Wert der verbleibenden Marke höher als die Summe der vernichteten Markenwerte?

## 5 Co-Branding, Ingredient Branding und Joint Promotion

Co-Branding stellt eine relativ neuartige Form der Markenkooperation dar. Die übergeordnete Zielsetzung besteht darin, das Potenzial einer Marke durch den gemeinsamen Auftritt mit einer oder mehreren anderen Marken möglichst voll auszuschöpfen. Die Kooperationspartner erhoffen sich positive Synergieeffekte, indem jede der beteiligten Marken durch die Kooperation eine Wertsteigerung erfährt, die höher ist als bei getrenntem Vorgehen.

Formal gesehen wird beim Co-Branding "ein bereits mit einer unternehmenseigenen Marke versehenes Leistungsbündel mit einem zusätzlichen Markenzeichen (Markenname und/oder Symbol) versehen, wobei sich die Rechte an diesem im Besitz einer anderen Organisation befinden" (Ohlwein/Schiele 1994, S. 577). Blackett/Boad definieren Co-Branding wie folgt: "Co-branding is a form of co-operation between two or more brands with significant customer recognition in which all the participants' brand names are retained. It is usually of medium-to long-term duration and its net value creation potenzial is too small to justify setting up a new brand and/or legal joint venture" (Blackett/Boad 1999, S. 7 f.). Danach kann in Kooperationen unterschiedlicher Dauer untergliedert werden. Co-Branding im engeren Sinne als Kooperationsform *auf der Leistungsebene* von zwei oder mehreren Marken ist i.d.R. auf relativ lange Dauer und eine verhältnismäßig hohe gemeinsame Wertschöpfung der konkurrierenden Marken angelegt.

Blacket/Boad weisen darauf hin, dass Co-Branding-Kooperationen generell nur dann eingegangen werden sollten, wenn es sich nicht lohnt bzw. nicht möglich ist, eine eigene neue Marke aufzubauen, die auf längere Sicht gesehen eine höhere Wertschöpfung generieren könnte als in Kooperation mit anderen Partnern (vgl. hierzu auch Abschnitt III.4.3).

Ein spezieller Fall von Co-Branding ist die *Joint Promotion* als Kooperationsform auf der *Kommunikationsebene* (Beispiel: MCDONALD'S und DISNEY). Derartige Kooperationen sind eher von kurzer bis mittlerer Dauer, wobei die Wertschöpfung für die beteiligten Marken relativ gering zu veranschlagen ist.

## 5 Co-Branding, Ingredient Branding und Joint Promotion

Eine weitere Unterscheidung betrifft die *Kooperationsstufe*. Co-Branding findet meist auf derselben Absatzstufe statt (DEUTSCHE BAHN/CITIBANK; PHILIPS/ALESSI; SCHOELLER/MÖVENPICK). Allerdings ist auch die Form der vertikalen Kooperation denkbar (viele PC-Hersteller kooperieren mit der Marke INTEL; COCA COLA verwendet u.a. den Rohstoff NUTRASWEET). In diesen Fällen wird häufig die Bezeichnung *Ingredient Branding* verwendet.

In allen Fällen kommt ein Imagetransfer zwischen den beteiligten Marken zustande, so dass es für jedes Unternehmen wichtig ist, den bzw. die Kooperationspartner sorgfältig auszuwählen. Sofern im Rahmen der Markenpolitik die Möglichkeit einer Co-Branding-Strategie auf der *Leistungsebene* von zwei oder mehreren Marken in Erwägung gezogen wird, sind zunächst die Ziele festzulegen, die mit dieser Strategie verfolgt werden sollen. Dabei sind ökonomische und außerökonomische Ziele zu unterscheiden. Ein wichtiges *ökonomisches Ziel* besteht darin, den eigenen Kundenkreis auszuweiten, eine neue Zielgruppe zu erschließen und damit Möglichkeiten zur Umsatzsteigerung zu generieren. Mögliche Kosteneinsparungen betreffen beispielsweise den Distributions- und Kommunikationsbereich; u. U. können sich aus Kommunikationsmaßnahmen im Vertrieb und in der Kommunikation auch ökonomische Vorteile für die Stammmarke ergeben. Gegebenenfalls kann auch auf komplementäre Technologiekompetenzen des Partners oder der Partner zurückgegriffen werden.

Ausschlaggebend für den ökonomischen Erfolg der einzugehenden Kooperation ist die Realisierung *außerökonomischer Zielvorstellungen* wie der Forderung der Stimmigkeit der Images der kooperierenden Marken (vgl. Abschnitt III.4.3). Baumgarth (2001) berichtet, dass die Kombination einer starken Marke mit einem hohen Qualitätsprofil mit einer anderen Marke unter bestimmten Voraussetzungen dazu führen kann, dass auch das neue Angebot eine relativ hohe Qualitätsanmutung auslöst. Diese Tatsache kann besonders Angeboten zugute kommen, die durch einen großen Anteil an Erfahrungs- und Vertrauenseigenschaften gekennzeichnet sind, wie das in der Regel bei Dienstleistungen der Fall ist (Flüge bei Reisen mit THOMAS COOK werden mit Maschinen der ehemaligen CONDOR, Tochter der DEUTSCHEN LUFTHANSA, durchgeführt, worauf ausdrücklich hingewiesen wird).

Durch die eingegangene Markenkooperation werden u.U. "unsichtbare" Qualitätsmerkmale einer starken Marke auf andere Marken übertragen (vgl. Rao/Qu/Ruekert 1999). Als weitere außerökonomische Ziele sind schließlich die Aktualisierung der an der Kooperation beteiligten Marken, die Stärkung der Markenimages sowie die Überwindung evtl. bestehender Markteintrittsbarrieren zu nennen (ein Beispiel hierfür ist die Kooperation des amerikanischen Haushaltsherstellers WHIRLPOOL mit der Marke PHILIPS beim Eintritt in den europäischen Markt) (vgl. Ohlwein/Schiele 1994, S. 578).

Co-Branding bietet den beteiligten Marken nicht nur Chancen, sondern ist u.U. auch mit Risiken verbunden. Verfügen die Partnerunternehmen über unterschiedliche Marketingkulturen, so kann es bei der Zusammenarbeit zu Reibungsverlusten kommen, die evtl. positive Synergieeffekte mehr als aufzehren. Wichtig ist in jedem Fall der Fit der beteiligten Marken; nach empirischen Untersuchungen sind Co-Branding-Aktivitäten vor allem dann aussichtsreich, wenn die Images der einbezogenen Marken zueinander passen und sich gegenseitig ergänzen (vgl. Park/Jun/Shocker 1996 und Abschnitt III.4.3). Ist das nicht der Fall, so kann das Image der eigenen Marke diffus werden, indem wichtige Marken-Assoziationen verloren gehen, im Extremfall kann das Markenimage sogar ernsthaft geschädigt werden. Auch die Imagestärke der an einer Kooperation beteiligten Marken spielt eine wichtige Rolle; die Kopplung einer "starken" Marke mit einer oder mehreren "schwachen" Marken ergibt nicht automatisch eine starke neue Kombinationsmarke. In Abbildung III.5.1 sind überblicksartig Chancen und Risiken des Co-Branding zusammengestellt worden.

## 5 Co-Branding, Ingredient Branding und Joint Promotion

Abbildung III.5.1 Chancen und Risiken von Co-Branding

| Chancen u.a. | Risiken u.a. |
| --- | --- |
| - Umsatzsteigerung durch Erschließung neuer Märkte<br>- Kosteneinsparungen u.a. im Kommunikations- und Distributionsbereich<br>- mehr Kommunikationskraft, dadurch prominenter Markenauftritt<br>- u.U. Rückgriffmöglichkeit auf Technologien von Partnerunternehmen<br>- Aktualisierung der beteiligten Marken<br>- Stärkung des Markenimages, Erhöhung der Markenwerte<br>- Überwindung von Markteintrittsbarrieren | - Reibungsverluste (u.a. im Marketing/ Vertrieb)<br>- Positionierungsprobleme (Markenkerne sind unstimmig, ein Partner verändert die Markenposition)<br>- wichtige Marken-Assoziationen gehen verloren bzw. werden diffus<br>- unüberbrückbare Unterschiede in der Marketing- und Markenkultur der Partnerunternehmen |

Beim *Ingredient Branding* kooperieren Marken auf unterschiedlichen Absatzstufen; beispielsweise arbeitet ein Rohstoffproduzent mit einem Konsumgüterhersteller zusammen. Bekannt geworden ist die bereits genannte Kooperation von INTEL mit verschiedenen PC-Marken unter dem Motto INTEL INSIDE. Voraussetzung für eine derartige Zusammenarbeit ist, dass die beteiligten Unternehmen - auch auf der Produktionsgüterstufe - erhebliche finanzielle Mittel zur Bekanntmachung ihrer Marken und zur Markenprofilierung investieren. Eine Kooperation macht auch nur dann Sinn, wenn das Produktionsgut einen erheblichen Bestandteil des Endproduktes ausmacht und die gemeinsame Markierung den Kunden einen deutlichen Nutzenzuwachs verspricht.

Für Hersteller von Produktionsgütern ergeben sich durch die Kooperation folgende Vorteile (vgl. Kleinaltenkamp 2000, S. 106f; Freter/Baumgarth 2001, S. 329-333):

- Sie profitieren von Bekanntheit und Image der Marke bzw. der Marken der Weiterverarbeiter;
- Weiterverarbeiter mit renommierten Marken werden auf die Produktionsgüterhersteller aufmerksam.

Weiterverarbeiter haben durch Ingredient Branding u.a. die Chance, ihre Marke gegenüber Mitbewerbern zu profilieren, eine Tatsache, die u.a. auch die Aufnahme durch den Handel erleichtert. Voraussetzung ist, dass es sich um bekannte und profilierte Produktionsgütermarken handelt. Teilweise besteht allerdings in solchen Fällen für Weiterverarbeiter quasi ein Zwang zu einer Markenkooperation, sofern sie nicht riskieren wollen, gegenüber Wettbewerbern ins Hintertreffen zu geraten.

Bei Markenkooperationen, die als *Joint Promotion* bezeichnet werden, handelt es sich um eine eher kurzfristige Zusammenarbeit von mindestens zwei ansonsten autonom auftretenden Marken mit dem Ziel, durch den gegenseitigen Imagetransfer eine Umsatz- und Gewinnsteigerung zu realisieren sowie möglichst Kosten sparend neue Marktsegmente zu erschließen (vgl. Palupski/Bohmann 1994). Durch derartige Kooperationen entstehen keine neuen Produkte wie beim Co-Branding; die Markenkooperation findet auf der Ebene der Kommunikationspolitik statt. Die Chancen, die sich auf diesem Feld bieten, sind nahezu unbegrenzt, vorausgesetzt, dass die kooperierenden Marken positive Synergien entfalten. Dagegen sind die Risiken infolge der verhältnismäßig kurzen Dauer der Zusammenarbeit i.d.R. gut überschaubar. Entsprechend sind die Beispiele für derartige Co-Branding-Maßnahmen zahlreich. Zu nennen sind u.a. der gemeinsame kommunikative Auftritt eines FORD-Sondermodells der KA-Reihe mit der inzwischen in VODAFONE übergegangenen Mobilfunkmarke D2, des Senders PRO 7 mit dem Handelsunternehmen TENGELMANN, von MCDONALD'S mit DISNEY und BORIS BECKER mit AOL.

Aufgrund der Tatsache, dass die meisten Märkte heute gesättigt sind und es nur mit außerordentlichen Marketinginvestitionen möglich ist, eine neue Marke erfolgreich zu lancieren, ist Co-Branding als Kooperationsform der Zukunft zu bezeichnen. Ein neues Marktsegment kann mit einer neuen Marke nur dann wirksam erschlossen werden, wenn der Markenkern und die Kompetenz der

Marke einen erfolgreichen Einstieg in das neue Segment versprechen, entsprechende Ressourcen und Fähigkeiten sowie ein relativ großes Nachfragepotenzial vorhanden sind. Ist das nicht der Fall, so besteht eine Alternative in der Kooperation mit Marken, die über die notwendige marktliche Kompetenz und entsprechende strategische Erfolgspotenziale verfügen. Selbst dann, wenn eigene Kompetenz und Ressourcen vorhanden sind, ist die Erschließung eines neuen Kundenkreises i.d.R. mit erheblichen Investitionen und hohem zeitlichen Aufwand verbunden; die Kooperation mit anderen Marken kann hier u.U. Kosten- und Zeitvorteile mit sich bringen.

# 6 Marken-Lizenzierung

"Lizenzen haben Hochkonjunktur" ist eine der euphorischen Aussagen, die über Lizenzgeschäfte zu hören und zu lesen sind[7]. Drei von vier der in dem Nachrichtenmagazin FORTUNE aufgeführten Top-500-Unternehmen der Welt verfügen bereits über Lizenzprogramme[8]; nach zuverlässigen Schätzungen geben die Amerikaner pro Kopf im Jahr etwa 260 Dollar für Lizenzprodukte aus, die Europäer dagegen nur 60 Dollar. Abbildung III.6.1 zeigt die Entwicklung des Handelsumsatzes mit Lizenzprodukten in den USA und in Kanada von 1977 bis 1997.

In Deutschland wurde der Handel mit Lizenzprodukten im Jahr 1998 auf über 6 Milliarden DM geschätzt; in zwei bis drei Jahren - so die Prognose - könnten es bereits 8 bis 9 Milliarden DM sein[9]. Beispielsweise ist die Lizenzierung von Marken im Modegeschäft ein besonders erfolgreiches Instrument der strategischen Markenführung; HUGO BOSS hat 1999 nach eigenen Angaben mit Lizenzen zweistellige Umsatzzuwachsraten erzielt. Im gleichen Jahr gab es 17 JOOP-Lizenzen, von Textilien über Schuhe und Uhren bis hin zu Accessoires. Generell sind renommierte Marken besonders gut für die Lizenzvergabe geeignet; neben den gehobenen Segmenten des Textilsektors bietet z.B. der

---

[7] vgl. Horizont 4/99 vom 28.1.1999, S. 17
[8] vgl. Horizont 11/2000 vom 16.3.2000, S. 17
[9] vgl. Horizontmagazin 1/98 vom 29.10.1998, S. 65

Food-Bereich einen weiteren Ansatzpunkt für Marken-Lizenzgeschäfte (vgl. z.B. die Marken MÖVENPICK und FEINKOST KÄFER). Stark emotional aufgeladene Marken, u.a. solche mit Symbolcharakter, sind für Lizenzprogramme prädestiniert (z.B. MARLBORO und CAMEL). Neuerdings werden auch häufiger Lizenzen von berühmten Dienstleistungsmarken vergeben (z.B. von ST. MORITZ u.a. für Sonnenbrillen und Kosmetika). Die Markenlizenzierung spielt weiterhin im internationalen Marketing eine relativ große Rolle; z.B. wird unter der Marke HOFBRÄU mit ausländischen Lizenzen mehr Bier hergestellt und verkauft als im Stammhaus (vgl. Binder 2001, S. 400).

6 Marken-Lizenzierung 141

Abbildung III.6.1 Handelsumsätze mit Lizenzprodukten in den USA und Kanada

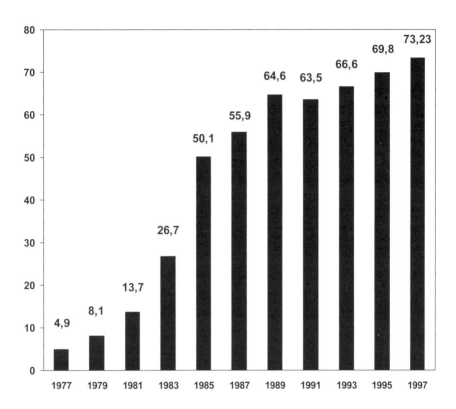

Quelle: Böll, 1998, S. 6

Grundsätzlich geht es beim Marken-Lizenzgeschäft um die Einräumung des Nutzungsrechts an einer Marke mit hohem Bekanntheitsgrad und ausgeprägtem Image durch den Markeninhaber an einen oder mehrere Lizenznehmer. Diese Form der Marken-Kooperation betrifft im Allgemeinen Märkte, auf denen der Lizenzgeber nicht vertreten ist und auf denen der Lizenznehmer über ein größeres Marketing- und Vertriebs-Know-how verfügt. In der Regel tritt der Lizenznehmer abgesehen von einem Herstellerhinweis nicht mit einer eigenen

Marke in Erscheinung. In der Nähe dieser Marken-Lizenzierung, bei der es sich um die Erschließung neuer Abnehmerkreise für die Marke handelt und die als *Brand Extension Licensing* bezeichnet wird, ist die *Brand Promotion Licensing* angesiedelt. Fast jede bekannte und profilierte Marke verfügt heute über mehr oder weniger umfangreiche Programme von Merchandising-Artikeln, die den Konsumenten bzw. Anhängern der Marke eine relativ problemlose zusätzliche Identifikationsmöglichkeit mit ihrer Marke bieten. Häufig werden derartige Programme in Lizenz vergeben, wodurch eine schnellere und größere Marktdurchdringung über die Vertriebskanäle der Lizenznehmer erfolgen kann. Wenn es sich um die Verwertung von fiktiven Figuren oder Helden aus Comics und Zeichentrickfilmen handelt, spricht man auch von einem *Character Licensing*; beispielsweise wurden die Nutzungsrechte für Themen wie STAR WARS bzw. BATMAN an Hersteller von Spielwaren vergeben. Im Gegensatz zu der Marken-Lizenzierung i.e.S. sind diese Formen der Lizenzvergabe eher kurzfristiger Natur, da sich die lizenzierten Themen oftmals relativ rasch abnutzen. Weitere Unterformen der Marken-Lizenzierung sind u.a. das *Personality Licensing,* bei dem der Lizenznehmer die Rechte zur Nutzung der Bekanntheit und Beliebtheit von berühmten Personen, z.B. Künstlern, Musikern oder Schauspielern, erwirbt, und das sog. *Event Licensing*, das die Vergabe von Lizenzrechten in Zusammenhang mit einem Event betrifft (vgl. im einzelnen Böll 1998).

Grundsätzlich bietet die Marken-Lizenzierung sowohl für den Lizenzgeber als auch für den Lizenznehmer deutliche Chancen (vgl. Abbildung III.6.2). Beispielsweise ist es möglich, gegenüber einer Markendehnung aus eigener Kraft Zeit- und Kostenvorteile zu realisieren und gleichzeitig an einem positiven Imagetransfer zu partizipieren.

Abbildung III.6.2 Chancen und Risiken der Marken-Lizenzierung

| Chancen u.a. | Risiken u.a. |
|---|---|
| • Erschließung neuer Marktsegmente mit Hilfe des Lizenznehmers<br>• leichtere Überwindung von Eintrittsbarrieren in neue Marktsegmente durch Marketing- und Vertriebs-Know how des Lizenznehmers<br>• geringerer Zeit- und Investitionsbedarf beim Aufbau eines neuen Kundenkreises<br>• Aktualisierung der Marke des Lizenzgebers<br>• Stärkung des Images des Stammproduktes, Erhöhung des Markenwerts | • Image der Stammmarke ist mit dem Lizenzprodukt nicht vereinbar, dadurch treten u.U. Imageschäden bei dem Stammprodukt auf<br>• Unterschiede in der Marketing- und Markenkultur der Partnerunternehmen bilden unüberwindliche Hindernisse für eine effektive und effiziente Zusammenarbeit<br>• Abschluss des Lizenzvertrages dauert zu lange; dadurch haben interessante Lizenzthemen bereits ihren Höhepunkt vor der Lizenzvergabe überschritten (z.B. bei der Form des Brand Promotion Licensing)<br>• Gefahr des „Overlicensing", u.U. Schädigung des Images der Marke des Lizenzgebers |

Je nach der Stärke der Marke des Lizenzgebers und dem Produktbereich liegt die Lizenzgebühr zwischen 2% und 12% vom Umsatz des Lizenznehmers. Dieser erhält als Gegenleistung das Recht zur Nutzung einer bereits etablierten Marke auf abgegrenzten Marktsegmenten.

# 7 Internationale Markenführung

Bei der internationalen Markenführung geht es allgemein gesagt um die Übertragung von Marken auf Auslandsmärkte. Unternehmensinterne Gründe, die für eine internationale Markenpolitik sprechen, sind einerseits Chancen zur Einsparung von Kosten, zu erklären durch das Konzept der sog. Erfahrungskurve (vgl. Haedrich/Tomczak 1996, S. 107f und die dort angeführte Literatur).

Unter anderem wirken sich Lern- und Größendegressionseffekte potentiell positiv auf die Senkung der Stückkosten aus. Lerneffekte können sich u.a. in reduzierten Marketingkosten (beispielsweise durch die Abstimmung von Kommunikations- und Vertriebsaktivitäten) niederschlagen. Auf der anderen Seite verkörpert eine internationale Marke aus Sicht der Abnehmer u.U. einen Mehrwert, insbesondere bei prestige-orientierten Marken - wie z.B. bei bestimmten Kosmetika und Textilien. Aufgrund internationaler Anstrengungen in Forschung und Entwicklung wird internationalen Marken teilweise auch eine technologische Überlegenheit bescheinigt, beispielsweise im Flugzeugbau, in der Automobil- oder Hightech-Industrie. In diesen von technologischen Fortschritten abhängigen Branchen findet heute ein Wettbewerb unter Weltmarken statt, und eine nationale Marke hat es in diesen Fällen oftmals schwer, sich gegenüber dem Image derartiger Marken zu behaupten. Insofern stellt die Branchenstruktur und -entwicklung in Zusammenhang mit der Internationalisierung von Marken einen wichtigen Entscheidungsparameter dar.

Grundsätzlich muss jedes Unternehmen zunächst die Entscheidung fällen, *welche Marken innerhalb des Markenportfolios* internationalisiert werden sollen. Dabei spielt die *Wettbewerbsposition* eine Rolle: Eine bekannte Marke, die sich im Heimatmarkt bereits durchgesetzt hat, hat i.d.R. relativ günstige Chancen im Ausland. Aus der Unternehmensperspektive handelt es sich oft um strategisch bedeutsame Marken, basierend auf ihrer marktlichen und technologischen Leistungskompetenz (vgl. hierzu auch Abschnitt III.2). Strategische Erfolgspotenziale, auf die eine Marke zurückgreifen kann (beispielsweise auf ein besonderes technisches Know-how) und tragfähige strategische Erfolgsfaktoren (z.B. eine anerkannt hohe Produktqualität) sind positive Signale. In diesem Zusammenhang ist eine gründliche *Markt- und Wettbewerbsanalyse* unabdingbar, in der u.a. die Stellung wichtiger Wettbewerbsmarken in einzelnen Auslandsmärkten, ihre Erfolgspotenziale und die heutigen und absehbaren Strategien untersucht werden.

Meffert weist darauf hin, dass internationale Markenführung heute i.d.R. nicht mehr durch ein sukzessives, mehrstufiges Vorgehen gekennzeichnet ist, bei dem zunächst die Potenziale des Heimatmarktes ausgeschöpft werden, bevor einzelne Auslandsmärkte Schritt für Schritt erschlossen werden, sondern als Prozess mit zahlreichen simultan zu treffenden Entscheidungen (vgl. Meffert/Burmann 1996, S. 23). Ist daher anhand der Analyse der Wettbewerbsposition der Marke im Heimatmarkt sowie der Untersuchung des Aufgabenumfeldes (Markt und Wettbewerb) die Grundsatzentscheidung zur Internationalisierung der Marke gefallen, so sind im zweiten Schritt *die zu bearbeitenden Auslandsmärkte sowie ihre jeweilige Bedeutung im Länder-Portfolio der Marke* festzulegen. Die Auswahlkriterien sind vier Umfeldern zuzuordnen: dem ökonomischen, demografischen, kulturellen und politisch-rechtlichen Umfeld (vgl. Abbildung III.7.1 und Keller 1998, S. 560 f.).

**Abbildung III.7.1 Auswahlkriterien zur Analyse des globalen Umfeldes**

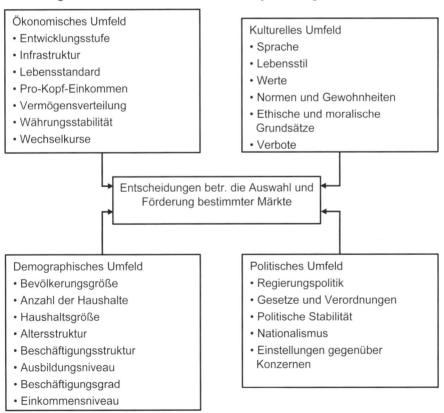

Quelle: Keller 1998, S. 560

Im *ökonomischen Umfeld* sind u.a. die ökonomische Infrastruktur, das Pro-Kopf-Einkommen der Bevölkerung sowie die Währungsstabilität zu untersuchen. Gegenstand der Untersuchungen in dem *demografischen Umfeld* sind u.a. Bevölkerungsgröße und -struktur, die Zahl und Struktur der Haushalte sowie das Bildungs- und Einkommensniveau. Sprache, Lebensstil, Werte, Normen sowie ethische und moralische Standards sind in dem *kulturellen Umfeld* von Interesse. Vor allem relativ junge Märkte der sog. neuen Ökonomie zeigen sich grenzüberschreitend durch weitgehend vergleichbare Werthaltungen, Einstellungen sowie Einkaufsgewohnheiten der Kunden aus. Die dadurch begünstigte Vereinheitlichung der Verbraucherbedürfnisse wird durch die weltweiten Kommunikationsmöglichkeiten sowie die hohe Mobilität dieser Zielgruppe noch verstärkt. Dagegen existieren beispielsweise im Bereich der Nahrungsmittel stark divergierende soziokulturelle Umweltfaktoren, die einer Standardisierung der Verbraucherbedürfnisse und -gewohnheiten im Wege stehen. Die Analyse in dem *politisch-rechtlichen Umfeld* schließlich bezieht sich u.a. auf relevante Gesetze und Verordnungen, die politische Stabilität eines Landes und die generelle Einstellung der Bevölkerung gegenüber ausländischen Unternehmen. Zu prüfen ist in diesem Zusammenhang auch, ob in bestimmten Märkten mit eingeschränkten Möglichkeiten der Markeneintragung bzw. einem unzureichenden Markenschutz zu rechnen ist (vgl. hierzu Kapitel VI). In manchen Fällen kann eine Marke evtl. deshalb nicht im Ausland verwendet werden, weil die Rechte Dritter verletzt werden würden. Um die internationale Schutzfähigkeit sicherzustellen, ist beispielsweise die Marke RAIDER vor einigen Jahren in TWIX umbenannt worden, eine Maßnahme, die mit erheblichem finanziellen Aufwand verbunden gewesen sein dürfte.

Sind die Auslandsmärkte und ihre Bedeutung im Länderportfolio der Marke festgelegt worden, dann geht es jetzt im dritten Schritt um die *Entwicklung einer internationalen Markenstrategie* für die ausgewählten Auslandsmärkte. Ausgangspunkt ist die Markenidentität; die Markenidentität, vor allem der Markenkern stellen die Basis der internationalen Markenstrategie dar. Zu untersuchen ist an dieser Stelle, ob der zentrale Verbrauchernutzen und die Markenpositionierung für die internationale Marktbearbeitung übernommen werden können oder ob der Verbrauchernutzen in einzelnen Märkten beispielsweise aus Gründen des kulturellen Umfeldes abgewandelt werden muss.

Konkret würde das bedeuten, dass zwar bestimmte Markenassoziationen verändert werden müssen, Markenidentität und Markenkern aber erhalten bleiben.

Grundsätzlich stehen bei der Positionierungsentscheidung drei Möglichkeiten zur Disposition:

1. die Entscheidung zur globalen Marktbearbeitung mit einheitlicher Positionierung;
2. die Bildung von Ländergruppen mit ähnlichen Bedürfnis- und Wettbewerbsstrukturen;
3. die Entscheidung zu einer an länderspezifischen Bedürfnissen orientierten Anpassung der Positionierung.

Eine globale Marke muss damit rechnen, dass nationale Wettbewerber auftreten, die bestimmte Verbraucherbedürfnisse besser erfüllen, indem sie der Verbraucherzielgruppe Präferenz- oder Preisvorteile bieten. Das ist besonders bei solchen Produkten anzutreffen, bei denen die Bedürfnisse der Verbraucher deutliche länderspezifische Unterschiede aufweisen. In solchen Fällen kann die globale Marke u.U. nur Grundbedürfnisse erfüllen, so dass überlegt werden muss, ob es zweckmäßig ist, eine globale Markenstrategie zu verfolgen oder ob ein länder-(gruppen-)spezifisches Vorgehen sinnvoller ist.

Jenner stellt anhand einer groß angelegten empirischen Untersuchung in der deutschen Konsumgüterindustrie fest, dass eine einheitliche Markenpositionierung insbesondere dann vorteilhaft ist, wenn Konsumenten- und Wettbewerbssituation in den einzelnen bearbeiteten Märkten vergleichbar sind (vgl. Jenner 1994, S. 272-275). Davon ausgehend kann die Marketing-Grundsatzstrategie analog zum Heimatmarkt festgelegt werden. Ist das nicht der Fall, so sind i.d.R. länder-(gruppen-)spezifische Variationen der Grundsatzstrategie unvermeidbar. Inwieweit die Marketing-Detailplanung standardisierbar ist, ist von Fall zu Fall zu entscheiden; weitergehende Empfehlungen können hier nicht ausgesprochen werden.

Selbst bei unterschiedlicher Ausgestaltung der Markenstrategie in einzelnen Märkten können durch enge Koordinationsmaßnahmen - z.B. betreffend die Forschungs-, Planungs- und Kontrollsysteme - deutlich spürbare Synergie- und

Kosteneinsparungseffekte erreicht werden. International erfolgreiche Marken wie BOSS, BENETTON, COCA COLA, GILLETTE, MC DONALD'S, MARLBORO und NESCAFÉ treten je nach der Ausgangssituation in einzelnen Märkten u.U. mit unterschiedlichen bzw. abgewandelten Strategien auf. Der Leitgedanke lautet: "Think global, act local".

## 8 Markenführung im Internet

Die rasante Entwicklung und die damit einhergehende zunehmende Bedeutung des Internets spielt eine wichtige Rolle für die strategische Markenführung. Das Internet beeinflusst und verändert insbesondere Prozesse der Information und Kommunikation. E-Branding – die strategische Führung von Marken im Internet – stellt somit sowohl für die Verantwortlichen traditioneller Offline-Marken als auch für die Manager junger Online-Marken eine wichtige Aufgabe dar. Für Offline-Marken (z. B. KARSTADT) besteht die zentrale Herausforderung in der Auseinandersetzung mit dem Internet als neues Medium, für Online-Marken (z. B. AOL) dagegen im Aufbau von Markenbekanntheit und Markenimage. Somit muss sich jeder Markenmanager mit dem Thema E-Branding befassen. Insgesamt lässt sich feststellen, dass das Internet Markenmanager zwar vor neue Herausforderungen, insbesondere auf technischer Ebene, stellt, dass jedoch zentrale Elemente der strategischen Markenführung auch im Internet Gültigkeit besitzen (vgl. Podoga 2000, S. 291 f.). Im Folgenden werden daher zunächst die Besonderheiten des Internets und Ansätze zur Typologisierung und Segmentierung der Internetnutzer sowie die daraus resultierenden Auswirkungen auf die Markenführung dargestellt. Darauf aufbauend wird zum einen auf die Gemeinsamkeiten, zum anderen auf die Unterschiede zwischen „traditioneller" strategischer Markenführung und E-Branding bzw. auf die spezifischen Herausforderungen des E-Branding eingegangen. Theoretisch fundierte Ansätze sowie Erfolgsbeispiele aus der Praxis zeigen im nächsten Schritt Optionen für Strategien und Instrumente des E-Branding sowie Erfolgsfaktoren auf.

## Charakteristika des Internet

Die *Bedeutung des Internets* als neues Medium mit weitreichenden Auswirkungen auf das Kommunikations- und Einkaufsverhalten der Konsumenten ist unbestritten. Innerhalb kürzester Zeit hat das Internet einen hohen Verbreitungsgrad erreicht und wird zunehmend nicht nur für die Kommunikation per E-Mail oder für die Informationssuche, sondern auch für zahlreiche weitere Aktivitäten, z. B. Shopping, Downloaden von Software oder interaktive Spiele genutzt. Innerhalb von nur fünf Jahren erreichte das Internet in den USA ein Publikum von 50 Millionen Nutzern. Zum Vergleich: Es dauerte 83 Jahre, bis das Radio in den USA ein Publikum von 50 Millionen Hörern erreicht hatte, 13 Jahre, bis das Fernsehen und 10 Jahre, bis das Kabelfernsehen den gleichen Verbreitungsgrad erlangt hatten (vgl. Kania 2000, S. 7). Aus Sicht von Markenmanagern eröffnen sich durch das Internet neue Möglichkeiten zur Ansprache (potentieller) Kunden sowie zur Distribution ihrer Marken. Im Folgenden werden daher einige zentrale *Charakteristika des Internets* sowie die daraus resultierenden *Auswirkungen auf die strategische Markenführung* dargestellt:

Das Internet zeichnet sich in erster Linie durch seine *Interaktivität* aus (vgl. Aaker/Joachimsthaler 2000, S. 233 f.; Esch/Hardimann/Wicke 2001; Meyer/Pfeiffer 2001). Im Gegensatz zu traditionellen Medien wie z. B. Zeitungen oder Radio findet beim Internet die Kommunikation nicht nur einseitig vom Sender zum Empfänger, sondern in beide Richtungen statt. Zudem nimmt der Internetnutzer häufig eine aktivere Rolle ein, da er im Internet gezielt nach Informationen sucht oder bestimmte Angebote, z. B. Shopping, in Anspruch nimmt. Daraus resultiert in vielen Fällen auch ein höheres Involvement. Dies kann sich positiv auf das Image einer Marke und auf die Bindung der Konsumenten an eine Marke auswirken.

Das Internet bietet besonders *aktuelle* und *umfassende Informationen* (vgl. Aaker/Joachimsthaler 2000, S. 234 f.). Dies hat den Vorteil, dass sich Konsumenten auf Wunsch detailliert und anschaulich (z. B. durch grafische Darstellungen, Simulationen) über Angebote informieren können. Insbesondere Kaufentscheidungen mit hohem Involvement – hierzu zählen typischerweise

z. B. Autos, Reisen oder Sportausrüstungen - zeichnen sich in der Regel durch intensive Suche, Vergleiche und Bewertungen von Informationen aus. Ziehen Konsumenten zu diesem Zweck das Internet als Informationsquelle heran, bietet sich Markenmanagern die Chance, den Konsumenten die Marke und ihre besonderen Eigenschaften detailliert näher zu bringen und so die Beziehung der Konsumenten zur Marke zu stärken.

Information allein genügt jedoch nicht, um Konsumenten im Internet auf eine Marke aufmerksam zu machen und sie zu begeistern. Die Art und Weise, wie die Inhalte dargeboten werden, spielt ebenfalls eine große Rolle. Das Internet bietet den Vorteil der *Multimedialität* (vgl. Esch/Hardiman/Wicke 2001), d.h. die Konsumenten können parallel über mehrere Wege (verbal, visuell etc.) angesprochen werden und auch mit dem Anbieter in Dialog treten (z. B. über E-Mail, in Chatrooms etc.). Somit bietet das Internet Markenmanagern eine breite und differenzierte Palette an Tools, um einerseits Informationen über die Marke ansprechend zu vermitteln und so das Markenbild in den Köpfen der Konsumenten attraktiver und lebendiger zu gestalten und um andererseits mit den Konsumenten zu kommunizieren.

Das Internet schafft vielfältige Möglichkeiten zur *Individualisierung* bzw. *Personalisierung* (vgl. Aaker/Joachimsthaler 2000, S. 235 ff.; Meyer/Pfeiffer 2001). Konsumenten können im Internet Angebote auf Basis ihrer individuellen Bedürfnisse in Anspruch nehmen. Dabei kann es sich um Informationen (z. B. Bezug eines Newsletters zu ausgewählten Themen), Marken (z. B. Konfiguration eines SMART nach individuellen Wünschen), Unterhaltung (z. B. interaktive Spiele) etc. handeln. Insbesondere im Konsumgüterbereich wurden Marken bisher so aufgebaut und entsprechend auch die Kommunikation so gestaltet, dass möglichst viele Konsumenten mit einer einheitlichen Botschaft angesprochen werden. Im Gegensatz dazu ermöglicht es das Internet, die Erlebnisse der Konsumenten mit einer Marke und damit ihre Beziehung zu einer Marke individueller zu gestalten. Dabei sollte jedoch der Markenkern bewahrt und nicht verwässert werden.

Durch das Internet nimmt auch die *Kommunikation der Konsumenten untereinander* zu (vgl. Kania 2000, S. 10; Meyer/Pfeiffer 2001). Beispielsweise in Communities, per E-Mail oder in themen- bzw. markenspezifischen Foren tauschen Konsumenten ihre positiven und negativen Erfahrungen und Erlebnisse mit Marken aus. Somit wird das Image einer Marke nicht nur durch die Kommunikation des Anbieters und durch eigene Erfahrungen, sondern verstärkt auch durch die Erlebnisse anderer Konsumenten („word-of-mouth") geprägt. Aus Sicht von Markenmanagern gilt es, diese Formen der Kommunikation möglichst in die eigenen Websites zu integrieren, um einerseits das positive Feedback gezielt zur Stärkung des Image der Marke zu nutzen und andererseits um Schaden an der Marke zu verhindern (vgl. hierzu Stauss 1998).

Aufgrund der weltweiten Vernetzung von Computern steht das Internet für *Globalität* (vgl. Kania 2000, S. 10; Lindström 2001, S. 51 ff.). Damit verändert sich auch das räumliche Spektrum von Marken, d.h. wenn eine Marke im Internet präsent ist, können Konsumenten – zumindest theoretisch - weltweit auf diese Marke aufmerksam werden, sich darüber informieren und eine Beziehung zu der Marke aufbauen. Die Anzahl potentieller Kunden nimmt so um ein Vielfaches zu. Um eine wirklich globale Marke zu schaffen, d.h. eine Marke „that has matured uniformly worldwide and offers the same message to its market internationally and simultaneously" (Lindström 2001, S. 51), reicht jedoch die Präsenz im Internet allein nicht aus. Hierzu ist es erforderlich, ein weltweit einheitliches Image aufzubauen. Dazu eignen sich nur wenige Marken, da in vielen Fällen kulturelle Unterschiede mehr oder weniger ausgeprägte regionale Differenzierungen der Marke notwendig machen. Weitere zentrale Herausforderungen bestehen darin, die Marke international bekannt zu machen und die Distribution der unter der Marke vertriebenen Leistungen weltweit sicherzustellen.

Als *Fazit* lässt sich feststellen, dass die Markenführung im Internet zusätzliche Anforderungen an Markenmanager stellt. Im Rahmen des E-Branding sind insbesondere dem Dialog mit den Kunden, der Individualisierung und der interaktiven Erfahrbarkeit der Marke besondere Aufmerksamkeit zu schenken.

## 9 Corporate Brand Management

Strategische Markenführung bezieht sich meist auf das Leistungsangebot von Unternehmen. Aber ist der Nutzen, der durch Marken gestiftet wird, für das Unternehmen *als Ganzes* nicht ebenso wichtig? Muss einem Unternehmen als Institution nicht genauso Vertrauen und Zuverlässigkeit attribuiert werden? Wollen Unternehmen nicht auch für ein bestimmtes Lebensgefühl, eine Kultur stehen? Und sprechen die Unternehmen nicht gleichermaßen wie ihre Produkte und Dienstleistungen Menschen an? Auch Unternehmen brauchen eine starke Marke, um einerseits in den Augen der Kunden, der aktuellen und potenziellen Mitarbeiter, der Aktionäre und der gesamten Öffentlichkeit sowie andererseits gegenüber dem Wettbewerb eine dauerhaft erfolgreiche Position einzunehmen.

Ein professionelles und strategisches Markenmanagement, wie es bei Produktmarken bereits die Regel ist, ist auf Unternehmensebene heute noch eher eine Seltenheit. Erfolgreiches Corporate Branding ist häufig das Ergebnis von „zufallsgetriebenem Branding". Selbst wenn die Bedeutung der Unternehmensmarke im Unternehmen erkannt wird, werden die Konsequenzen daraus – strategische und systematische Entwicklung und Führung der Corporate Brand – meist nicht gezogen. Während für das Management von Produktmarken in der Regel hoch qualifizierte Experten mit langjähriger Ausbildung ausgewählt und klar definierte Projektteams eingesetzt werden, die sich voll und ganz der systematischen Pflege ihrer Marke oder der Markenportfolios verschrieben haben, erfolgt das Corporate Branding oftmals eher beiläufig.

Dies mag zum einen daran liegen, dass Corporate Branding derzeit nicht als Teil der Unternehmensstrategie betrachtet wird. Es mangelt an einer eindeutigen Zieldefinition, Positionierung und strategischen Führung der Unternehmensmarke. Corporate Branding wird vielmehr ad hoc betrieben. Zudem wird die Unternehmensmarke eher als Kostenfaktor gesehen, nicht jedoch als Investitionsobjekt, das sich langfristig für das Unternehmen auszahlt. Zum anderen sind die Verantwortlichkeiten für die Corporate Brand in vielen Unternehmen auf zu viele verschiedene Schultern verteilt: Sowohl das zentrale Marketing als auch das Produktmarketing, der Vertrieb und die Öffentlichkeitsarbeit oder die Finanzkommunikation übernehmen Teilaufgaben des Corporate Branding. Eine zentrale Koordination dieser Aktivitäten und die klare Übernahme der Gesamtverantwortung für die Corporate Brand gibt es jedoch vielfach nicht. Die Konsequenz ist häufig ein inkonsistenter und uneffizienter Marktauftritt des Unternehmens.

Strategisches Corporate Branding heißt daher zunächst *Integration* aller am Kommunikationsprozess beteiligten Funktionsbereiche und klare Verteilung von Zuständigkeiten und Verantwortungsbereichen. Corporate Branding bedeutet weiterhin die konsequente und langfristig orientierte Führung der Unternehmensmarke anstelle von kurzfristiger Reaktion auf aktuelle Gegebenheiten. Corporate Branding geht über herkömmliche Konzepte wie Corporate Image oder Corporate Identity hinaus. Es zeichnet sich durch den expliziten Markengedanken aus, der das Unternehmen als ein Markenprodukt versteht und dementsprechend gegenüber den verschiedenen Anspruchsgruppen – aktuelle und potenzielle Mitarbeiter, Kunden, Investoren und gesellschaftliche Teilöffentlichkeiten, um nur die bedeutendsten zu nennen (vgl. Jeschke 1993, S. 74 ff.; Will 2000) – ebenso wie ein Produkt „verkauft". Wie bei einem Produkt müssen daher die *Grundlagen der Markenführung* beim Unternehmen ebenso konsequent und professionell angewendet werden.

Ziel des Corporate Branding ist die Verankerung eines konsistenten Vorstellungsbildes vom Gesamtunternehmen in den Köpfen der relevanten Anspruchsgruppen (vgl. Esch/Wicke 2001, S. 10 f.; Meffert 1998, S. 784). Dieses Markenimage wird genauso wie bei einer Produktmarke von den tangiblen Elementen der Marke, dem Markenzeichen und Markennamen, ausgelöst und kann als Netzwerk von Assoziationen verstanden werden, die im menschlichen Gedächtnis gespeichert sind. Markenzeichen und Markenname sind direkt sichtbar und für alle Anspruchsgruppen gleichermaßen wahrnehmbar. Das Markenimage hingegen ist subjektiv determiniert. Bei jeder Anspruchsperson ergibt sich je nach Interessenlage und Vorwissen ein unterschiedlich geartetes Geflecht von Assoziationen. Dies ist Ausdruck sämtlicher Informationen, die das Unternehmen aussendet, seien es die Leistungen an sich, konkrete Handlungen des Unternehmens oder dessen Ergebniszahlen. Ähnlich stark prägen die Unternehmensvertreter das Image der Corporate Brand. Jack Welch beispielsweise stellt immer noch einen zentralen Bestandteil der Unternehmensmarke GENERAL ELECTRIC dar, ähnlich wie Richard Branson in erheblichem Mass die Marke VIRGIN prägt oder sogar verkörpert. Neben der obersten Führungsebene sind aber vor allem die Mitarbeiter wichtig, die durch ihr Verhalten die Corporate Brand mitprägen. Das wird besonders bei Dienstleistungsunternehmen deutlich, deren Leistung zu einem erheblichen Teil von der Qualität der Mitarbeiter abhängt.

Von zentraler Bedeutung für die Stärke einer Corporate Brand ist es, dass sich die verschiedenen Elemente des Markenimages in den Köpfen der unterschiedlichen Zielpersonen nicht widersprechen, sondern, ganz im Gegenteil, ergänzen und zu einem in sich konsistenten Gesamtbild zusammenfügen. Vorgabe für dieses Markenimage ist die Strategie des Unternehmens, die idealtypisch als konkret formulierte Business Idea vorliegt. Die Business Idea beschreibt die konkrete Geschäftsidee eines Unternehmens. Bei AVENTIS ist dies beispielsweise die Konzentration auf das Pharmageschäft (vgl. Kleinwort 2001). Die Business Idea der Airline-Kooperation STAR ALLIANCE ist es, zu einem Aviation-Konzern zu werden (vgl. dazu tiefergehend Kernstock 1998), und die von THE BODY SHOP, natürliche Kosmetik mit einem hohen ethischen Anspruch anzubieten (vgl. Catellani/Claus 1998, S. 616 f.). Die Aufgabe des Corporate Branding besteht nun darin, das externe Image und die interne Identität durch die Business Idea des Unternehmens vorzusteuern. Diese Geschäftsidee stellt die Richtgröße dar, nach der die Entwicklung von Image und Identität geplant und geführt wird (vgl. Abbildung III.9.1). Eine eindeutige Business Idea ist somit Anker und Ausgangspunkt für den erfolgreichen Aufbau einer Unternehmensmarke.

9 Corporate Brand Management 155

Abbildung III.9.1 Die Triade Idea – Identity – Image

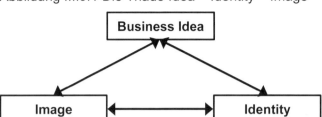

Eine weitere essenzielle Grundlage für die Definition der Corporate Brand ist die Festlegung der Markenstrategie und damit zusammenhängend der Markenarchitektur. Die Markenarchitektur bestimmt die Stärke der Beziehungen zwischen der Corporate Brand und den Product Brands. In einem ersten Zugang können vier Markenstrategien unterschieden werden (vgl. hierzu auch Aaker/Joachimsthaler 2000, S. 104 f.) Zunächst können Produkt- und Unternehmensmarke identisch sein. In diesem Fall spricht man von einer One firm strategy. SIEMENS ist dafür ein Beispiel. Auch viele Dienstleistungsunternehmen fallen in diese Sparte. Das Angebot selbst besitzt häufig gar keine eigene Marke, sondern wird allein durch die Unternehmensmarke definiert (vgl. zum Markenmanagement bei Dienstleistungen Tomczak/Brockdorff 2000). Des Weiteren können Produkt- und Unternehmensmarke unterschiedlich sein. Dennoch weisen sie eine deutliche Verknüpfung miteinander auf. Dies ist beispielsweise bei RENAULT mit RENAULT TWINGO, RENAULT CLIO etc. der Fall. Man kann dann auch von einer House-Branding-Strategy sprechen. Hier gelingt es, unter dem Markendach RENAULT eigenständige Markenwelten (CLIO, TWINGO, KANGOO etc.) aufzubauen. In einer dritten Strategie fungiert die Unternehmensmarke als so genannter Endorser, also als Hinweis auf die Herkunft des Produkts. So tritt beispielsweise NESTLÉ als Endorser auf allen seinen Produkten auf, mit dem Ziel, über alle Produkte und Marken hinweg den gleichen Qualitätsanspruch zu vermitteln. Diese Strategie ermöglicht es, Marken getrennt zu führen und gleichzeitig Synergieeffekte zwischen Product Brands und Corporate Brand zu erzeugen. Bei der vierten Strategie, der Separate-Branding-Strategy, besteht keinerlei Verbindung zwischen der Corporate Brand und den Product Brands. Dies ist zum Beispiel bei LVMH der Fall, die im Besitz von Luxusmarken wie

CHRISTIAN LACROIX oder VEUVE CLIQUOT sind. Abbildung III.9.2 verdeutlicht die verschiedenen Kombinationen aus Product-und Corporate-Branding-Strategie.

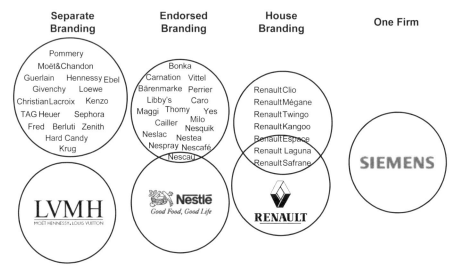

Abbildung III.9.2 Verschiedene Markenstrategien

Quelle: in Anlehnung an Aaker/Joachimsthaler 2000, S. 97 ff.

Die Unternehmensmarke wirkt in den Fällen, in denen sie mit den Product Brands in Verbindung steht, unterstützend in Bezug auf Bekanntheit und Vertrauen. Im Gegenzug profitiert die Corporate Brand von den Product Brands, indem sie durch diese Visibilität erlangt und ihr zusätzliche Eigenschaften zugerechnet werden. Je stärker die Verbindung zwischen der Product und der Corporate Brand ist, desto größer ist deren Interdependenz. Nach diesen grundlegenden strategischen Entscheidungen für den Aufbau einer Corporate Brand kann anschließend die konkrete Umsetzung beginnen. Hierzu zählen unter anderem die Gestaltung von Name und Logo, Positionierung der Marke, aber auch die externe und insbesondere interne Kommunikation und Durchsetzung der Corporate Brand.

# IV. Marken-Controlling

Die bisherigen Ausführungen haben gezeigt, dass die strategische Markenführung mit erheblichen Investitionen verbunden ist und somit der systematischen Planung, Steuerung und Kontrolle bedarf. Das folgende Kapitel behandelt daher das Marken-Controlling. Der Begriff des Controlling wird hierbei nicht lediglich als Kontrolle mit dem Ziel der Überwachung, sondern als umfassenderer Managementbegriff im Sinne einer Steuerungshilfe verstanden (vgl. Köhler 1998, S. 10 f. und die dort zitierte Literatur; zum Controlling allgemein auch Horváth 1998). Ziel des Marken-Controlling ist zum einen die Ermittlung und Analyse der für die strategische Markenführung relevanten Einflussgrößen (z. B. welche Faktoren beeinflussen das Image einer Marke?). Daraus lassen sich wertvolle Empfehlungen für die Steuerung der Marke ableiten. Zum anderen dient das Marken-Controlling aber auch der Kontrolle: Ziel ist es, die Ergebnisse der im Rahmen der Markenführung eingesetzten Strategien und Maßnahmen zu überprüfen. In Abschnitt IV.1 werden der „klassische" Bereich des Marken-Controlling, d.h. insbesondere Imagemessungen, aber auch qualitative Methoden zur Messung des Markenwissens sowie Ansätze zur Messung der Wirkungen des Markenwerts dargestellt. Abschnitt IV.2 behandelt das Thema „Markenwert" und geht sowohl auf die theoretischen Grundlagen als auch auf konkrete Methoden zur Bestimmung des Markenwerts in der Praxis ein.

## 1 „Klassischer" Bereich des Marken-Controlling

### 1.1 Grundlagen

Die verhaltenswissenschaftlichen Ansätze des Marken-Controlling (s. hierzu Abschnitt IV.2; vgl. Aaker 1992; Esch 2001b, S. 1031 ff.; Keller 1993, 2000) gehen davon aus, dass eine Marke dann am Markt erfolgreich ist, wenn die Konsumenten sich ein bestimmtes, mit positiven Assoziationen verbundenes

Bild von der betreffenden Marke bilden. Dies beeinflusst auch den Markenwert positiv. Auf die theoretischen Grundlagen sowie verschiedene Ansätze zur Bestimmung des Markenwerts in der Praxis wird in Abschnitt IV.2 vertieft eingegangen. Im Folgenden sollen dagegen das Markenwissen der Konsumenten, die einzelnen Dimensionen dieses Wissens und Methoden zur Messung des Markenwissens behandelt werden.

Die Entstehung von Markenassoziationen und Markenwissen kann durch Erkenntnisse aus der Konsumentenverhaltensforschung, insbesondere aus dem Bereich der Gedächtnisforschung, erklärt werden (vgl. Bekmeier-Feuerhahn 2000a, S. 1017). Bei der Bildung von Markenvorstellungen spielen bildliche Informationen häufig eine noch wichtigere Rolle als verbale Informationen. Dies ist darauf zurückzuführen, dass das Gedächtnis für Bildinformationen im Vergleich zum Gedächtnis für verbale Informationen als leistungsfähiger gilt (vgl. Kroeber-Riel/Weinberg 1999, S. 345 ff.; Paivio 1971, S. 381 f.). Demzufolge speichern Konsumenten Markenvorstellungen im Gedächtnis häufig nicht in verbaler Form, sondern in Form von inneren Bildern. „Die gedankliche Entstehung, Verarbeitung und Speicherung von inneren Bildern wird als Imagery bezeichnet" (Kroeber-Riel/Weinberg 1999, S. 343). Aus Erkenntnissen der Imageryforschung (vgl. hierzu insbesondere Paivio 1971, 1975, 1990, 1991) lassen sich somit wertvolle Hinweise über die Bildung und Beeinflussung von Markenvorstellungen ableiten. Die Imageryforschung belegt, dass innere Bilder nicht nur die Funktion der gedanklichen Speicherung von Informationen erfüllen, sondern dass sie auch die emotionale Haltung der Konsumenten (z. B. gegenüber verschiedenen Marken) nachhaltig beeinflussen können. Wie stark diese Wirkungen sind, hängt insbesondere von der *Vividness* oder Lebendigkeit des inneren Bildes ab, d. h. von der „Klarheit oder Deutlichkeit, mit der das Bild vor den inneren Augen des Betrachters steht" (Kroeber-Riel/Weinberg 1999, S. 344; vgl. auch Ruge 1998). Ist das innere Bild der Konsumenten von einer Marke besonders lebendig, so erhöht sich die Wahrscheinlichkeit, dass die betreffende Marke bei der Kaufentscheidung berücksichtigt wird. Die Marke MARLBORO setzt diese Erkenntnisse sehr erfolgreich um: Durch die Besetzung einzigartiger Eigenschaften und eine hohe Konsistenz bei der Ausgestaltung der Kommunikation gelingt es, ein besonders lebendiges

1 „Klassischer" Bereich des Marken-Controlling 159

Bild der Marke MARLBORO in Form des MARLBORO-COWBOYS in der entsprechenden Landschaft zu schaffen.

Das Markenwissen der Konsumenten baut häufig auf inneren Bildern auf, geht aber oft noch darüber hinaus, insbesondere wenn die Konsumenten mit der betreffenden Marke über einen längeren Zeitraum hinweg vertraut sind. So genannte semantische Netzwerke oder Schemata (vgl. hierzu Kroeber-Riel/Weinberg 1999, S. 232 ff. sowie Bekmeier-Feuerhahn 2000a, S. 1017; Esch 2001b, S. 943 f.) repräsentieren das Markenwissen der Konsumenten. Darunter versteht man besonders fest im Gedächtnis verankerte bzw. standardisierte Markenvorstellungen. Schemata zeichnen sich dadurch aus, dass sie die „wichtigsten Merkmale eines Gegenstandsbereichs wiedergeben, mehr oder weniger abstrakt (konkret) und hierarchisch organisiert sind" (Kroeber-Riel/Weinberg 1999, S. 232).

Abbildung IV.1.1 Semantisches Netzwerk am Beispiel der Sektmarke MUMM

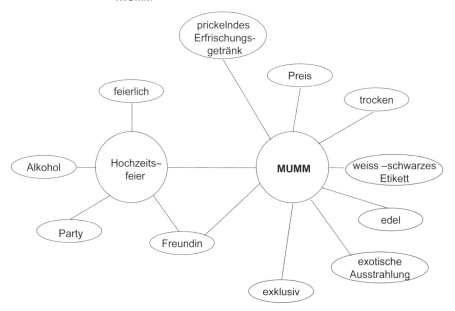

Quelle: Bekmeier-Feuerhahn 2001, S. 1110

Die Abbildung IV.1.1 zeigt beispielhaft ein semantisches Netzwerk für die Sektmarke MUMM. Hieraus wird erkennbar, dass das Markenwissen der Konsumenten durch verschiedene Quellen beeinflusst werden kann (vgl. Esch 2001b, S. 1035): Zum einen spielen etwa persönliche Erlebnisse der Konsumenten und Erfahrungen von Menschen aus dem persönlichen Umfeld (Familie, Freunde, Arbeitskollegen etc.) eine wesentliche Rolle (z. B. „Party", „Freundin"). Zum anderen stellen die Produktleistung an sich und die eigene Konsumerfahrung (z. B. „prickelnd", „trocken") wichtige Einflussfaktoren dar. Darüber hinaus wirken sich auch der Einsatz der Marketingmix-Instrumente, insbesondere die in der Kommunikation (z. B. Fernsehwerbung) vermittelten Inhalte, auf das Wissen der Konsumenten über die Marke MUMM aus (z. B. „weiß-schwarzes Etikett", „klassisch trocken", „exklusiv") (vgl. Bekmeier-Feuerhahn 2001, S. 1018).

Abbildung IV.1.2 Operationalisierung des Markenwissens

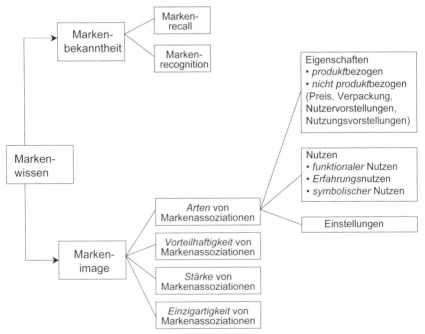

Quelle: in Anlehnung an Keller 1993, S. 7

## 1 „Klassischer" Bereich des Marken-Controlling

Das *Markenwissen* der Konsumenten (s. Abbildung IV.1.2) lässt sich anhand zweier Dimensionen – der Markenbekanntheit und des Markenimage – beschreiben bzw. operationalisieren (vgl. hierzu Keller 2001a, S. 1061 ff. sowie Bekmeier-Feuerhahn 2000, S. 55 f.; Esch 2001b, S. 1031 ff.). Die *Markenbekanntheit* wird definiert als die „Fähigkeit des Verbrauchers, die Marke unter verschiedenen Bedingungen zu erinnern oder wieder zu erkennen" (Keller 2001a, S. 1061).

Man unterscheidet hierbei zwischen dem *Markenrecall* – der aktiven Markenbekanntheit - und der *Markenrecognition* – der passiven Markenbekanntheit. Ungestützte Erinnerungsmessungen liefern Aussagen über den Markenrecall, während gestützte Erinnerungsmessungen den Konsumenten bestimmte Markennamen vorgeben und so der Erhebung der Markenrecognition dienen. Die Verfahren zur Messung der Markenbekanntheit werden später in diesem Kapitel noch näher erläutert. In der Regel bezeichnet man die Markenbekanntheit als notwendige Bedingung für die Bildung eines spezifischen Images der Marke in den Köpfen der Konsumenten. Möglicherweise reicht die Markenbekanntheit jedoch sogar aus, um bei den Konsumenten ein positives Image der Marke zu erzeugen und den Kaufentscheidungsprozess entsprechend zu beeinflussen. Dieser Zusammenhang trifft häufig zu, wenn bei den Konsumenten nur ein geringes Maß an Involvement vorliegt und die Images der verschiedenen Marken aus ihrer Sicht sehr ähnlich sind. In diesem Fall wählen die Konsumenten häufig Marken, die ihnen bekannt und vertraut sind (vgl. Keller 2001a, S. 1061).

In vielen Fällen ist die Markenbekanntheit jedoch keine hinreichende, sondern lediglich eine notwendige Bedingung dafür, dass eine Marke im Kaufentscheidungsprozess des Konsumenten bevorzugt berücksichtigt wird. Daneben spielt das Markenimage eine entscheidende Rolle. Das *Markenimage* bezeichnet die „Wahrnehmung und Bevorzugung einer Marke auf der Basis verschiedener gespeicherter Markenassoziationen" (Keller 2001a, S. 1061). Somit lässt sich das Markenimage anhand mehrerer Dimensionen charakterisieren (vgl. zu den folgenden Ausführungen Keller 2001a, S. 1062 f. sowie Esch 2001b, S. 1033 ff.).

Die *Arten der Markenassoziationen* spielen eine entscheidende Rolle für den Aufbau des Markenimage. Markenassoziationen können auf konkreten produktbezogenen oder nicht produktbezogenen Eigenschaften, aber auch auf dem Nutzen der Marke oder bestimmten Einstellungen basieren. Beispielsweise beruht das Image der Marke MILKA auf bestimmten produktbezogenen Eigenschaften wie etwa dem zarten Schmelz der Schokolade. Darüber hinaus sind auch nicht produktbezogene Eigenschaften wie z. B. die lila Verpackung und die Vorstellung der Konsumenten von einer intakten Alpenlandschaft bedeutsam für das Image der Marke MILKA. Mit der Bekleidungs- und Schuhmarke TIMBERLAND können sowohl Assoziationen verbunden werden, die einen funktionalen Nutzen verkörpern (z. B. wetterfest, strapazierfähig, lange Lebensdauer) als auch Assoziationen mit einem symbolischen Nutzen (z. B. amerikanisch-trendy, edel, Abenteuerfeeling).

Die *Vorteilhaftigkeit der Markenassoziationen* ist ein weiterer wichtiger Faktor für das Markenimage. Damit ist gemeint, dass Assoziationen, die die Marke gegenüber anderen Marken positiv abheben, zu einem prägnanten Markenimage beitragen können. Zu beachten ist in diesem Zusammenhang, welche Assoziationen in der jeweiligen Produktkategorie aus Sicht der Konsumenten relevant sind und welche Ausprägungen positiv bewertet werden.

Bedeutsam für das Markenimage ist auch die *Stärke der Markenassoziationen*. Je nachdem, wie häufig und wie lange sich die Konsumenten mit Informationen über die betreffende Marke auseinandersetzen und wie intensiv sie sich gedanklich mit diesen Informationen beschäftigen, sind die Assoziationen mit dieser Marke mehr oder weniger stark. Nach Keller (2001a, S. 1062) können Markenmanager die Assoziationen und damit auch das Markenimage stärken, indem sie darauf achten, den Konsumenten ein im Zeitablauf möglichst konsistentes Bild der Marke zu liefen. Darüber hinaus kann sich auch ein hohes Involvement der Konsumenten positiv auf die Stärke der Markenassoziationen auswirken.

Schließlich beeinflusst die *Einzigartigkeit von Markenassoziationen* das Markenimage. Wenn sich eine Marke durch eine herausragende Eigenschaft von den übrigen Marken in dieser Kategorie abhebt, trägt dies dazu bei, dass die Marke ein einzigartiges Profil erhält und so im Kaufentscheidungsprozess der Konsumenten weniger austauschbar gegenüber konkurrierenden Marken ist. Anderer-

1 „Klassischer" Bereich des Marken-Controlling 163

seits müssen Markenmanager möglicherweise darauf achten, dass ihre Marke bestimmte Assoziationen aufweist, wenn sie mit anderen Marken in einer bereits bestehenden Kategorie in Konkurrenz treten soll. Als Beispiel lässt sich in diesem Zusammenhang das 1986 neu lancierte Nachrichtenmagazin FOCUS anführen. Zwar hebt sich FOCUS durch einige einzigartige Eigenschaften wie z. B. einen politisch möglichst neutralen Schreibstil und eine sehr lesefreundliche Gestaltung durch zahlreiche farbige Grafiken und Übersichten von Nachrichtenmagazinen wie SPIEGEL oder STERN ab. Andererseits weist FOCUS auch – wie seine Konkurrenten – Assoziationen wie z. B. informativ, aktuell, wöchentliche Erscheinungsweise, breites Themenspektrum etc. auf. Diese Assoziationen dienen dazu, FOCUS in die Kategorie der Nachrichtenmagazine einzuordnen.

## 1.2 Ansätze zur Messung des Markenwissens

Bevor im Folgenden die unterschiedlichen Ansätze zur Messung des Markenwissens der Konsumenten vorgestellt werden, liefert Abbildung IV.1.3 einen gesamthaften Überblick über die Ansätze des Marken-Controlling. Keller (1998, 2001) schlägt hierzu folgende Strukturierung vor (s. Abbildung IV.1.3). Diese bildet die Basis für die folgenden Ausführungen.

Hierbei ist zwischen quantitativen und qualitativen Methoden zu differenzieren. Die Auswahl der einzusetzenden quantitativen (z. B. repräsentativen Befragung zur Erhebung eines Imageprofils der Marke) und/oder qualitativen (z. B. projektive Techniken) Messmethoden sollte auf der jeweils zugrunde liegenden Problemstellung basieren. Zur Erhebung möglichst repräsentativer, aber auch vertiefter Daten über das Markenwissen der Konsumenten ist es in der Regel erforderlich, quantitative und qualitative Methoden zu kombinieren.

## Abbildung IV.1.3 Ansätze des Marken-Controlling im Überblick

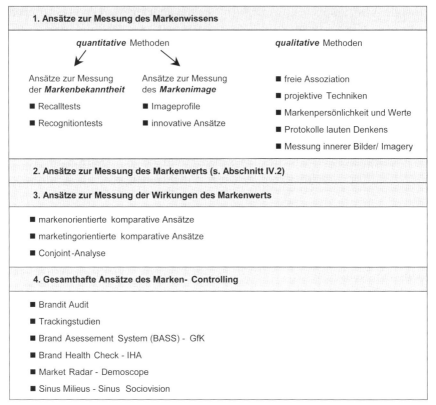

Quelle: in Anlehnung an Keller 1998, 2001

Zunächst werden die *quantitativen Methoden* behandelt. Wie bereits dargelegt wurde, lässt sich das Markenwissen der Konsumenten anhand der beiden Dimensionen Markenbekanntheit und Markenimage operationalisieren. Entsprechend unterscheidet man bei den quantitativen Methoden zwischen Ansätzen zur Messung der Markenbekanntheit und Ansätzen zur Messung des Markenimage (vgl. Keller 2001a, S. 1064 ff.). Zur *Messung der Markenbekanntheit* eignen sich Recalltests und Recognitiontests. Ziel der *Recalltests* ist es, die aktive Markenbekanntheit der Konsumenten zu messen (vgl. Kroeber-Riel/Weinberg 1999, S. 354 sowie Keller 2001a, S. 1069 f.). Entsprechend werden hier ungestützte Erinnerungsmessungen eingesetzt, d.h. die Konsumenten werden dazu aufgefordert, aus dem Gedächtnis die ihnen bekannten Marken in einer bestimmten Kategorie anzugeben. *Recognitiontests* dienen dagegen dazu, die passive Markenbekanntheit der Konsumenten zu ermitteln (vgl. Kroeber-Riel/Weinberg 1999, S. 354 sowie Keller 2001a, S. 1069). Bei derartigen Tests wird den Konsumenten in der Regel eine Liste mit Marken(-namen) in einer bestimmten Kategorie vorgelegt und sie werden gebeten, die ihnen bekannten Marken zu markieren.

Bei der Auswahl eines geeigneten Tests zur Messung der Markenbekanntheit sollte der Grad des Involvements der Konsumenten berücksichtigt werden. Recognitiontests sollten eingesetzt werden, wenn ein relativ geringes Involvement vorliegt und daher die Kaufentscheidung bzw. Entscheidung für eine bestimmte Marke in der Regel erst unmittelbar am Point of Sale (POS) getroffen wird. In diesem Fall ist es entscheidend, dass die Konsumenten die betreffende Marke am POS aufgrund eines einprägsamen Logos, des Markennamens, der Verpackung etc. wiedererkennen. Wenn es sich jedoch um Kaufentscheidungen mit relativ hohem Involvement handelt, beziehen die Konsumenten bereits verschiedene Marken in ihren Entscheidungsprozess ein, bevor sie eine Einkaufsstätte aufsuchen. Unter dieser Ausgangsbedingung eignen sich somit eher Recalltests, da hierbei überprüft wird, an welche Marken sich die Konsumenten ohne Vorgabe von Markennamen oder –logos aus dem Gedächtnis erinnern (vgl. Keller 2001, S. 1068 f.; Kroeber-Riel/Weinberg 1999, S. 383).

Die *Erhebung von Imageprofilen* stellt die bekannteste Methode zur Messung des *Markenimages* dar. Hierbei werden die Konsumenten gebeten, Marken einer bestimmten Kategorie anhand einer vorgegebenen Liste von Assoziationen zu beurteilen. Auf Basis der so gewonnenen Ergebnisse lassen sich Aussagen über die Images der Marken der betrachteten Kategorie treffen. Imageprofile werden häufig auch zum Controlling der Markenpositionierung (s. hierzu Abschnitt II.3 „Positionierung") eingesetzt. Bevor derartige Untersuchungen durchgeführt werden können, ist es zunächst erforderlich, die relevanten Assoziationen zusammenzustellen, die Zielgruppe zu bestimmen (um geeignete Kunden für die Befragung auswählen zu können) und zu ermitteln, welche Marken in der betrachteten Kategorie in Konkurrenz zueinander stehen (vgl. Aaker 1992,

S. 175 ff.). Für die Zusammenstellung der Liste mit Assoziationen ist es zum einen sinnvoll, Kunden zu befragen und zum anderen, die konkurrierenden Marken zu analysieren (vgl. Aaker 1992, S. 178; Trommsdorff/Paulssen 2001, S. 1144). Die Befragung ausgewählter Kunden erfolgt meist mit Hilfe qualitativer Techniken. Diese werden in diesem Kapitel noch näher erläutert. Zur Analyse der Marken der Konkurrenz eignen sich Experteninterviews, aber auch Inhaltsanalysen der Kommunikation. Auf Basis der Kunden- und Konkurrenzbetrachtung erhält man häufig eine längere Liste von Attributen. Nach Trommsdorff und Paulssen (2001, S. 1144) sollten jedoch im Rahmen der Erhebung von Imageprofilen nur Markenassoziationen herangezogen werden, die die folgenden Kriterien erfüllen:

– *Relevanz* der Assoziationen für die Bildung von Präferenzen für bestimmte Marken und für den Kaufentscheidungsprozess,

– *Beeinflussbarkeit* der Assoziationen durch Einsatz der Instrumente des Marketing-Mix,

– *Differenzierung*, d. h. die Assoziationen sollten möglichst einzigartig sein und die Marke von der Konkurrenz abheben (Assoziationen, die Konsumenten mit sämtlichen Marken einer Kategorie verbinden – z. B. „süß" mit Schokolade – liefern daher bei der Erhebung von Imageprofilen kaum aussagefähige Ergebnisse).

Nachdem die Liste dieser Kriterien entsprechend zusammengestellt wurde, wird eine repräsentative Gruppe von Konsumenten gebeten, die Marken der betrachteten Kategorie anhand der vorgegebenen Assoziationen zu beurteilen. Aggregiert man die so gewonnenen Ergebnisse, so erhält man ein Imageprofil (s. Abbildung IV.1.4 und IV.1.5).

1 „Klassischer" Bereich des Marken-Controlling

Abbildung IV.1.4 Imageprofil (zweidimensional)

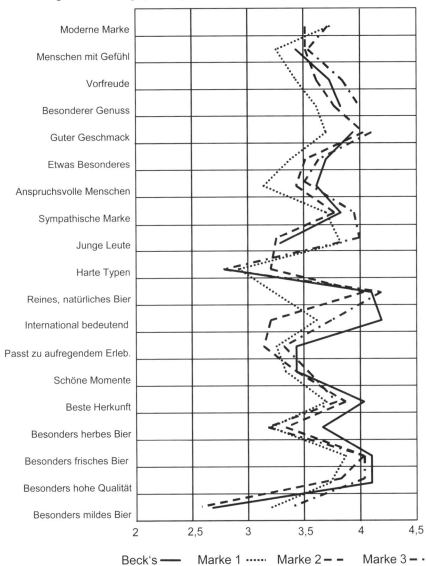

Quelle: in Anlehnung an Trommsdorff/Paulssen 2001, S. 1145 ff.

Abbildung IV.1.5 Imageprofil (dreidimensional)

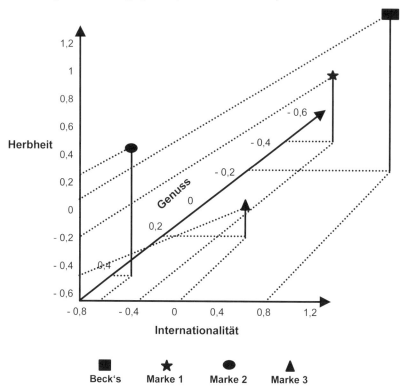

Quelle: in Anlehnung an Trommsdoff/Paulssen 2001: 1146

Imageanalysen nach dem dargestellten Verfahren haben im Vergleich zu qualitativen Verfahren den *Vorteil*, dass sie sich auf die zentralen Assoziationen konzentrieren. Darüber hinaus basieren die Imageprofile auf einer repräsentativen Befragung, so dass sich die Ergebnisse auf die Gesamtheit der betrachteten Zielgruppe(n) übertragen lassen. Zudem liefern sie durch die grafische Zusammenfassung der Ergebnisse sehr anschauliche und prägnante Aussagen über die Images verschiedener Marken einer Kategorie.

Diesen positiven Aspekten stehen jedoch auch einige *Nachteile* gegenüber. Die Defizite „klassischer" Imageanalysen entsprechen teilweise denen des "klassischen" Positionierungsmodells (s. hierzu Abschnitt II.3 „Positionierung" sowie Trommsdorff/ Paulssen 2001, S. 1148). Hinsichtlich der herangezogenen Liste von Assoziationen ist zu kritisieren, dass die Assoziationen für die verschiedenen Marken häufig nicht – wie bei diesem Verfahren unterstellt – von gleich hoher Relevanz sind. Gerade die besondere Bedeutung einer bestimmten Assoziation für eine Marke trägt jedoch häufig zur Differenzierung dieser Marke vom Wettbewerb und damit zu ihrem Erfolg bei. Dies wird in „klassischen" Imageanalysen nur unzureichend wiedergegeben, mit anderen Worten eine Gewichtung aus Konsumentensicht (wie bedeutend sind die einzelnen Assoziationen für die Konsumenten?) wird bei der Erhebung des Imageprofils nicht vorgenommen. Zudem werden Wechselwirkungen zwischen konkurrierenden Marken kaum erfasst: Gelingt es z. B. einer Marke, im Hinblick auf eine aus Konsumentensicht besonders relevante Assoziation eine starke Position aufzubauen, sind Konkurrenzmarken häufig gezwungen, auf andere Assoziationen bei ihren Marken auszuweichen und diese zu stärken, damit ihr Imageprofil aus der Sicht der Konsumenten wieder als einzigartig wahrgenommen wird. Schließlich ist zu bemängeln, dass sich aus den aus „klassischen" Imageanalysen gewonnenen Erkenntnissen keine Rückschlüsse darauf ableiten lassen, wie sich das Imageprofil einer Marke auf die Bildung bzw. Veränderung von Markenpräferenzen und auf die tatsächlichen Kaufentscheidungen der Konsumenten auswirkt.

Innovative quantitative Ansätze versuchen, die Defizite klassischer Imagemessungen zumindest teilweise auszugleichen. Als Beispiel wird im Folgenden der so genannte LOCATOR-Ansatz vorgestellt (vgl. Morgan 1990 sowie Biel 2001, S. 82 ff.). Darüber hinaus existieren weitere innovative Methoden (vgl. hierzu ausführlich Esch 2001c sowie Trommsdorff/Paulssen 2001, S. 1149 ff.). Der LOCATOR-Ansatz ermöglicht es, Prognosen darüber zu treffen, wie die Markenpräferenzen – und damit letztendlich das Kaufverhalten - der Konsumenten durch bestimmte Imageprofile bzw. Änderungen der Imageprofile beeinflusst werden. Basis des Ansatzes ist ein so genanntes Mikromodell, d.h. die Untersuchung geht anfangs von einer individuellen Betrachtung des Markenimages aus. Zunächst wird ermittelt, welche Assoziationen in der betrachteten Kategorie relevant sind und anschließend wird basierend auf den Ergebnissen der Befragung einer Gruppe von Konsumenten eine Grafik zu diesen Assoziationen entwickelt, die darstellt, wie die Konsumenten die in der

Kategorie konkurrierenden Marken wahrnehmen. Dieselbe Gruppe von Konsumenten wird in einer zweiten Befragung zu ihren Präferenzen befragt. Hierbei wird das Konstantsummenverfahren eingesetzt, d.h. die Konsumenten werden gebeten, eine bestimmte Anzahl von Punkten ihren Präferenzen entsprechend auf die Marken einer Kategorie zu verteilen. Mittels Simulationsrechnungen lassen sich Ursache-Wirkungs-Zusammenhänge zwischen den beiden Befragungen zu den Markenimages und zu den Markenpräferenzen ableiten. Der LOCATOR-Ansatz liefert also z. B. Empfehlungen darüber, welche Assoziationen Markenmanager stärken sollten, um die Präferenz für ihre Marke zu erhöhen. Es ist dann jedoch Aufgabe der Markenmanager, Strategien und Maßnahmen zu entwickeln, um diese Assoziationen zu stärken (z. B. durch die Wahl eines entsprechenden Sprachstils, um eine Marke „jugendlicher" wirken zu lassen).

Neben den quantitativen Ansätzen existieren verschiedene *qualitative Methoden zur Messung des Markenwissens*. Gemeinsam ist diesen Verfahren, dass sie besonders detaillierte Erkenntnisse über die emotionalen und kognitiven Prozesse liefern, die bei den Konsumenten bei der Bildung und Veränderung von Markenassoziationen und darauf basierend bei der Entstehung und Entwicklung von Markenwissen ablaufen. Im Gegensatz zu den quantitativen Ansätzen wird mit qualitativen Ansätzen jedoch nicht das Ziel verfolgt, repräsentative Ergebnisse über das Markenwissen der Konsumenten zu generieren. Die Resultate qualitativer Studien lassen sich also nicht verallgemeinern. Daher werden qualitative Studien häufig für spezifische Fragestellungen zur Vertiefung der Erkenntnisse quantitativer Untersuchungen eingesetzt. Darüber hinaus eignen sich qualitative Methoden auch sehr gut, um umfangreichere quantitative Untersuchungen mit standardisierten Befragungen vorzubereiten. In diesem Fall liefern qualitative Studien wichtige Hinweise darauf, wie sich z. B. die Liste mit Assoziationen, die den Befragten bei „klassischen" Imagemessungen vorgelegt wird, sinnvoll eingrenzen lässt (vgl. Keller 2001a, S. 1064).

Bei den qualitativen Ansätzen zur Messung des Markenwissens ist zunächst die *Methode der freien Assoziation* zu nennen (vgl. hierzu Aaker 1992, S. 164 ff.; Keller 2001a, S. 1064 f.). Hierbei werden die Konsumenten gebeten anzugeben, was ihnen spontan zu einer oder zu mehreren bestimmten Marken einfällt. Entscheidend ist hierbei, alle Antworten zuzulassen und die Konsumenten zu ermutigen, ihren Gedanken freien Lauf zu lassen und so viele Assoziationen wie möglich zu nennen. Ergänzend können den Konsumenten weitere Fragen zu den von ihnen genannten Assoziationen gestellt werden, um genauere Informationen über ihre Markenwahrnehmung zu erhalten. Mögliche vertiefende Fragen sind:

- Warum ist die Marke X aus Ihrer Sicht „jugendlich", „trendy" (etc. weitere Assoziationen, die der Konsument genannt hat)?
- Welche Eigenschaften der Marke sind aus Ihrer Sicht am wichtigsten?
- Was macht die Marke einzigartig? Wodurch unterscheidet sie sich von den übrigen Marken dieser Kategorie?
- Welche Eigenschaften haben alle Marken dieser Kategorie gemeinsam?

Eine weitere Möglichkeit besteht darin, die Konsumenten zu bitten, einen typischen Benutzer der betreffenden Marke zu charakterisieren und zu beschreiben, bei welchen Gelegenheiten er die Marke typischerweise benutzt bzw. konsumiert. Das primäre Ziel der Methode der freien Assoziation ist, möglichst unverfälschte und detaillierte Aussagen darüber zu erhalten, wie Konsumenten Marken wahrnehmen und welche positiven und negativen Assoziationen sie mit den Marken jeweils verbinden. Zudem wird die Methode häufig eingesetzt, um eine Liste mit aus Konsumentensicht relevanten Assoziationen als Basis für eine standardisierte Befragung zur Erhebung von Imageprofilen zusammenzustellen.

Unter bestimmten Bedingungen ist der Einsatz direkter Befragungsmethoden zum Markenwissen der Konsumenten nur eingeschränkt möglich bzw. liefert verfälschte Ergebnisse. Dies ist darauf zurückzuführen, dass Konsumenten in einigen Situationen gar keine Angaben über ihre Empfindungen und Einstellungen zu Marken machen können oder wollen. Konsumenten ist es nur sehr schwer möglich, Informationen über ihre Markenwahrnehmung zu liefern, wenn diese durch Faktoren beeinflusst wird, die ihnen kaum bewusst sind. Beispielsweise können die Präferenzen von Konsumenten für Marken unbewusst stark davon geprägt sein, welche Marken ihnen seit ihrer Kindheit vertraut sind. Denkbar ist jedoch auch, dass den Konsumenten ihre Empfindungen und

Einstellungen zu bestimmten Marken durchaus bewusst sind, dass sie diese jedoch in der Befragungssituation nicht offen legen wollen. Es ist z. B. denkbar, dass jemand ein Auto einer teuren Marke kauft, um in einer sozialen Gruppe (z. B. Nachbarn, Kollegen) anerkannt zu sein, bei der Befragung jedoch angibt, die hohe Qualität sei für ihn für die Wahl der Marke entscheidend gewesen. Zur Überwindung dieser Barrieren bei Konsumentenbefragungen zur Markenwahrnehmung eignen sich *projektive Techniken* (vgl. Aaker 1992, S. 163 f., S. 166 ff.; Keller 2001a, S. 1065 ff.). Darunter versteht man „diagnostische Hilfsmittel zur Aufdeckung der wahren Meinungen und Gefühle, wenn die Verbraucher nicht bereit oder fähig sind, diese zu äußern" (Keller 2001a, S. 1066). Beispielsweise werden die befragten Konsumenten nicht direkt zu einer Marke befragt, sondern dazu aufgefordert, ihre Wahrnehmungen indirekt zum Ausdruck zu bringen. Man kann den Konsumenten verschiedene Bilder vorlegen (z. B. aus der Perspektive eines Autofahrers am Steuer) und sie bitten, ihre Eindrücke zu den einzelnen Bildern (die jeweils das Auto einer bestimmten Marke darstellen) wiederzugeben. Eine weitere Möglichkeit besteht darin, dass die Konsumenten Analogien zu den jeweiligen Marken bilden sollen, z. B. durch die Frage „Was wäre die Marke X, wenn sie ein Tier, ein Haus, eine Pflanze etc. wäre?". Die Vorgabe unvollständiger Sätze (z. B. „Wenn Sie einen Freund beim Abschluss einer Versicherung beraten sollten, würden Sie ihm empfehlen, ...) oder von Cartoons (mit Darstellungen bestimmter Situationen, in denen Marken ausgewählt oder benutzt werden und leeren Sprechblasen) eignet sich ebenfalls zur indirekten Ermittlung von Markenwahrnehmungen der Konsumenten.

Wertvolle Aussagen über die Markenwahrnehmung und das Markenwissen der Konsumenten liefern *Untersuchungen zur Markenpersönlichkeit* (vgl. Aaker 1992, S. 167 ff.; Keller 2001a, S. 1067). Bei dieser Methode erhalten die Konsumenten die Aufgabe, sich vorzustellen, dass die Marke eine Person wäre. Sie werden dazu aufgefordert, diese Persönlichkeit möglichst ausführlich zu charakterisieren (Aussehen, Kleidung, persönliche Werte, Beruf, soziales Verhalten etc.). Die Ergebnisse derartiger Befragungen liefern zum einen häufig Rückschlüsse darauf, wie die Konsumenten die Marke erleben und auch darauf, wie sie die Beziehung zwischen der Marke und sich selbst sehen, zum anderen lassen sich die Resultate auch für weitere Zwecke nutzen, z. B. kann die

1 „Klassischer" Bereich des Marken-Controlling 173

Markenpersönlichkeit als Figur in der Kommunikation eingesetzt werden. Dies lässt sich etwa in der Werbung für MEISTER PROPER oder M&Ms beobachten. Detaillierte und anschauliche Informationen über die Markenwahrnehmung der Konsumenten lassen sich durch *Protokolle lauten Denkens* gewinnen (vgl. hierzu Esch 2001b, S. 1037 ff.; Grunert 1990). Ähnlich wie bei der Methode der freien Assoziation werden die Konsumenten aufgefordert anzugeben, was ihnen spontan zu einer oder zu mehreren bestimmten Marken einfällt. Die Aufgabenstellung zur Gewinnung von Protokollen lauten Denkens ist jedoch umfangreicher und konkreter formuliert. Beispielsweise werden die Konsumenten explizit darauf hingewiesen, neben sprachlichen Assoziationen auch bildliche Assoziationen und allgemeine emotionale Eindrücke (z. B. Genuss, Lebensfreude, Sicherheit) zu der betreffenden Marke zu beschreiben. Ziel dieser Methode ist es, möglichst viele Informationen über die unterschiedlichen Dimensionen des Markenwissens (sprachlich, bildlich, emotional, Markenvergleiche etc.) der Konsumenten zu gewinnen. Die Ergebnisse lassen sich insbesondere dazu nutzen, um die Positionierung der Marke zu überprüfen sowie um Vergleiche zwischen dem Wissen der Konsumenten über die eigene Marke und über konkurrierende Marken bzw. über die Kategorie allgemein anzustellen.

Der Ansatz zur *Messung innerer Bilder* konzentriert sich auf die bildlichen Gedächtnisstrukturen der Konsumenten über Marken (vgl. hierzu Bekmeier-Feuerhahn 2001, S. 1115 ff.; Esch 2001b, S. 1039 ff; Ruge 1998, 2001). Dieser Methode kommt eine besondere Bedeutung zu, da das Gedächtnis für Bildinformationen – wie bereits erläutert wurde – im Vergleich zum Gedächtnis für verbale Informationen als leistungsfähiger gilt und somit bildliche Informationen bei der Bildung von Markenvorstellungen häufig eine noch wichtigere Rolle spielen als verbale Informationen. Bei der Messung von inneren Bildern wird in erster Linie die Vividness oder Lebendigkeit erhoben. Darunter wird die „Klarheit, oder Deutlichkeit, mit der das Bild vor den inneren Augen des Betrachters steht" (Kroeber-Riel/Weinberg 1999, S. 344) verstanden bzw. die Zugriffsfähigkeit (vgl. Bekmeier-Feuerhahn 2001, S. 1024; Ruge 1998, S. 100). Daneben eignen sich vor allem folgende Dimensionen für die Messung innerer Bilder: Einzigartigkeit, Anziehungskraft, Aktivierungsstärke, psychische Nähe, Intensität, Qualität. Zur Erhebung visueller Markenvorstellungen von

Konsumenten können sowohl verbale Skalen als auch Bilderskalen eingesetzt werden. Bei Bilderskalen werden die beiden Extremwerte der Skala durch Bilder dargestellt.

Abschließend lässt sich feststellen, dass die dargestellten quantitativen und qualitativen Methoden zur Messung des Markenwissens der Konsumenten jeweils spezifische Vorzüge, aber auch Nachteile aufweisen. Daher ist zu empfehlen, je nach Bedarf das entsprechende Verfahren auszuwählen und idealerweise quantitative und qualitative Methoden zu kombinieren, um möglichst umfassende und repräsentative, aber auch profunde und unverfälschte Informationen über das Markenwissen der Konsumenten zu erhalten.

## 1.3 Synoptische Ansätze des Marken-Controlling

Im Rahmen des Marken-Controlling lassen sich mehrere Bereiche unterscheiden. Zum einen gilt es zu analysieren, wie die Markenvorstellungen und das Markenwissen der Konsumenten und damit letztendlich auch der Markenwert zustande kommen (vgl. hierzu die bisherigen Ausführungen in diesem Kapitel). Zum anderen ist es Aufgabe des Marken-Controlling zu erörtern, was Markenwert ist und wie er sich messen lässt (vgl. hierzu Abschnitt IV.2). Im Folgenden sollen nun die Wirkungen des Markenwerts dargestellt werden. Außerdem werden beispielhaft einige Ansätze vorgestellt, die einige der bisher erläuterten Methoden miteinander kombinieren und/oder Erhebungen des Markenwerts und relevanter zugrunde liegender Dimensionen über einen längeren Zeitraum ermöglichen. Ebenso wie in Abschnitt IV.2 wird bei den folgenden Darstellungen zwischen Markenstärke – verstanden als die „Antriebskraft, die aus der subjektiven Wertschätzung der Markierung resultiert" (Bekmeier-Feuerhahn 2001, S. 1107; vgl. auch die dort zitierte Literatur) - und Markenwert – verstanden als monetär bewerteter Output der Markenstärke - differenziert.

Die Wirkungen des Markenwerts lassen sich mit so genannten komparativen Ansätzen (marken- bzw. marketingorientiert) oder durch Conjoint-Analysen (Kombination der beiden genannten Ansätze) erheben. Bei den markenorientierten komparativen Ansätzen (vgl. Keller 2001a, S. 1076 f.) handelt es sich um experimentelle Versuchanordnungen, d.h. eine bestimmte Variable wird variiert und die Auswirkung auf andere Variablen – diese werden konstant gehalten – wird untersucht. In diesem Fall werden unterschiedliche Marken analysiert, wobei jeweils alle anderen Maßnahmen des Marketing-Mix konstant gehalten werden. Als Beispiel hierfür lassen sich Namenstests anführen. Dabei werden den Konsumenten mehrere Marken zur Beurteilung vorgelegt. Die eigentliche Beschaffenheit der Marken (z. B. der Geschmack bei Lebensmitteln) wird konstant gehalten, während die Kennzeichnung der Marken durch Markennamen und –logos variiert wird. Bei derartigen Tests lassen sich häufig signifikante Unterschiede zwischen den Markenbeurteilungen der Konsumenten beobachten. Eine weitere Variante der markenorientierten komparativen Ansätze besteht darin, die Auswirkungen verschiedener Marken auf die Preisbereitschaft der Konsumenten zu untersuchen. Hierbei werden die Konsumenten gebeten, zu Bildern oder Modellen des physisch gleichen Basisproduktes (z. B. eines Autos) jeweils ihre Preisbereitschaft anzugeben. Die Bilder bzw. Modelle sind mit unterschiedlichen Markennamen und –logos versehen, vorab wird den Konsumenten noch eine unmarkierte Darstellung vorgelegt. Diese Tests liefern je nach Markierung unterschiedliche Ergebnisse für den Preis, den die Konsumenten für die betreffende Marke zu zahlen bereit wären. Schließlich können auch Kommunikationsarten und –inhalte getestet werden.

Bei den *marketingorientierten komparativen Ansätzen* werden ebenfalls Experimente durchgeführt (vgl. hierzu Keller 2001a, S. 1077 f.). In diesem Fall werden die Auswirkungen unterschiedlicher Maßnahmen des Marketing-Mix analysiert, wobei jeweils die gleiche Marke betrachtet wird. Ein Verfahren besteht darin, Konsumenten zu ihrer Kaufbereitschaft für eine Marke bei unterschiedlichen Preisen zu befragen. Interessant wäre beispielsweise die Ermittlung von Preisober- und –untergrenzen für die Marke MIELE, eine der führenden Marken für Waschmaschinen und andere Haushaltsgeräte. Hierbei könnte ermittelt werden, wie der Preis beispielsweise für Waschmaschinen anderer Marken angesetzt werden müsste, damit die Konsumenten sich gegen die Qualitätsmarke MIELE und für eine konkurrierende Marke entscheiden, oder welchen Preis die Konsumenten für die (subjektive) Qualität einer MIELE-Waschmaschine zu zahlen bereit wären. Zu den marketingorientierten komparativen Ansätzen zählt auch die Durchführung von Testmärkten.

Als dritter Ansatz zur Messung der Wirkungen des Markenwerts ist die *Conjoint-Analyse* zu nennen (vgl. Keller 2001a, S. 1078 f.). Hierbei werden die marken- und die marketingorientierten komparativen Ansätze durch den Einsatz multivariater Verfahren kombiniert, d.h. es werden parallel sowohl mehrere Marken betrachtet als auch unterschiedliche Elemente des Marketing-Mix analysiert. Beim Marketing-Mix können neben unterschiedlichen Preisen auch die Auswirkungen von Variationen des Produkts an sich (Geschmack, Verpackung etc.), des Markennamens und -logos, der Distributions- sowie der Kommunikationsstrategie in die Conjoint-Analyse einbezogen werden. Die Methode nimmt zudem eine Gewichtung vor, d.h. die Relevanz der einzelnen Komponenten aus Sicht der Konsumenten wird in der Untersuchung berücksichtigt.

Abschließend werden im Folgenden beispielhaft einige gesamthafte Ansätze des Marken-Controlling vorgestellt. Zunächst soll das *Brand Audit* kurz erläutert werden (vgl. hierzu Keller 1998, S. 373 ff.). Mit einem Brand Audit wird das Ziel verfolgt, möglichst umfassende und vertiefte Analysen sämtlicher Einflussgrößen zu liefern, die den Markenwert beeinflussen, und darauf basierend Hinweise für die strategische Ausrichtung der Marke und konkrete Handlungsempfehlungen abzuleiten, wie der Markenwert zukünftig noch gesteigert werden kann. Ein Brand Audit sollte nicht einmalig, sondern in regelmäßigen Abständen durchgeführt werden, um Informationen über die Entwicklung einer Marke im Zeitablauf zu gewinnen (z. B. Überprüfung, ob bestimmte Assoziationen tatsächlich verstärkt wurden, nachdem sie in der Kommunikation besonders betont wurden). Bei einem Brand Audit ist sowohl die unternehmensinterne (welche Produkte werden unter der Marke angeboten?, welchen Umsatz und welche Margen erzielen sie?, wie wird die Marke kommuniziert? etc.) als auch die konsumentenorientierte Perspektive (bei welchen Gelegenheiten wird die Marke benutzt bzw. konsumiert?, welche Assoziationen verbinden Konsumenten mit der Marke?, welche Marken werden als ähnlich wahrgenommen? etc.) zu berücksichtigen, so dass ein möglichst umfassendes und detailliertes Bild von der Performance, aber auch von der Wahrnehmung der Marke gewonnen werden kann.

1 „Klassischer" Bereich des Marken-Controlling 177

Mit dem Einsatz von *Trackingstudien* im Rahmen des Marken-Controlling wird eine ähnliche Zielsetzung verfolgt wie mit der Durchführung von Brand Audits (vgl. hierzu Keller 1998, S. 380 ff.). Trackingstudien dienen ebenfalls dazu, Markenmanagern Informationen über die Entwicklung von Marken im Zeitablauf sowohl aus unternehmensinterner als auch aus konsumentenorientierter Perspektive zu liefern. Im Gegensatz zu Brand Audits sind Trackingstudien jedoch weniger umfangreich und konzentrieren sich häufig auf die Analyse einiger zentraler Größen, die in regelmäßigen Abständen durch quantitative Befragungen mit einem standardisierten Fragebogen bzw. durch Nutzung intern ermittelter Kennzahlen erhoben werden. In der Praxis kommen unterschiedliche Methoden zur Durchführung von Trackingstudien zum Einsatz. Im Folgenden werden exemplarisch vier Methoden, die von führenden Marktforschungsinstituten bzw. Marketingberatungen konzipiert wurden, kurz vorgestellt.

Die Gesellschaft für Konsumforschung Nürnberg (GfK) stellt mit dem *Brand ASsessment System (BASS)* (vgl. hierzu Högl/Hupp 2001) Markenmanagern ein Instrument zur Verfügung, das ein ganzheitliches Marken-Controlling in regelmäßigen Abständen ermöglicht. Mit „ganzheitlich" ist gemeint, dass mehrere unterschiedliche Dimensionen, die die Markenstärke beeinflussen und damit letztlich den Markenwert bestimmen, in die Betrachtung einbezogen werden. Das Marken-Controlling nach dem BASS basiert daher zum einen auf „hard facts" – dem realisierten Erfolg einer Marke am Markt –, zum anderen auf „soft facts" – der Wahrnehmung der Marke durch die Konsumenten. Zur Ermittlung des Markterfolgs werden Paneldaten herangezogen. Dadurch wird eine längerfristige, dynamische Erhebung und Auswertung von Daten im Rahmen des Marken-Controlling ermöglicht: „Beim Panel werden in einem bestimmten, gleich bleibenden Kreis von Personen, Haushalten oder Geschäften längerfristig in regelmäßigen Zeitabständen über denselben Untersuchungsgegenstand Erhebungen durchgeführt und ausgewertet. Aufgrund dieser Konstruktion ermöglicht es das Panel, Veränderungen und Entwicklungen auf den untersuchten Märkten zu verfolgen" (Witt 1996, S. 79). Die Paneldaten dienen zur regelmäßigen Bestimmung des Marktanteils einer Marke. Dieser wird basierend auf der Käuferreichweite (Anzahl der Konsumenten, die die betreffende Marke mindestens einmal kaufen), auf der Anzahl der First Choice Buyer (Konsumenten, die die betreffende Marke als erstpräferierte Marke erwerben) und auf dem First Choice Value (Anteil der Käufe der First Choice Buyer am gesamten Umsatz der betreffenden Marke) ermittelt. Neben dem Markterfolg einer Marke bezieht das BASS die Wahrnehmung der Marke durch die Konsumenten in die Markenbewertung im Zeitablauf ein. Hierzu werden in regelmäßigen Abständen Interviews mit Konsumenten zu verschiedenen Indikatoren durchgeführt, die die emotionale Haltung und die kognitiven Prozesse der Konsumenten gegenüber Marken widerspiegeln. Beispiele für derartige Indikatoren sind die wahrgenommene Qualität, die Markensympathie und die Bereitschaft zur Weiterempfehlung. Die besonderen Vorzüge des BASS bestehen in der zugrunde liegenden Datenbasis sowie in der Integration von „soft" und „hard facts" beim Marken-Controlling.

Eine methodisch ähnliche Lösung wurde von der IHA-GfK mit dem *Brand Health Check* entwickelt (vgl. hierzu http://www.iha.ch/gfk). Dieser basiert ebenfalls sowohl auf Paneldaten als auch auf Informationen zu den Einstellungen der Konsumenten gegenüber Marken. Im Gegensatz zum BASS werden beim Brand Health Check jedoch nicht die Daten des regulären Verbraucherpanels in Kombination mit psychologischen Konsumenteninterviews herangezogen, sondern es wird ein Testpanel genutzt. Dieses umfasst 6.000 Haushalte bzw. 16.500 Personen und beinhaltet sowohl Fragen zum tatsächlichen Kauf- und Nutzungsverhalten („welche Marken haben sie gekauft?", „wie häufig haben Sie die Marke X gekauft?" „wie viele verschiedene Marken nutzen Sie?" etc.) als auch zu den zugrunde liegenden Einstellungen („wie beurteilen Sie die Qualität der Marke X?", „welche Marken in der Produktkategorie X kennen Sie?", „welche Marke ziehen Sie in der Produktkategorie X vor?" etc.).

Der von dem Schweizerischen Marktforschungsinstitut DEMOSCOPE konzipierte *Market Radar* eignet sich ebenfalls zur Durchführung von Trackingstudien im Rahmen des Marken-Controlling (vgl. hierzu ausführlich www.demoscope.ch). Grundsätzlich ist der Market Radar ein umfassendes Softwarepaket, das mehrere Module und vielfältige Funktionen zur Unterstützung von Marketingentscheidungen beinhaltet. Im Hinblick auf das Marken-Controlling sind insbesondere die Darstellungen zur Segmentierung von Märkten und Positionierung von Marken auf Basis von Lifestyle-Typologien relevant. Der Lebensstil eines Konsumenten wird anhand seiner Meinungen und Einstellungen sowie anhand seiner Werte festgelegt. Persönliche Werthaltungen der Konsumenten eignen sich besonders gut zur Entwicklung von Lifestyle-Typologien, da sie von kurzfristigen situativen Änderungen der Einstellungen und Präferenzen relativ wenig beeinflusst werden (vgl. Meffert 1998, S. 192). Innerhalb eines durch zwei Achsen (z. B. mit den Dimensionen „Außen- versus Innenorientierung" sowie „progressive versus konservative Grundhaltung") markierten Raumes werden bestimmte Werthaltungen je nach ihren Ausprägungen eingeordnet. Die Auswahl der Werthaltungen basiert auf einem bewährten Verfahren für Persönlichkeitstests, bei dem mit Hilfe von Aussagen zu bestimmten Werten das Werteprofil eines Individuums erstellt wird. Auf Basis von Marktforschungsdaten lassen sich nun die Marken der betrachteten Produktkategorie in diesem Spektrum positionieren. Diese Analysen werden in regelmäßigen Abständen durchgeführt, so dass sich der Market Radar als Instrument des Brand Tracking eignet – beispielsweise um aufzuzeigen, ob eine Marke ihre Position halten konnte oder wie sich die Positionen wichtiger Wettbewerber verändert haben.

Die von der Firma SINUS SOCIOVISION in langjähriger sozialwissenschaftlicher Forschung entwickelten *Sinus Milieus* liefern detaillierte und differenzierte Informationen über die Lebenswelten von Konsumenten, die sich ebenfalls für Zwecke des Marken-Controlling nutzen lassen (vgl. hierzu Sinus Sociovision 2000). Durch Analysen auf Basis der Sinus Milieus können Markenmanager besonders spezifische Informationen über die Werthaltungen und Einstellungen ihrer Zielgruppen gewinnen, die über die Erhebung der üblichen soziodemografischen Daten hinausgehen. „Die Sinus Milieus fassen Konsumenten zusammen, die sich in Lebensauffassung und Lebensweise ähneln. Grundlegende Wertorientierungen gehen dabei ebenso in die Analyse ein wie Alltagseinstellungen zur Arbeit, zur Familie, zur Freizeit, zu Geld und Konsum. Sie rücken also den Menschen und das gesamte Bezugssystem seiner Lebenswelt ganzheitlich ins Blickfeld" (Sinus Sociovision 2000, S. 2). Wichtigen gesellschaftlichen Trends und den dadurch ausgelösten Veränderungen wird durch eine umfassende Überarbeitung der Sinus Milieus in regelmäßigen Abständen Rechnung getragen. Somit können Markenmanager durch Image- und Markenkernanalysen zu unterschiedlichen Zeitpunkten auf Basis der Sinus Milieus beispielsweise ermitteln, welche gesellschaftlichen Trends die Werthaltungen ihrer Zielgruppe beeinflusst haben und wie sich die Position ihrer Marke verändert hat. Erkenntnisse aus der Trend- und Milieuforschung nach dem Ansatz von Sinus Sociovision eignen sich somit als Basis für Trackingstudien von Marken, insbesondere zur Analyse der Ursachen für die Markenwahrnehmung und Einstellungen der Konsumenten.

## 2 Bestimmung des Markenwerts

### 2.1 Grundlagen

In den letzten Jahren ist in Wissenschaft und Praxis eine zunehmende Thematisierung des Markenwerts zu beobachten. Neben dem Begriff „Markenwert" wird häufig auch der Ausdruck „Markenstärke" verwendet. Diese beiden Begriffe lassen sich wie folgt gegeneinander abgrenzen: Die Markenstärke stellt insbesondere bei den verhaltenswissenschaftlich orientierten Messansätzen den wichtigsten Einflussfaktor auf den Markenwert dar (vgl. u.a. Keller 1993; Esch/Andresen 1994; Bekmeier-Feuerhahn 2001, S. 1107 f.). Markenstärke wird definiert als die „Antriebskraft, die von der subjektiven Wertschätzung der Markierung ausgeht" (Bekmeier-Feuerhahn 2001, S. 1107). Eine hohe Antriebskraft bzw. Markenstärke hat zur Folge, dass die Konsumenten die betreffende Marke im Vergleich zu anderen Marken häufiger in ihren Kaufentscheidungsprozess einbeziehen und dass sich die Kaufwahrscheinlichkeit erhöht. Somit ist die Markenstärke eine entscheidende Voraussetzung für einen hohen Markenwert oder anders formuliert: Ein hoher Markenwert resultiert aus einer hohen Markenstärke. Im Folgenden werden daher beide Begriffe verwendet, je nachdem, ob es sich um den „Input" – also die Markenstärke - oder um den „Output" – den Markenwert – handelt. Zur Ermittlung des Markenwerts wird die Markenstärke in einen monetären Wert überführt. Für diese Transformation wurden zahlreiche Modelle und Methoden entwickelt, die im Folgenden erläutert werden.

In zahlreichen Unternehmen hat sich die Erkenntnis durchgesetzt, dass die Marke ein wertvolles Unternehmenskapital und einen zentralen Erfolgsfaktor darstellt. Die folgenden Abbildungen (IV.2.1 und IV.2.2) verdeutlichen überblicksartig die Werte einiger führender Marken weltweit und in Deutsch-

## 2 Bestimmung des Markenwerts

land. Zudem wird die Marke zunehmend als Investitionsobjekt und nicht als Kostenfaktor angesehen. Wertvolle Marken zeichnen sich durch eine einzigartige Positionierung aus Sicht der Konsumenten aus, differenzieren sich somit besser gegenüber anderen Marken und sind so besser gegen Aktivitäten der Konkurrenz geschützt (vgl. Aaker 1992, S. 21f.; Arnold 1992, S. 292). Für die steigende Bedeutung des Markenwerts lassen sich unterschiedliche Gründe anführen bzw. es lassen sich zahlreiche Situationen aufzählen, in denen die Bewertung von Marken erforderlich ist. Diese werden im Folgenden kurz dargestellt.

Abbildung IV.2.1 Die wertvollsten Marken der Welt (Stand 1999)

| Marke | Ursprungsland | Markenwert (in Mio. US $) | Marktkapitalisierung Stammhaus (in Mio. US $) | Markenwert in % Marktkapital |
|---|---|---|---|---|
| 1. Coca Cola | USA | 83,845 | 142,164 | 59 |
| 2. Microsoft | USA | 56,654 | 271,854 | 21 |
| 3. IBM | USA | 43,781 | 158,384 | 28 |
| 4. General Electric | USA | 33,502 | 327,996 | 10 |
| 5. Ford | USA | 33,197 | 57,387 | 58 |
| 6. Disney | USA | 33,275 | 52,552 | 61 |
| 7. Intel | USA | 30,021 | 144,060 | 21 |
| 8. McDonalds | USA | 26,231 | 40,862 | 64 |
| 9. AT&T | USA | 24,181 | 102,480 | 24 |
| 10. Marlboro | USA | 21,048 | 112,480 | 19 |
| 11. Nokia | Fi | 20,694 | 46,926 | 44 |
| 12. Mercedes | D | 17,781 | 48,326 | 37 |

Quelle: Interbrand Zintzmeyer & Lux, In: Index 3/99

Abbildung IV.2.2  Markenwert der größten deutschen Marken
(Stand 1999)

| Global Brand | Marken | Markenwert in Mrd. Euro | | | Veränderung | % vom Börsenwert |
|---|---|---|---|---|---|---|
| | | 1997 | 1998 | 1999 | 98/99 in % | |
| Daimler Chrysler | Mercedes, Chrysler, Jeep | 12,655 | 16,860 | 34,641 | 105 | 53 |
| Deutsche Telekom | · T ··· | 13,016 | 15,988 | 19,435 | 22 | 16 |
| Bayer | Alka-Seltzer, Aspirin, Autan | 15,019 | 16,118 | 18,878 | 17 | 69 |
| BASF | Glasurit, Hebrol, Styropor | 13,381 | 16,920 | 17,722 | 5 | 72 |
| Volkswagen | Skoda, Seat, Golf | 5,398 | 10,444 | 15,831 | 52 | 72 |
| Siemens | Siemens, Scenic | 14,121 | 12,329 | 9,756 | -21 | 21 |

Quelle: Semion Brand-Broker GmbH, In: Wirtschaftswoche 18.11.99, S. 156

Seit etwa dem Beginn der 80er Jahre lässt sich eine *zunehmende Tendenz zu Unternehmensaufkäufen und –zusammenschlüssen* feststellen. Markenartikelunternehmen entscheiden sich bei der Einführung einer neuen Marke (s. hierzu auch Abschnitt III.3) aufgrund des hohen Floprisikos häufig nicht für die Eigenentwicklung, sondern für die Strategie der Akquisition einer Marke, die sich auf dem Markt bereits erfolgreich durchgesetzt hat. Die folgende Abbildung fasst einige spektakuläre Beispiele akquirierter Markenartikelunternehmen zusammen (s. Abbildung IV.2.3). Aus dieser Entwicklung resultiert ein erhöhter Bedarf an geeigneten Methoden zur Bewertung der Marken als Grundlage für die Preisbestimmung bei Unternehmensaufkäufen und –zusammenschlüssen. Beispielsweise zahlte NESTLÉ für die Firma ROWNTREE-MACINTOSH einen Preis, der sich auf das Dreifache des notierten Börsenwerts belief und 26mal höher lag als die von ROWNTREE-MACINTOSH erwirtschafteten Erträge.

Abbildung IV.2.3 Akquirierte Markenartikelunternehmen (Beispiele)

| Aufkaufendes Unternehmen | Aufgekauftes Unternehmen | gezahlter Preis (z.T. Schätzungen) | Jahr der Transaktion | Marken des aufgekauften Unternehmens |
|---|---|---|---|---|
| Philip Morris | Jacobs-Suchard | 5,4 Mrd. CHF | 1990 | Jacobs-Kaffee, Toblerone, Milka |
| Ford | Jaguar | 4,7 Mrd. DM | 1989 | Jaguar-Automobile |
| Nestlé | Rowntree-Macintosh | 7,9 Mrd. DM | 1988 | Smarties, After Eight, Kitkat |
| Philip Morris | Kraft | 22,4 Mrd. DM | 1988 | Miracel-Whip, Philadelphia |

Quelle: in Anlehnung an Sander 1994

Die Bedeutung von *Markenlizenzierungen* nimmt zu (vgl. hierzu Esch 2001b, S. 1029 f. sowie die dort zitierte Literatur und Abschnitt III.6). Für den Markeninhaber bietet sich so die Möglichkeit, den Kompetenzbereich seiner Marke zu stärken und eventuell weiter auszudehnen, möglicherweise neue Vertriebskanäle zu erschließen und insgesamt das Image der Marke zu festigen. Der Markenlizenznehmer kann die Position seiner Produkte durch die Nutzung einer bekannten Marke verbessern; zudem ergibt sich für ihn der Vorteil, dass eine etablierte Marke bereits über eine Anzahl loyaler Kunden verfügt. Zur Festlegung der Markennutzungsrechte im Rahmen von Lizenzen bzw. Franchiseverträgen ist eine Bewertung der betreffenden Marke erforderlich. Der Markenwert bildet dann die Grundlage für die Festlegung der entsprechenden Lizenz- bzw. Franchisegebühren (vgl. Bekmeier 1994, S. 383 ff.)

Insbesondere bei Luxusmarken häufen sich die Fälle der *unrechtmäßigen Nutzung von Markenzeichen („Markenpiraterie")*. Zur Ermittlung des hierdurch verursachten Schadens lässt sich der Markenwert als Informationsquelle und Berechnungsgrundlage heranziehen (vgl. Esch 2001b, S. 1030; Herrmann 1998, S. 491 f.).

Die meisten Markenartikelunternehmen sehen sich nicht nur mit den Herausforderungen des Managements einzelner Marken, sondern auch des gesamten Markenportfolios konfrontiert. Voraussetzung für ein *effizientes Management des Markenportfolios* ist die Hierarchisierung der Marken. Die Ermittlung der Werte der einzelnen Marken gewinnt somit an Bedeutung, um eine Markenhierarchie erstellen zu können.

Schließlich stellt der Markenwert ein wichtiges *Instrument zur Markensteuerung* und zum *Marken-Controlling* dar. Auf Basis der Ermittlung des Markenwerts in bestimmten zeitlichen Abständen sowie des Vergleichs der Werte im Zeitablauf lassen sich Empfehlungen für die Markenführung und daraus abgeleitet für konkrete Maßnahmen im Rahmen des Marketing-Mix aussprechen. Zum Zweck der Markensteuerung und des Marken-Controlling ist jedoch die Betrachtung quantitativer Größen allein nicht ausreichend: „Vielmehr geht es darum zu ermitteln, warum ein hoher oder niedriger Markenwert zustande gekommen ist, um darauf aufbauend Maßnahmen zur Verbesserung bzw. Erhaltung des Markenwerts ergreifen zu können" (Esch 2001b, S. 1030). Somit ist es häufig sinnvoll, die Berechnung des Markenwerts um die Bestimmung der Determinanten des Markenwerts sowie um die Darstellung der entsprechenden Ursache-Wirkungs-Zusammenhänge zu ergänzen.

Eine *Marke mit einem hohen Markenwert* zeichnet sich in der Regel durch eine eindeutige Positionierung aus. Hierfür ist zum einen ein gewisses Maß an Kontinuität bei der Markenführung, zum anderen die Stimmigkeit des inneren Markenbildes des Konsumenten mit der Botschaft des Herstellers erforderlich. Starke Marken überzeugen zudem durch ein glaubwürdiges Markenversprechen, d.h. die durch die Marke geweckte Erwartungshaltung wird durch die Leistung erfüllt. Ein weiteres Charakteristikum ist die Erzeugung einer Faszination: Über die rationale Ebene hinaus sprechen starke Marken den Konsumenten auf einer emotionalen Ebene an. Hierfür werden häufig auch visuelle Metaphern verwendet (vgl. Biel 2001, S. 87 f.).

Als *Vorteile einer hohen Markenstärke* lassen sich folgende Aspekte anführen (vgl. hierzu Aaker 1992, S. 32 ff.; Esch/Wicke 2001, S. 44 f.):
– Verfügt ein Unternehmen über Marken von hoher Markenstärke, so wirkt sich dies positiv auf seine Stellung im Wettbewerb aus. Hohe Markenstärke stellt eine *Barriere* dar, die potentiellen Konkurrenten den Eintritt in den Markt erschwert.

## 2 Bestimmung des Markenwerts 185

- Aufgrund einer hohen Markenstärke lassen sich häufig auch *höhere Gewinne* erzielen. Dies kann zum einen daraus resultieren, dass Preisaufschläge erhoben werden können, zum anderen lassen sich möglicherweise die Kosten, beispielsweise für Vertriebsmaßnahmen, reduzieren.
- Marken von hoher Markenstärke verfügen meist über eine große Anzahl treuer Kunden. Dies sichert dem Unternehmen konstante Umsätze. Hohe Markenloyalität hat weitere positive Effekte wie etwa die geringeren Kosten zur Bindung bestehender Kunden im Vergleich zur Akquisition von Neukunden (vgl. Reichheld/Sasser 1990) sowie eine erhöhte Toleranz der Kunden, beispielsweise wenn bei angekündigten Neulancierungen Verzögerungen auftreten. Dies lässt sich z. B. bei Automobilmarken feststellen.
- Aufgrund einer hohen Markenstärke können bei den Konsumenten Halo-Effekte entstehen (vgl. Kroeber-Riel 1992, S. 310): Konsumenten bewerten bestimmte Eigenschaften einer Marke besonders gut, wenn es sich um eine Marke mit hoher Markenstärke handelt. Durch diesen Zusammenhang wird eine Spirale an positiven Rückwirkungen ausgelöst: Die Markenstärke wirkt positiv auf die Wahrnehmung einzelner Elemente des Marketing-Mix (z. B. einer Werbekampagne zur Kommunikation der Marke). Dies führt wiederum zu einer positiven Beeinflussung der Markenstärke etc.
- Unternehmen können durch Marken von hoher Markenstärke ihre *Verhandlungsstärke gegenüber dem Handel* erhöhen. Starke Marken werden häufig bei der Aufnahme neuer Marken in das Sortiment, Vergabe von Regalplätzen, Durchführung von Kommunikationsmaßnahmen am POS etc. bevorzugt berücksichtigt. Da starke Marken wichtige Frequenzbringer sind, profitiert der Handel ebenfalls. Dies wirkt sich generell positiv auf die Zusammenarbeit zwischen Herstellern und Handelsunternehmen aus.
- Eine hohe Markenstärke ist Voraussetzung für die weitere Nutzung des Markenpotenzials, beispielsweise durch Markenerweiterungen oder –transfers (s. hierzu Abschnitt III.4.3). Hierfür ist es unabdingbar, dass die Marke einen hohen Bekanntheitsgrad sowie ein positives Image aufweist. Nur wenn sich die Marke in ihrer angestammten Produktkategorie erfolgreich positioniert hat, verfügt sie möglicherweise über Potenziale, die sich für eine

Ausdehnung des Sortiments oder für den Transfer auf weitere Produktkategorien nutzen lassen.

Die bisherigen Ausführungen haben gezeigt, dass der Markenwert ein wichtiges Instrument für die strategische Markenführung ist. Bei der *Bestimmung des Markenwerts* können jedoch auch *Probleme* auftreten, die im Folgenden kurz dargestellt werden (vgl. Esch 2001b, S. 1027 ff.; 1047 f.; Sattler 2000, S. 225 ff.):

- Die Marke zeichnet sich durch ein hohes Ausmaß an qualitativen Kriterien aus. Somit ist eine Erfassung des Markenwerts mit herkömmlichen Bewertungsmethoden, wie sie beispielsweise im Rahmen der Bilanzierung herangezogen werden, nur unzureichend möglich.
- Bei Mehrmarkenunternehmen stehen die einzelnen Marken häufig in Beziehung zueinander. Dies sollte bei der Bestimmung des Markenwerts ebenfalls berücksichtigt werden. Die separate Messung und das Management einzelner Marken reicht für die Planung, Steuerung und Kontrolle eines Markenportfolios nicht aus.
- Bei der Bestimmung des Markenwerts überwiegen häufig rein finanzorientierte Messverfahren mit objektiven Kennzahlen. Dadurch kann jedoch die Marke in ihrer Komplexität nicht vollständig erfasst werden.

## 2.2 Ansätze zur Bestimmung des Markenwerts

Die Ansätze zur Bestimmung des Markenwerts lassen sich grundsätzlich in zwei Gruppen unterteilen – die *finanzwirtschaftlichen* und die *verhaltenswissenschaftlichen Methoden* . Den Ansätzen liegen unterschiedliche Zielsetzungen zugrunde: Die finanzwirtschaftlichen Verfahren dienen in erster Linie der ökonomischen Bewertung des Markenwerts und richten sich vorrangig an externe Zielgruppen. Diese Verfahren werden für die Bilanzierung, Unternehmensbewertung, Ermittlung von Schadensersatzansprüchen etc. eingesetzt. Demgegenüber verfolgen die verhaltenswissenschaftlichen Methoden vor allem das Ziel, ein Verständnis der Funktion der Marke zu schaffen. Diese Verfahren

## 2 Bestimmung des Markenwerts

lassen sich insbesondere als internes Steuerungs- und Kontrollinstrument nutzen.

Kaas (1990, S. 48) definiert den Markenwert im Rahmen der *finanzwirtschaftlichen Ansätze* als „Barwert aller zukünftigen Einzahlungsüberschüsse, die der Eigentümer der Marke erwirtschaften kann." Bei der Ermittlung dieses Wertes ergeben sich jedoch Probleme. Neben grundsätzlichen Unterschieden zwischen den verschiedenen Bewertungsmethoden tragen diese Probleme dazu bei, dass je nach eingesetzter Methode sehr unterschiedliche Ergebnisse für den Markenwert resultieren (s. Abbildung IV.2.4). Die Probleme der finanzwirtschaftlichen Ansätze treten vor allem bei der Prognose des Zahlungsstroms, bei der Definition des betrachteten Zeithorizonts und bei der Bestimmung des Abzinsungsfaktors auf (vgl. Herrmann 1998, S. 493; Sattler 2000, S. 225 ff.). Finanzwirtschaftliche Ansätze werden somit zwar für die Markenbewertung im Rahmen der Bilanzierung und Lizenzierung herangezogen, eignen sich dagegen kaum als Entscheidungsgrundlage für das strategische Marketing. Hierfür ist der Einbezug der Konsumentenperspektive unerlässlich.

Abbildung IV.2.4 Unterschiedliche Markenwerte für COCA-COLA

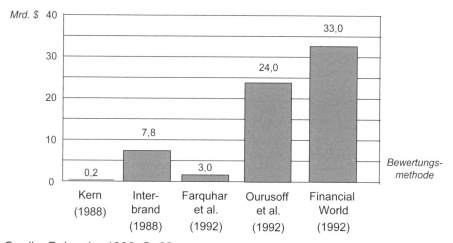

Quelle: Bekmeier 1998, S. 62

Diesem Mangel der finanzwirtschaftlichen Ansätze versuchen die *verhaltenswissenschaftlichen Ansätze* Rechnung zu tragen, indem sie die Konsumenten, d.h. ihre Wahrnehmung der Marke und ihre Reaktionen darauf, in den Mittelpunkt der Betrachtung stellen. Nach Keller (1993, S. 13) kann die Markenstärke als „(...) das Ergebnis der unterschiedlichen Reaktionen von Konsumenten auf Marketingmaßnahmen einer Marke im Vergleich zu identischen Maßnahmen einer fiktiven Marke aufgrund spezifischer, im Gedächtnis gespeicherter Markenvorstellungen verstanden werden." Entsprechend dieser Definition lässt sich die Markenstärke durch die beiden hypothetischen Konstrukte Markenbewusstsein und Markenimage ausdrücken. Marken mit hoher Markenstärke zeichnen sich somit dadurch aus, dass die Konsumenten ein hohes Maß an Bewusstsein und Vertrautheit mit der Marke aufweisen und dass die Marke bei den Konsumenten zudem starke, einzigartige und positive Assoziationen hervorruft. Zur Ermittlung der Markenstärke und darauf basierend des Markenwerts werden die hypothetischen Konstrukte „Markenbewusstsein" und „Markenimage" durch Indikatoren operationalisiert. Beispielsweise werden zur Bestimmung des Markenimage die Art, die Stärke, die Vorteilhaftigkeit und die Einzigartigkeit der durch die Marke hervorgerufenen Assoziationen bewertet (s. hierzu ausführlich Abschnitt IV.1).

Aaker (1992, S. 31 f.) entwickelte ebenfalls einen verhaltenswissenschaftlichen Ansatz zur Messung des Markenwerts. Er definiert die Markenstärke als „(...) eine Gruppe von Vorzügen und Nachteilen, die mit einer Marke, ihrem Namen oder Symbol in Zusammenhang stehen und den Wert eines Produkts oder Dienstes für ein Unternehmen oder seine Kunden mehren oder mindern." Aaker nennt die Markentreue, die Bekanntheit des Namens, die angenommene Qualität, weitere Markenassoziationen sowie andere Markenvorzüge wie Patente, Warenzeichen, Absatzwege usw. als Determinanten bzw. Kategorien von Vorzügen und Nachteilen, die die Markenstärke beeinflussen.

Gemeinsam ist den verhaltenswissenschaftlichen Ansätzen die These, dass die Stärke einer Marke sich nicht an unternehmensinternen Faktoren wie z. B. finanziellen Ressourcen, Marketing-Know-how etc. festmachen lässt, sondern durch die (positive) Verankerung der Marke in den Köpfen der Konsumenten zustande kommt (vgl. Esch 2001b, S. 1031). Es existieren verschiedene

Methoden, um diese gedankliche Verankerung der Marke zu operationalisieren und zu messen (vgl. hierzu ausführlich Abschnitt IV.1.2).

## 2.3 Methoden zur Bestimmung des Markenwerts in der Praxis

In der Praxis findet sich eine Vielzahl von Modellen und Instrumenten zur Bestimmung des Markenwerts. Im Folgenden werden vier der bekanntesten Methoden kurz vorgestellt (vgl. zu den folgenden Ausführungen Esch 2001b, S. 1041 ff.):

- Modell von INTERBRAND
- Markenbilanz sowie Brand Performancer von NIELSEN
- Brand Asset Valuator von YOUNG & RUBICAM
- Markeneisberg-Modell von ICON.

Neben diesen Ansätzen existieren zahlreiche Weiter- und Neuentwicklungen von Methoden zur Bestimmung des Markenwerts. Abbildung IV.2.5 gibt einen kurzen Überblick über weitere relevante Ansätze sowohl zur Isolierung markenspezifischer Zahlungen als auch zur langfristigen Prognose markenspezifischer Zahlungen.

## Abbildung IV.2.5 Weitere Ansätze zur Bestimmung des Markenwerts

| Ziel: Isolierung markenspezifischer Zahlungen | |
|---|---|
| *monetäre Bewertung* | *Datenquellen* |
| direkte Abfrage eines „Price-Premium" gegenüber unbekannten oder konkurrierenden Marken | Konsumentenbefragung |
| indirekte Erschließung eines „Price-Premium" gegenüber unbekannten oder konkurrierenden Marken; Basis: Erfragung des Markenwahlverhaltens | Konsumentenbefragung |
| Ableitung von Werten auf Basis einer hedonistischen Preisfunktion oder beobachteten Marktpreisen | Marktpreise und Produkteigenschaften |
| *nicht-monetäre Bewertung* | *Datenquellen* |
| *isolierte* Messung von Markenwertindikatoren, z. B. Markenbekanntheit, Markentreue, Markenqualitätseinschätzung | Konsumentenbefragung |
| *kombinierte* Messung einzelner Markenwertindikatoren, z. B. Markenimage, Markenbekanntheit und – qualität, Markenassoziationen, Markenvertrautheit/-einschätzung | Konsumentenbefragung |
| *kombinierte* Messung einzelner Markenwertindikatoren, z. B. Markenpräferenz/-nutzen; Kaufintention; Marktanteil, der nicht auf kurzfristige Effekte von Marketing-Mix-Instrumenten zurückzuführen ist (GfK-Markensimulator) | Konsumentenbefragung / Paneldaten |
| **Ziel: langfristige Prognose markenspezifischer Zahlungen** | |
| *Messgrößen* | *Datenquellen* |
| historische Kosten für den Aufbau einer Marke / Wiederbeschaffungskosten einer Marke | firmeninterne Daten / Expertenurteile |
| branchenübliche Lizenzsätze ähnlicher Marken | Marktdaten |
| Ableitung des Markenwerts aus Gewinnveränderungen über die Zeit, die auf markenwertbestimmende Aktivitäten zurückgeführt werden können | insbesondere firmeninterne Daten |
| Trennung des Markenwerts von materiellen und anderen immateriellen Vermögensgegenständen eines Unternehmens | insbesondere Börsenwerte |
| Diskontierung zukünftiger markeninduzierter Einzahlungsüberschüsse auf Basis hedonistischer Preisfunktionen sowie Monte-Carlo-Simulationen | Marktpreise und Produkteigenschaften |
| Indikatorenmodelle *Interbrand; Financial World:* Markenwertindikatoren; Markengewinnmultiplikator; *Nielsen:* Markenwertindikatoren; Markenstärke; kurzfristiger Markenwert *Sattler/GfK:* Gewichtungsparameter für Markenwertindikatoren; umfassendes Expertensample | Expertenurteile, firmeninterne Daten |

Quelle: Sattler 2000, S. 228 ff.

## 2 Bestimmung des Markenwerts

Sowohl die Methode von *Interbrand* als auch der Ansatz von *Nielsen* haben das Ziel, das komplexe Konstrukt Marke ganzheitlich zu erfassen und mit Hilfe von Scoringmodellen zu bewerten. Beide Methoden kombinieren bei der Bestimmung des Markenwerts ökonomische und verhaltenswissenschaftliche Messgrößen.

Bei beiden *Scoringmodellen* wird im *ersten Schritt* das Zukunftspotenzial der Marke bestimmt. Hierzu zählt die Entwicklung einer Liste von Kriterien, die geeignete Indikatoren für den Markenwert darstellen. Im Modell von NIELSEN werden 19 Kriterien herangezogen, während der Kriterienkatalog des INTERBRAND-Modells insgesamt 80 Kriterien umfasst. Die Kriterien werden nach ihrer geschätzten Stärke des Einflusses auf den Markenwert gewichtet. Auf Basis der Bewertung der betrachteten Marke anhand der gewichteten Kriterien lässt sich ein Gesamtwert bzw. –index ermitteln (s. Abbildung IV.2.6), der die Markenstärke (oder –schwäche) ausdrückt. Dieser wird in einem *zweiten Schritt* in eine monetäre Größe, d.h. in einen Bilanz- bzw. Kaufs-/Verkaufswert umgerechnet. Im Modell von NIELSEN werden hierzu die zukünftigen Erträge der Marke (kurz-, mittel- und langfristig) geschätzt und auf den heutigen Zeitpunkt abgezinst. Nach der Methode von INTERBRAND wird dagegen durch die Abtragung der Markenstärke auf einer S-förmigen Kurve zunächst ein Multiplikator gebildet. Der monetäre Markenwert resultiert dann aus der Verrechnung der durchschnittlichen Gewinnwerte der letzten drei Perioden mit dem ermittelten Multiplikator.

Abbildung IV.2.6 Gewichtung der Hauptfaktoren im INTERBRAND-Modell (Beispiel)

| Bewertungs-kriterium | Maximaler Punktwert | Markenprodukt | | | |
|---|---|---|---|---|---|
| | | A | B | C | D |
| Marktführerschaft | 25 | 19 | 19 | 10 | 7 |
| Stabilität | 15 | 12 | 9 | 7 | 11 |
| Markt | 10 | 7 | 6 | 8 | 6 |
| Internationalität | 25 | 18 | 5 | 2 | 0 |
| Trend der Marke | 10 | 7 | 5 | 7 | 6 |
| Markenunterstützung | 10 | 8 | 7 | 8 | 5 |
| Schutz der Marke | 5 | 5 | 3 | 4 | 3 |
| „Markenstärke" | 100 | 76 | 54 | 46 | 38 |

Quelle: Hammann 1992, S. 230; zitiert nach Esch 2001b, S. 1052

Abbildung IV.2.7 stellt nochmals überblicksartig die drei Phasen der Markenbewertung spezifisch für die INTERBRAND-Methode dar. In der *ersten Phase* wird der erwartete zukünftige ökonomische Ertrag der Marke kalkuliert, indem die Kosten sowie die Steuern und die Kapitalrendite für die Nutzung des eingesetzten Umlauf- und Sachanlagevermögens von den prognostizierten zukünftigen Erträgen der Marke abgezogen werden. Ziel der *zweiten Phase* ist es, den Gesamtstellenwert der Marke zu bestimmen. Dazu werden die für die Kaufentscheidung der Kunden relevanten Einflusskriterien ermittelt und gewichtet, die Marke wird hinsichtlich dieser Kriterien bewertet und aus den einzelnen Werten wird ein Gesamtindex gebildet. In der *dritten Phase* lässt sich schließlich der Markenwert als Gegenwartswert des zukünftigen Markenertrages bestimmen. Dazu wird der in Phase 1 ermittelte zukünftige ökonomische Ertrag der Marke mit einem Zinsfaktor abgezinst, der auf dem Risikoprofil der Marke basiert. Dem Risikoprofil der Marke liegt der in Phase 2 ermittelte Stellenwert der Marke (im Vergleich zur „idealen" Marke) zugrunde.

**Abbildung IV.2.7 Die drei Phasen der Markenbewertung bei** INTERBRAND

| |
|---|
| **Phase 1: Der ökonomische Ertrag** <br> Zukünftige Umsätze, die mit der Marke erwirtschaftet werden <br> ./. Kosten <br> ./. Steuern und Kapitalrendite für die Nutzung des eingesetzten Umlauf- und Sachanlagevermögens |
| **= EVA (Economic Value Added= zukünftiger ökonomischer Ertrag)** |
| **Phase 2: Der Stellenwert der Marke** <br> - Ermittlung und Gewichtung aller Einflussfaktoren auf die Kundennachfrage (z.B. Preis, Qualität etc.) <br> - Ermittlung des Stellenwertes der Marke für jeden dieser Nachfragefaktoren <br> - Addition aller Stellenwerte der Marke |
| **= Gesamtstellenwert der Marke („Role of Brand Index") in %** |
| **Phase 3: Die Markenstärke** <br> Abzinsung des zukünftigen Markenertrages mit einem Zinsfaktor, der dessen Risikoprofil widerspiegelt |
| **= Gegenwartswert des zukünftigen Markenertrages** <br><br> - Maß für das Risikoprofil: Markenstärke <br> - Markenstärke = sieben Faktoren, die im Vergleich zur „idealen" Marke bestimmt werden |

Quelle: Interbrand Zintzmeyer & Lux 2000

Die *Vorteile* beider Methoden liegen zum einen in der relativ einfachen Handhabbarkeit, zum anderen in der Entwicklung eines Monitoringsystems, in dem eine Vielzahl unterschiedlicher Einflussfaktoren berücksichtigt werden. Demgegenüber bestehen die *Nachteile* beider Methoden darin, dass sie vergangenheitsorientiert sind und die Komplexität nicht ausreichend berücksichtigen, wodurch die Qualität der Ergebnisse verringert wird. Zudem treten bei beiden Methoden die generellen Probleme von Scoringmodellen auf, insbesondere die zahlreichen subjektiven Einflüsse bei der Auswahl, Skalierung und Gewichtung der relevanten Kriterien sowie bei der Interpretation der Daten. Darüber hinaus sind die Kriterien häufig nicht – wie in den Modellen unterstellt wird – unabhängig voneinander, sondern beeinflussen sich gegenseitig. So bestehen z. B. im

Modell von INTERBRAND Zusammenhänge zwischen der Qualität der Marketing-Unterstützung, der Bindung der Verbraucher an die Marke etc. und der aktuellen Position der Marke. Schließlich wird an beiden Methoden häufig kritisiert, dass sie konsumentenbezogene Kriterien, d.h. verhaltenswissenschaftliche Messgrößen, zu wenig einbeziehen bzw. zu wenig differenziert betrachten.

Um diese Mängel zumindest teilweise auszugleichen, entwickelte NIELSEN einen weiteren Ansatz. Der *Brand Performancer* (Abbildung IV.2.8) basiert ebenfalls auf einem Scoringmodell, zieht jedoch eine geringere Anzahl von Kriterien heran als die *Markenbilanz*. Hierzu zählen die Position der Marke (mengen- und wertmäßiger Marktanteil), die Entwicklung der Marke (Wachstumsraten des mengen- und des wertmäßigen Marktanteils), die Perspektive der Endkunden (Markenbekanntheit, Anzahl der Marken im „relevant set") sowie die Perspektive des Handels (numerische und gewichtete Distribution der Marke). Diese Kriterien werden gewichtet und es wird ein Gesamtwert für die Markenstärke (oder –schwäche) gebildet. Unterschiede zur Markenbilanz ergeben sich bei der Errechnung des monetären Markenwerts. Hierzu werden nicht die zukünftigen, abgezinsten Erträge, sondern es wird eine Kombination mehrerer Größen herangezogen (Marktvolumen, Umsatzrendite sowie relative Markenstärke im Vergleich zum Wettbewerb). Insgesamt stellt der *Brand Performancer* zwar hinsichtlich der Messung der Kriterien eine wesentliche Verbesserung gegenüber der Markenbilanz dar, ist jedoch aufgrund des zugrunde liegenden Scoringmodells ebenfalls nicht frei von subjektiven Einflüssen. Darüber hinaus ist die Auswahl der herangezogenen Kriterien zu kritisieren. Der Brand Performancer basiert auf Paneldaten und eignet sich daher in erster Linie für die Analyse von Markenartikeln im Lebensmitteleinzelhandel. Es ist jedoch fraglich, ob sich die Methode auch in anderen Branchen einsetzen lässt.

# 2 Bestimmung des Markenwerts

**Abbildung IV.2.8 AC NIELSEN Brand Performancer**

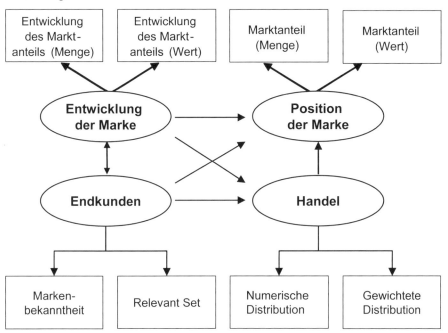

Quelle: Nielsen 2000

Neben den bekannten Methoden von INTERBRAND und NIELSEN gewinnen Ansätze zur Bestimmung des Markenwerts an Bedeutung, die ausschließlich auf verhaltenswissenschaftlichen Messgrößen basieren. Hierzu zählt der von der Werbeagentur YOUNG & RUBICAM entwickelte *Brand Asset Valuator* (Abbildung IV.2.9). Nach dieser Methode bilden Konsumentenbefragungen die Basis für die Ermittlung des Markenwerts. Wie dargestellt, beruht der Wert einer Marke auf dem Wachstumspotenzial und auf dem Image der Marke. Das Wachstumspotenzial einer Marke wird anhand der Faktoren Differenzierung und Relevanz ermittelt. Hohe Werte für den Faktor Differenzierung ergeben sich, wenn die Marke in den Augen der Konsumenten eine eindeutige Positionierung gegenüber dem Wettbewerb einnimmt. Mit Relevanz ist der Grad an persönlichem Interesse und Aufmerksamkeit gemeint, den die Konsumenten der Marke entgegenbringen. Das Image der Marke wird anhand der Kriterien Ansehen und

Vertrautheit bestimmt. Das Ansehen einer Marke gründet sich in erster Linie auf ihrer Bekanntheit und Qualität. Unter dem Kriterium Vertrautheit wird die emotionale Nähe der Konsumenten zur Marke verstanden. Als *Vorzüge* dieser Methode sind die Berücksichtigung verhaltenswissenschaftlicher Kriterien sowie die gute Verständlichkeit zu nennen. Die *Nachteile* des *Brand Asset Valuator* bestehen in den relativ oberflächlichen Analysemöglichkeiten, der mangelnden Operationalisierung der vier Bewertungskriterien sowie in der fehlenden Berücksichtigung visueller Markenvorstellungen der Konsumenten (vgl. Esch 2001b, S. 1044f.).

Abbildung IV.2.9 Aufbau des Brand Asset Valuator

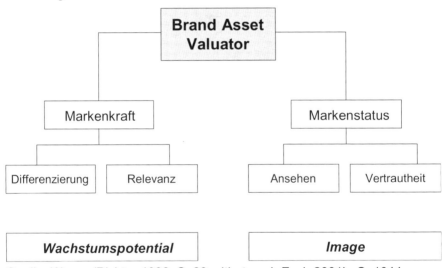

Quelle: Werner/Richter 1998, S. 29; zitiert nach Esch 2001b, S. 1044

Als weiterer verhaltenswissenschaftlicher Ansatz zur Bestimmung des Markenwerts wird im Folgenden der *Markeneisberg* von ICON kurz dargestellt (Abbildung IV.2.10). Die Markenstärke basiert nach dieser Methode auf dem Markenbild und auf dem Markenguthaben. Stellt man sich den Markenwert als Eisberg vor, so ist das Markenbild der Teil, der aus dem Wasser herausragt. Das Markenbild gibt somit die Wahrnehmung der Marke durch die Konsumenten wieder. Zur Analyse innerer Markenbilder werden beispielsweise die Wirkun-

gen verschiedener Farbcodes oder Werbekampagnen untersucht. Das *Markenbild* wird durch folgende Faktoren beeinflusst:
- Bekanntheit der Marke
- Klarheit des inneren Markenbildes
- Attraktivität des inneren Markenbildes
- Inhalt des Markenbildes
- Einzigartigkeit der Marke
- subjektiv wahrgenommener Werbedruck
- Einprägsamkeit der Werbung.

Das *Markenguthaben* stellt dagegen den Bereich des Eisbergs dar, der sich unter der Wasseroberfläche befindet. Es hat einen direkten Bezug zum Markenwert, kann jedoch kaum direkt beeinflusst werden, sondern nur über den „Umweg" des inneren Markenbildes. Das Markenguthaben ist individuell sehr verschieden und hängt von einer Vielzahl von Faktoren, insbesondere auch von eigenen Erfahrungen mit der Marke sowie markenbezogenen Assoziationen, ab. Das Markenguthaben wird durch die Kriterien Markensympathie, Markenvertrauen und Markenloyalität bestimmt.

Die bisherige Dauer der Präsenz einer Marke am Markt, also ihr Alter, spielt eine entscheidende Rolle für die Höhe des Markenguthabens. Handelt es sich um eine verhältnismäßig junge Marke, so ist das Markenguthaben aufgrund fehlender Erfahrungen noch kaum ausgeprägt. Der Markenwert junger Marken wird somit vor allem durch die aktuellen Determinanten des inneren Markenbildes bestimmt.

## Abbildung IV.2.10 Markeneisberg von ICON

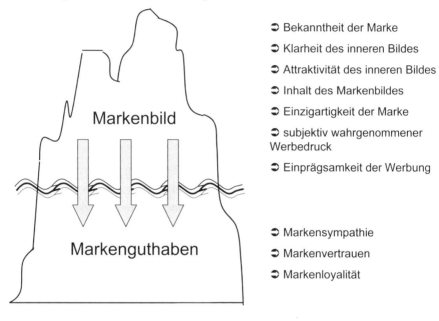

Quelle: icon Forschung & Consulting 1999

Bei der Methode des Markeneisbergs von ICON ist positiv hervorzuheben, dass verhaltenswissenschaftliche Kriterien – insbesondere auch die visuellen Markenvorstellungen der Konsumenten – als Basis für die Bestimmung des Markenwerts herangezogen werden. Ein weiterer Vorteil dieser Methode liegt in der Wahl der beiden übergeordneten Faktoren Markenbild und Markenguthaben und in der bildlichen Veranschaulichung der Zusammenhänge anhand des Eisberges. So lassen sich die Wirkungen relevanter Einflussfaktoren bei der Entwicklung des Markenwerts plastisch und gut verständlich darstellen. Die beiden Faktoren Markenbild und Markenguthaben beeinflussen sich jedoch teilweise gegenseitig. Dies sollte bei der Interpretation der Analyseergebnisse nach dieser Methode beachtet werden.

Als *Fazit* lässt sich somit feststellen, dass sich in Bezug auf die Bestimmung des Markenwerts einige Mängel zeigen und dass keine optimale Methode zur

Bestimmung des Markenwerts existiert. Vielmehr sollten Marketingmanager entsprechend den Zielsetzungen und Anforderungen bei der Markenwertbestimmung aus der Vielzahl an möglichen Bewertungsmethoden die am besten geeignete auswählen.

## 2.4 Markenevaluation als Bestandteil eines Value-Based-Managements (VBM)

Die zuvor beschriebenen Markenbewertungsmethoden können neben ihrer Unterscheidung in finanzorientiert und verhaltenswissenschaftlich auch anhand von Entwicklungsstufen klassifiziert werden.

Häufig findet man in der Unternehmenspraxis die *Markenbewertungsmethoden der so genannten ersten Generation* vor (vgl. u.a. Kern 1962; Kaas 1990). Diese zeichnen sich dadurch aus, dass sie eine begrenzte Zahl messbarer Kennzahlen zur Bestimmung des Markenwerts heranziehen. Solche Kennzahlen sind beispielsweise der Umsatz oder der Deckungsbeitrag einer Marke. Die Führung und Bewertung der Marke findet dann anhand vom Markenumsatz oder Markengewinn statt.

Die *zweite Generation von Markenbewertungsverfahren* entwickelt sich im Zuge zunehmender Mergers & Acquisitions-Aktivitäten, bei denen vielfach auch Marken Grund des Kaufes bzw. des Zusammenschlusses sind. Wie bereits angedeutet, werden in diesen Mergers & Acquisitions mitunter sehr hohe Kaufpreise gezahlt, die sicherlich vielfach auf den Wert der Marken zurückzuführen sind. Die Erkenntnis, dass Marken einen Markt besitzen, der diese auch zu bewerten vermag, führt dazu, dass insbesondere unternehmensexterne Agenturen oder Beratungen (z.B. INTERBRAND, NIELSEN, YOUNG & RUBICAM etc.) zunehmend Ansätze kreieren, die die hinter einer solchen Markenbewertung liegenden Überlegungen zu simulieren und zu erfassen versuchen (vgl. u.a. Schulz/Brandmeyer 1989; Interbrand 1990; Riedel 1996; Werner/Richter 1998). Ziel ist es, so auch Marken beurteilen zu können, die nicht „gehandelt" werden.

Hauptunterschied zu den Verfahren der ersten Generation ist der Versuch, die verhaltenswissenschaftlichen, eher qualitativen Dimensionen einer Marke sowie das Zukunftspotenzial mit zu berücksichtigen: Während zuvor vielfach von „Kosten" für die Marke die Rede war, spricht man nun von Investitionen. Dies bedeutet, dass sich der Wert einer Marke erst langfristig über die Jahre hinweg entfaltet. Um den heutigen Wert der Marke zu bestimmen, wird daher das Zukunftspotenzial abgeschätzt und mit Hilfe eines geeigneten Zinssatzes auf $t_0$ abgezinst. Zudem wird der Fokus – im Gegensatz zu den Verfahren der ersten Generation – nicht ausschließlich auf den monetären Wert der Marke, sondern auf die Antriebsfaktoren hinter diesem Wert, z.B. Bekanntheit oder ein positives Image, gelegt. Damit soll erreicht werden, dass der Markenwert nicht nur dargestellt, sondern auch erklärt werden kann.

Zentrales Problem dieser Ansätze ist jedoch, dass die Marken unternehmensextern und damit in der Regel mit zu geringer Kenntnis der zukünftigen Strategie des Unternehmens bewertet werden. Das Potenzial der Marke wird demnach nicht auf der Basis unternehmensinterner Fakten abgeleitet, sondern meist aus der aktuellen Situation extrapoliert. Zudem kann insgesamt festgestellt werden, dass trotz einer Vielzahl existierender Bewertungsverfahren ein Mangel an Methoden, die der Komplexität der Marke auf der einen Seite gerecht werden und gleichzeitig auf der anderen Seite praktikabel sind, existiert.

*Markenbewertungs- oder auch Markenevaluationsverfahren der dritten Generation* versuchen, die Kombination des Gedankengutes und die Vorteile der Verfahren der ersten und der zweiten Generation sowie deren Weiterentwicklung zu berücksichtigen (vgl. zu den folgenden Ausführungen Kernstock et al. 2001):

Markenevaluation dient zum einen der Kontrolle aller Markenaktivitäten, einem Marken-Audit, und hat somit „ex-post"-Charakter. Zum anderen wird der Markenwert mittels Markenevaluation „ex-ante" geplant, indem nicht nur erfasst wird, *dass* eine Marke eine bestimmte Entwicklung aufzeigt („ex-post"), sondern auch, *warum* diese Entwicklung so ist und wie diese zukünftig beeinflusst werden kann („ex-ante"). Abbildung IV.2.11 veranschaulicht diesen Zusammenhang.

## 2 Bestimmung des Markenwerts

**Abbildung IV.2.11** Markenevaluation: Planung und Performance Measurement

**Performance-Measurement** ← „ex-post"

**Planung** → „ex-ante"

**?** Brand Value

- unternehmensorientiert und innengerichtet
- Performance Messung der getätigten Investitionen
- Performance Messung der Entscheidungsträger
- Ableitung einer wertorientierten Markenhistorie
- Lernkurve über unternehmens- und branchenindividuelle Indikatoren und Werttreiber der Marke

- markt- und wettbewerbsorientiert
- zukunftsgerichtet
- kapitalmarktorientiert
- Planung der zukünftigen markenbezogenen Cash flows
- wertorientiertes Entscheidungskalkül
- Ableitung der Marketinginvestitionen

Ferner werden in der Markenevaluation die finanzorientierte, quantitative Perspektive einerseits und die verhaltenswissenschaftliche Sichtweise andererseits integriert. Der Markenwert wird daher nicht nur als ein monetärer Wert festgelegt, sondern auch die dahinter liegenden Antriebsfaktoren werden offen gelegt (Abbildung IV.2.12).

Abbildung IV.2.12 Quantitative und qualitative Methoden zur Messung des Markenwerts

Brand Value

- Ergebnis: meist „Framework", Beurteilungskatalog
- Ziel: Verständnis der Markenfunktion
- Verwendung: Führung, Steuerung, Planung
- Zielgruppen: eher intern
- Problem: Operationalisierung

- Ergebnis: ein monetärer Wert der Marke
- Ziel: ökonomische Bewertung der Marke
- Verwendung: Bilanzierung, Unternehmensbewertung, Schadensersatzansprüche etc.
- Zielgruppen: eher extern
- Problem: Validität, Reliabilität

Die Berücksichtigung der ex-post- und der ex-ante-Perspektive einerseits und der qualitativen und quantitativen Perspektive andererseits resultiert in einem umfassenden Bild über die Marke.

Neben der Integration dieser vier Perspektiven erfahren die noch sehr jungen Ansätze der dritten Generation eine entscheidende Weiterentwicklung durch die Übertragung der Diskussion des *Value-Based-Management* auf die Marke als wichtigen Vermögenswert des Unternehmens (vgl. Abbildung IV.2.13). Entsprechend dem Ansatz des VBM liegt der wertorientierten Markenführung der Gedanke zugrunde, dass erst dann ein Wert für das Unternehmen geschaffen wird, wenn der operative Markengewinn (Einzahlungen minus Auszahlungen für eine Marke) die Kosten für das in die Marke investierte Kapital übersteigt. Die Differenz zwischen operativem Markengewinn und Kosten für das in die Marke investierte Kapital ist die *Brand-Value-Contribution* (vgl. Aders/Wiedemann 2001, S. 476 ff.).

## 2 Bestimmung des Markenwerts

Abbildung IV.2.13   Übertragung des Value-Based-Management auf Marken

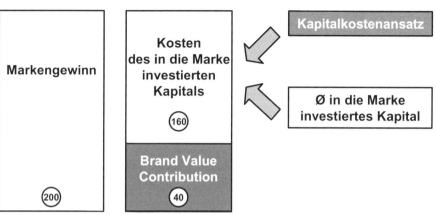

Die handlungsleitende Größe ist also nicht mehr der Markenwert an sich, sondern der *Beitrag der Marke zum Gesamtunternehmenswert*. Ein zentraler Vorteil einer derartigen Berechnung des Markenwerts ist die Anschlussfähigkeit an das weit verbreitete Value-Based-Management. Marketing und Markenführung sind schwerpunktmäßig qualitative Disziplinen, so dass oft „harte", für das Controlling verwertbare Fakten und Zahlen fehlen. Vielfach bemängeln Verantwortliche von Marken daher, dass ihnen das geeignete Instrumentarium fehlt, um gegenüber den Finanzexperten argumentieren zu können. Durch den Einsatz einer in der Finanzwelt weitgehend akzeptierten Methode kann man zum einen die gemeinsame Sprache zwischen beiden Abteilungen fördern. Zum anderen können die Ergebnisse der Markenbewertung direkt in die Unternehmenswertkalkulation einfließen und somit einen wichtigen Mehrwert schaffen. Laut einer in 2000/2001 durchgeführten Studie[10] wird eine solche Verbindung als äußerst wünschenswert erachtet (vgl. Kernstock et al. 2001).

---

[10] Die Studie „Markenevaluationssysteme in der Konsumgüterindustrie und anderen markengetriebenen Branchen" wurde in 2000/2001 als Kooperation zwischen der Universität St.Gallen und KPMG durchgeführt.

In einigen der bisher existierenden Verfahren zur Markenbewertung wird bereits eine Verbindung zwischen dem Marketing und dem Finanzbereich geschaffen. Dazu wird oftmals ein aggregierter qualitativer Wert der Marke – wie zuvor erläutert, auch Markenstärke genannt – gebildet, aus dem über statistische Zusammenhänge eine quantitative Erfolgsgröße, wie beispielsweise der Markengewinn, ableitet wird. So kann zwar dargestellt werden, wie hoch der Wert der Marke ist, es wird hingegen nicht ersichtlich, warum, also aufgrund welcher Treiber, dieser Wert zustande kommt. Um zielgerichtete Maßnahmen aus den Ergebnissen ableiten zu können, ist dies jedoch erforderlich. Ziel muss es daher sein, die Ursache-Wirkungsbeziehungen zwischen den Werttreibern und dem quantitativen Markenwert ersichtlich zu machen. Dies soll durch die so genannten *Brückenindikatoren* gewährleistet werden (vgl. Kernstock et al. 2001 S. 35 ff.; Aders/Wiedemann 2001, S. 478). Sie dienen dazu, die ökonomischen Effekte der Marke auf der Ebene der Werttreiber quantifizierbar und damit direkt in Zahlungen überführbar zu machen. Demnach hat die Marke keinen direkten Einfluss auf den Unternehmenswert, sondern einen indirekten über Faktoren wie höhere Kundenbindung, Cross-Selling-Effekte etc., die dann direkt dem Unternehmenserfolg zuzurechnen sind.

Die Brückenindikatoren werden in zwei Stufen abgeleitet. In einem ersten Schritt wird untersucht, auf welche Weise die Marke zu einer Wertsteigerung im Unternehmen führt. Laut Aussagen der bereits erwähnten Studie gehören höhere Kundenbindung und leichtere Kundenakquisition zu den wichtigsten Suchfeldern für die konkreten Brückenindikatoren (vgl. Abbildung IV.2.14).

## 2 Bestimmung des Markenwerts

Abbildung IV.2.14 Suchfelder für potenzielle Brückenindikatoren

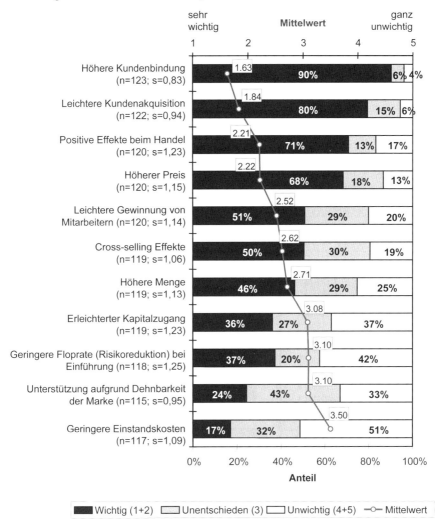

Aus diesem ersten Schritt werden jedoch nur die grundsätzlichen Einflüsse auf den Markenwert ersichtlich. Erst in einem zweiten Schritt wird dieser in eine quantifizierbare Kennzahl, den Brückenindikator, übersetzt. So sind Kunden

beispielsweise bei starken Marken besonders loyal, was sich unter anderem in der Wiederkaufrate niederschlägt. Folglich müssen bei gleichem Umsatz weniger Kunden akquiriert werden. Die Differenz aus den entstehenden Kosten zur Kundenbindung und den ersparten Kosten für die Kundenakquisition stellt einen Brückenindikator zur Verbindung von Loyalität und Cash flow dar. Daraus wiederum kann der Einfluss auf den Cash flow der Marke bzw. des Unternehmens berechnet werden.

Das Gesamtsystem der wertorientierten Markenführung lässt sich überblicksartig folgendermaßen darstellen (vgl. Abbildung IV.2.15). Hervorzuheben ist, dass die Markenevaluation den zentralen Aufgaben der strategischen Markenführung, wie Positionierung oder Gestaltung der Markenarchitektur, gleichwertig ist und so eine der tragenden Säulen der Markenführung darstellt.

Abbildung IV.2.15 Konzeption einer wertorientierten Markenführung

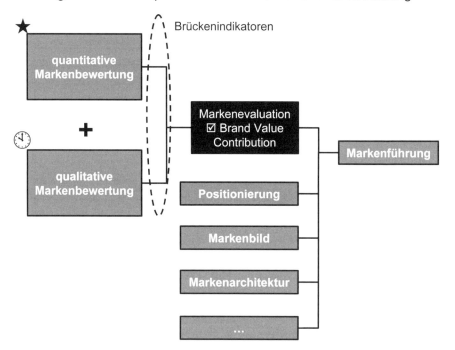

## 2 Bestimmung des Markenwerts

Das vorgestellte Markenevaluationsmodell stellt einen ersten Schritt in die Richtung einer wertorientierten Markenführung dar. Allerdings besteht an einigen Stellen weiterer Entwicklungsbedarf. Dies betrifft beispielsweise die genaue Ableitung und Operationalisierung der Brückenindikatoren.

Wichtig ist, dass ein auf diesem Ansatz basierendes Markenevaluationssystem grundsätzlichen *managementorientierten Anforderungen* entspricht. Im Rahmen der bereits zitierten Studie konnten insbesondere die folgenden Kriterien als zentral identifiziert werden: Transparenz, Objektivität, Verständlichkeit, Nachvollziehbarkeit, Praktikabilität, Vergleichbarkeit und Verbindung zwischen Marketing- und Finanzbereich.

Ferner wurden einige unternehmensspezifische Rahmenbedingungen genannt, die den erfolgreichen Einsatz eines Markenevaluationssystems mitbestimmen. Dies ist zum einen die Anschlussfähigkeit an gegebene Systeme. Hervorzuheben ist dabei die Schnittstellenproblematik zur unternehmensinternen Marktforschung. In eine ähnliche Richtung geht die Forderung, dass ein solches System im „ongoing business" eingesetzt werden kann. Es darf daher nicht zu komplex sein, um den Zeit- und Kostenaufwand angemessen zu halten. Nur so kann gewährleistet werden, dass Markenevaluation auch tatsächlich kontinuierlich und prozessbegleitend eingesetzt wird. Als „K.O."-Kriterium wurde die Akzeptanz bei den Entscheidungsträgern genannt. Nur wenn diese von der Vorteilhaftigkeit eines Markenevaluationssystems überzeugt werden können, ist die Implementierung im Unternehmen überhaupt möglich (vgl. Kernstock et al. 2001).

# V. Besonderheiten der Markenführung im Konsumgüter-, Investitionsgüter- und Dienstleistungsbereich

Die strategische Führung von Marken spielt in sämtlichen Wirtschaftssektoren - im Konsumgüter-, Investitionsgüter- und Dienstleistungsbereich sowie im Handel – eine wichtige Rolle. Seinen Ursprung hat das Markenmanagement im Konsumgüterbereich – Unternehmen wie beispielsweise PROCTER & GAMBLE, NESTLÉ, HENKEL oder COCA-COLA betreiben schon seit Jahrzehnten professionelles Markenmanagement. Im Investitionsgüter- und Dienstleistungsbereich sowie im Handel wurde die Bedeutung von Marken erst später erkannt. In den letzten Jahren lassen sich jedoch im Investitionsgüter- und Dienstleistungsbereich deutliche Bestrebungen erkennen, Marken professionell aufzubauen bzw. die Potenziale bestehender Marken gezielt zu erhalten und auszudehnen. Die Rolle des Handels für die strategische Markenführung hat sich ebenfalls deutlich gewandelt: Während der Handel ursprünglich vor allem operative Aufgaben (z. B. Lagerhaltung, Regalpflege) erfüllte, ist er nun zu einem wichtigen strategischen Partner bei Kooperationen mit Markenherstellern geworden und tritt zudem selbst als aktiver Manager eigener Marken - von No-Names bis hin zum Store Branding - auf (vgl. Esch/Wicke 2001, S. 33 ff.). Im Folgenden werden nun die spezifischen Anforderungen an die strategische Markenführung bei Konsumgütern, bei Investitionsgütern, bei Dienstleistungen sowie im Handel dargestellt.

## 1 Strategische Markenführung bei Konsumgütern

Konsumgüter zeichnen sich dadurch aus, dass sie mittelbar, d.h. über Absatzmittler, oder unmittelbar an Konsumenten bzw. private Haushalte, verkauft werden (vgl. zu den folgenden Ausführungen Kuß/Tomczak 2001, S. 189 f.). Die Anzahl der Nachfrager auf Konsumgütermärkten ist eher groß, zudem werden Konsumgüter meist regelmäßig und zum eigenen Bedarf der

Konsumenten (originäre Nachfrage) gekauft. Der Kaufentscheidungsprozess der Konsumenten ist eher kurz, häufig durch geringes Involvement gekennzeichnet und erfolgt in der Regel individuell. Bei Konsumgütern handelt es sich meist um standardisierte, auf ein Marktsegment zugeschnittene Produkte. Die Beziehung zwischen Markenartikelherstellern von Konsumgütern und ihren Kunden ist – den „Massenmärkten" entsprechend - weitgehend anonym.

Generell lässt sich auf den Konsumgütermärkten ein starker Wettbewerbsdruck feststellen. Dies ist auf unterschiedliche Entwicklungen wie Informationsüberlastung, wachsende Ansprüche und zunehmende Preissensibilität der Konsumenten, größere Austauschbarkeit der Marken aufgrund geringer Innovationshöhe sowie durch Verdrängungswettbewerb gekennzeichnete, gesättigte Märkte zurückzuführen (vgl. Kroeber-Riel / Weinberg 1999, S. 358; Zentes/Swoboda 2000, S. 803). In Bezug auf die Konsumenten zeichnen sich im Konsumgüterbereich ebenfalls verschiedene Trends ab (vgl. Esch/Wicke 2001, S. 21 ff.; Kroeber-Riel/Weinberg 1999, S. 124 ff.):

– Konsumenten lassen sich oft nicht mehr anhand soziodemografischer und psychografischer Kriterien eindeutig einer bestimmten Gruppe zuordnen. Es lässt sich vielmehr das Phänomen des „*hybriden Konsumenten*" beobachten (vgl. Esch/Wicke 2001, S. 26; Schmalen/Lang/Pechtl 2001, S. 963 ff.). Beispielsweise kaufen viele Konsumenten Kleidung bei dem Discounter HENNES&MAURITZ ein, aber auch in teuren und exklusiven Designer-Boutiquen. Einen Teil seiner Lebensmittel bezieht ein Konsument vielleicht in einem großen Supermarkt, einen anderen vom Biobauern. Das Verhalten des Konsumenten erscheint „inkonsistent" und schwer erklärbar. Betrachtet man jedoch Einflussfaktoren wie z. B. die Produktkategorie, die Bedeutung der Kaufentscheidung für die Anerkennung im sozialen Umfeld, die Relevanz von Convenience etc., die in der jeweiligen Einkaufssituation von Bedeutung sind, so lassen sich die Determinanten der einzelnen Kaufentscheidungen ermitteln und das Verhalten der Konsumenten erklären. Für Markenmanager ergibt sich somit die Aufgabe, die Einflussfaktoren zu untersuchen, die beim Kauf ihrer Marken von Relevanz sind und ihre Markenstrategien entsprechend auszurichten.

# 1 Strategische Markenführung bei Konsumgütern 211

– Hinsichtlich der *Preissensibilität* und der *Markentreue* lassen sich verschiedene Tendenzen beobachten (vgl. Esch/Wicke 2001, S. 23 ff.). Generell ist der Wunsch, günstig einzukaufen, bei vielen Konsumenten stark ausgeprägt. Dabei kann jedoch zwischen der Gruppe von Konsumenten, die sehr preissensibel sind, aber wenig Wert auf Marken legen (so genannte Schnäppchenjäger) und der Gruppe der „Smart Shopper" differenziert werden. Diese Konsumenten achten beim Einkaufen auf gute Qualität zu möglichst günstigen Preisen. Sie kaufen daher zwar häufig Markenartikel, bevorzugen aber Sonderangebote, besonders preisgünstige Einkaufsstätten etc. Daneben existiert eine Gruppe von Konsumenten, die bevorzugt Markenartikel einkaufen und weniger preissensibel sind. Markenmanager sollten ihre Strategien daher nicht nur an der Zielgruppe der markentreuen Konsumenten orientieren, sondern auch die wachsende Zielgruppe der Smart Shopper ansprechen, ohne jedoch dem Image der Marke durch zu häufige Preisaktionen etc. zu schaden.

– In der heutigen Gesellschaft ist in mehrfacher Hinsicht ein Wertewandel zu beobachten, der sich auch im Käuferverhalten im Konsumgüterbereich deutlich widerspiegelt. Hierzu zählen Trends wie zunehmende Individualisierung, Genuss- und Hedonismusstreben, Freizeitorientierung, Umwelt-, Natur- und Gesundheitsbewusstsein, internationale und multikulturelle Ausrichtung (vgl. Esch/Wicke 2001, S. 22; Weinberg/Diehl 2001, S. 187 f.). In Summe führen diese Trends zu einer wachsenden *Erlebnisorientierung* der Konsumenten (vgl. Esch/Wicke 2001, S. 21 f.; Kroeber-Riel/Weinberg 1999, S. 124 ff.). Markenmanager versuchen, dieser Entwicklung durch die Strategie der erlebnisorientierten Markenführung bzw. Emotionalisierung – diese wird an späterer Stelle sowie in Abschnitt II.3.2 näher erläutert – und durch die Schaffung von Erlebniswelten für Marken (vgl. hierzu Weinberg/Diehl 2001) Rechnung zu tragen.

Entsprechend den *Kaufgewohnheiten* der Konsumenten lassen sich *verschiedene Typen von Konsumgütern* unterscheiden (vgl. hierzu Kotler/Bliemel 2001, S. 720 ff.): *Güter des mühelosen Kaufs (convenience goods)* kaufen Konsumenten in der Regel häufig, unverzüglich und mit einem geringen Vergleichs- und Einkaufsaufwand (z. B. Joghurt, Seife). Dem Kauf von *Gütern des Such- und*

*Vergleichskaufs (shopping goods)* gehen dagegen genauere Such-, Vergleichs- und Auswahlprozesse voraus (z. B. Kleidung, Haushaltsgeräte). Bei *Gütern des Spezialkaufs (specialty goods)* unternehmen Konsumenten besonders intensive Anstrengungen, um die ihren Bedürfnissen entsprechende Marke auszuwählen (z. B. Autos, Fotoausrüstungen). Daneben unterscheidet man noch die *Güter des fremdinitiierten Kaufs (unsought goods)*. Darunter sind Güter zu verstehen, die die Konsumenten entweder nicht kennen oder an deren Erwerb sie in der Regel nicht denken (z. B. unbekannte neue Marken, Lebensversicherungen, Grabsteine).

Entsprechend der *Höhe des Involvements* der Konsumenten ergeben sich ebenfalls *verschiedene Typen* (vgl. hierzu Haedrich/Tomczak 1996, S. 18 ff. sowie Esch 2001a, S. 240 ff.). Bei Gebrauchsgütern (z. B. Videorecorder, Autos) sind die Konsumenten häufig kognitiv hoch involviert, da hierbei die Marken aus Konsumentensicht meist Unterschiede hinsichtlich ihrer funktionalen und technischen Ausstattung aufweisen und auch mit verhältnismäßig hohen Ausgaben verbunden sind. Darüber hinaus lässt sich bei einigen Konsumgütern, z. B. bei Kleidung oder CDs, oft ein hohes emotionales Involvement der Konsumenten feststellen. In diesem Fall ist es dem Konsumenten wichtig, bestimmte Marken zu erwerben, da sie zu seinem Selbstbild – die Summe seiner Einstellungen und Werte - passen oder da er nach außen ein bestimmtes Bild verkörpern möchte. Der Kauf von Marken ist in der Regel weniger ein Prozess mit intensiver Informationssuche und –bewertung, sondern eher ein sinnliches Erlebnis. Bei Konsumgütern des täglichen Bedarfs lässt sich dagegen feststellen, dass Kaufentscheidungen häufig durch ein geringes Involvement (sowohl kognitiv als auch emotional) der Konsumenten gekennzeichnet sind. Dies ist zum einen darauf zurückzuführen, dass der Einkauf zahlreicher Konsumgüter des täglichen Bedarfs für die Konsumenten mit relativ geringen Kosten und auch mit einem geringen wahrgenommenen Risiko verbunden ist. Zum anderen sind das Interesse an der betreffenden Produktkategorie (z. B. Butter, Putzmittel) und die Bedeutung vieler Konsumgüter für das Wertesystem der Konsumenten und das soziale Ansehen eher gering. Ein geringes Ausmaß an Involvement verbunden mit einem geringen Grad an Differenzierung - die jeweiligen Marken einer Kategorie sind in vielen Bereichen aus Sicht der Konsumenten weitgehend austauschbar - hat häufig eine geringe Markentreue zur Folge. Um zu verhin-

# 1 Strategische Markenführung bei Konsumgütern

dern, dass Konsumenten irgendeine beliebige Marke kaufen und zwischen verschiedenen Marken wechseln, streben viele Markenmanager an, das Involvement für ihre Marke zu erhöhen.

Diesen Anforderungen entsprechend wird häufig die *Strategie der Emotionalisierung* bzw. *erlebnisorientierten Markenführung* eingesetzt (vgl. hierzu Esch 2001a, S. 242 f.; Haedrich/Tomczak 1988; Kroeber-Riel/Weinberg 1999, S. 358). Wenn Konsumenten aufgrund ähnlicher Grundfunktionen und -leistungen alle Marken einer Kategorie als nahezu gleich wahrnehmen, sind sie kaum an sachlichen Produktinformationen interessiert. Sie suchen vielmehr Marken, die für bestimmte emotionale Werte stehen und sich durch ein einzigartiges Erlebnisprofil von den Wettbewerbern abheben. Im Bereich Kaffeemarken ist die Marke JACOBS KRÖNUNG ein gelungenes Beispiel für eine derartige Strategie. Das einzigartige Aroma und die hohe Qualität dieses Kaffees werden durch die konsequente Verwendung der edlen und dezenten Farbe dunkelgrün und durch die Darstellung von Kaffeetrinken in einem gehobenen Ambiente, z. B. bei festlichen familiären Anlässen, in eine erlebnisorientierte Positionierung übersetzt.

Falls die Konsumenten auch emotional nur sehr gering an eine Marke gebunden sind, lässt sich das Involvement auch durch eine erlebnisorientierte Markenführung kaum erhöhen. In diesem Fall ist eher die *Strategie der Aktualität* (vgl. hierzu Esch 2001a, S. 244) zu empfehlen, damit die betreffende Marke in den Köpfen der Konsumenten stets präsent bleibt und sie so eine Bindung zu dieser Marke aufbauen. Es gilt, den Konsumenten die Marke und ihre zentrale Botschaft immer wieder ins Gedächtnis zu rufen. Durch die Strategie der Aktualität sollen weder die konkreten sachlich-funktionalen Eigenschaften der Marke noch die spezifischen emotionalen Werte vermittelt werden, sondern die Marke an sich soll durch regelmäßige Wiederholung in den Köpfen der Konsumenten verankert bleiben. So werden beispielsweise die Marken COCA-COLA oder PERSIL immer wieder neu thematisiert und weisen daher sowohl eine konstant hohe allgemeine Markenbekanntheit als auch eine hohe Markenaktualität auf.

Darüber hinaus spielen die *Mehrmarken-* und *Dachmarkenstrategien* sowie der *Markentransfer* im Konsumgüterbereich eine wichtige Rolle. Diese Strategien wurden in den Abschnitten III.1 bzw. III.2 bereits eingehend erläutert, daher sei an dieser Stelle auf diese Ausführungen verwiesen.

Der *Handel* hat für den Erfolg von Marken im Konsumgüterbereich *eine entscheidende Funktion ("gatekeeper")* (vgl. Irrgang 1989, S. 3 f.). Wie bereits erwähnt, werden Konsumgüter in der Regel über Absatzmittler bezogen, und die Beziehungen zwischen den Konsumgüterherstellern und den Käufern sind weitgehend anonym. Kaufentscheidungen im Konsumgüterbereich werden häufig unmittelbar am POS gefällt. Somit gewinnen der Handel oder genauer gesagt die von den Konsumenten besuchten Einkaufsstätten für die Markenführung im Konsumgüterbereich an Bedeutung. Die Zusammenarbeit zwischen Konsumgüterherstellern und Handelsunternehmen bei der strategischen Markenführung erscheint daher notwendig. Derartige Kooperationen stoßen jedoch zunächst häufig auf Widerstände, da Hersteller und Handel grundsätzlich gegensätzliche Ziele verfolgen (vgl. hierzu Becker 1993, S. 525): Konsumgüterhersteller streben danach, ein starkes Image für ihre Marken zu schaffen und zu pflegen, innovative Produkte zu entwickeln und – entsprechend der hohen Qualität ihrer Marken - eher hohe Preise festzulegen. Hinsichtlich der Kommunikation ihrer Marken zielen sie darauf ab, bei den Konsumenten Präferenzen für die eigenen Marken aufzubauen und die Markentreue zu fördern sowie herstellerorientierte Verkaufsförderungsmaßnahmen durchzuführen und die eigenen Marken möglichst auf bevorzugten Regalflächen zu platzieren. Im Gegensatz dazu bestehen die Zielsetzungen von Handelsunternehmen darin, ein positives und einzigartiges Sortiments- und Ladenimage aufzubauen, die eigenen Handelsmarken zu fördern und generell eher niedrige bzw. aus Sicht der Konsumenten „günstige" Preise festzulegen. Hinsichtlich der Kommunikation streben Handelsunternehmen vorrangig danach, das eigene Unternehmen bzw. die Läden zu bewerben, bei den Konsumenten Präferenzen für die betreffende Einkaufsstätte zu schaffen und ihre Ladentreue zu fördern sowie handelsorientierte Verkaufsförderungsmaßnahmen durchzuführen und die verschiedenen Marken möglichst im Sinne eines breiten, attraktiven Sortiments zu platzieren.

Trotz diesen grundsätzlich konträren Zielsetzungen von Konsumgüterherstellern und Handelsunternehmen weisen zahlreiche Erkenntnisse aus Wissenschaft und Praxis darauf hin, dass *Kooperationen* für beide Parteien von Nutzen sein

1 Strategische Markenführung bei Konsumgütern                               215

können. Beispielsweise hat sich anhand empirischer Untersuchungen auf der Basis von Paneldaten gezeigt, dass zwischen der Marken- und der Einkaufsstättentreue von Konsumenten Zusammenhänge bestehen (vgl. hierzu Diller/Goerdt/Geis 1997 sowie Diller/Goerdt 2001). Es wurde ermittelt, dass die Bindung der Konsumenten sowohl an eine besonders präferierte Marke als auch an eine besonders präferierte Einkaufsstätte häufig sehr stark ist: In der genannten Untersuchung entfielen durchschnittlich über zwei Drittel der Käufe auf diese Marke bzw. Einkaufsstätte. Darüber hinaus wiesen markentreue Konsumenten häufig auch eine hohe Treue zu ihrer präferierten Einkaufsstätte auf und umgekehrt. Somit lässt sich folgern, dass einerseits Handelsunternehmen von der Markentreue der Konsumenten profitieren können, und dass andererseits die Einkaufsstättentreue der Konsumenten aus Sicht der Konsumgüterhersteller positive Wirkungen hat. Diese Ergebnisse verdeutlichen, dass durch Kooperationen zwischen Konsumgüterherstellern und Handelsunternehmen eines der wichtigsten Ziele beider Parteien – die Kundenbindung – besser erreicht werden kann. Welche Arten der Kooperation sich in diesem Zusammenhang anbieten und wie sie ausgestaltet werden können, wird an späterer Stelle in diesem Kapitel erörtert (vgl. Abschnitt V.4).

Grundsätzlich lassen sich die „klassischen" *Herstellermarken* von den *Handelsmarken* abgrenzen (vgl. hierzu Nieschlag et al. 1997, S. 245 sowie Sattler 2001, S. 40 f.). Als Herstellermarken werden Marken bezeichnet, bei denen „die Markierung vom Hersteller vorgenommen wird" (Sattler 2001, S. 40), während bei Handelsmarken die Markierung Aufgabe des Handels ist. Typischerweise weisen die Markenkonzepte von Handelsmarken große Ähnlichkeiten mit (führenden) Marken der jeweiligen Produktkategorie auf („me-too"-Marken) und werden zu deutlich günstigeren Preisen als die Herstellermarken angeboten. Im Gegensatz zur breiten Distribution und zum Streben nach Ubiquität von Herstellermarken ist die Distribution von Handelsmarken auf die Einkaufsstätten des jeweiligen Handelsunternehmens beschränkt. Es ist jedoch darauf hinzuweisen, dass Handelsunternehmen mehr und mehr darauf abzielen, ein starkes Image für ihre eigenen Marken aufzubauen und sich so aus Sicht der Konsumenten ähnlich wie die Herstellermarken zu profilieren. Somit ist eine klare Abgrenzung zwischen Hersteller- und Handelsmarken kaum mehr möglich, die Grenzen sind vielmehr fließend (vgl. Sattler 2001, S. 40). Auf die einzelnen

Typen von Handelsmarken wird an späterer Stelle in diesem Kapitel noch vertieft eingegangen (vgl. Abschnitt V.4).

## 2 Strategische Markenführung bei Investitionsgütern

Bei Investitionsgütern (vgl. zu den folgenden Ausführungen Kuß/Tomczak 2001, S. 189 f.) handelt es sich um „Leistungen, die von Organisationen (...) beschafft werden, um mit ihrem Einsatz (Ge- oder Verbrauch) weitere Güter für die Fremdbedarfsdeckung zu erstellen oder um sie unverändert an andere Organisationen weiterzuveräußern, die diese Leistungserstellung vornehmen" (Engelhardt/Günter 1981, S. 24). Diese Definition zeigt, dass nicht technische Eigenschaften das Differenzierungskriterium zur Identifikation von Investitionsgütern sind, sondern der Verwendungszweck der Zielgruppe (vgl. Backhaus 1992, S. 7 f.). Erwirbt beispielsweise ein Konsument einen Laptop zur privaten Nutzung, so kann dieser als Konsumgut bzw. Gebrauchsgut bezeichnet werden. Bezieht dagegen ein Unternehmen Laptops für seine Außendienstmitarbeiter, so stellen diese für das Unternehmen Investitionsgüter dar.

Die *Charakteristika von Investitionsgütermärkten* lassen sich wie folgt zusammenfassen (vgl. hierzu Haedrich/Tomczak 1996, S. 23 ff.; Kuß/Tomczak 2000, S. 225 ff.; Meffert 2000, S. 1204 ff.):

- *Derivative Nachfrage*: Die Nachfrager bzw. Kunden auf Investitionsgütermärkten sind Unternehmen, die wiederum ihren (End-)kunden spezifische Produkte bzw. Problemlösungen anbieten. Um diese zu erstellen, müssen sie zunächst die dazu erforderlichen Mittel, zu denen neben Rohstoffen, Halbfabrikaten etc. auch die Investitionsgüter zählen, beschaffen. Somit leitet sich die Nachfrage nach Investitionsgütern aus der Nachfrage nach den von dem Unternehmen angebotenen Leistungen ab. Im Vergleich zu Konsumgütern werden Investitionsgüter eher unregelmäßig und in grösseren zeitlichen Abständen gekauft. Dies lässt sich auf die abgeleitete Nachfrage, aber auch auf die meist erheblichen Kosten zurückführen.

## 2 Strategische Markenführung bei Investitionsgütern

- *Relativ kleine Anzahl potentieller Nachfrager*: Die Angebote auf Investitionsgütermärkten richten sich an Unternehmen, die diese zur Erstellung von Leistungen für ihre (End-) kunden nutzen. Die Anzahl potentieller Nachfrager ist also wesentlich geringer als die Anzahl der Konsumenten in den nachgelagerten Märkten.

- *Direkte Marktkontakte:* Investitionsgüter stellen Problemlösungen dar, die häufig auf die spezifischen Bedürfnisse einzelner Nachfrager zugeschnitten sind. Zudem ist die Anzahl potentieller Kunden auf Investitionsgütermärkten geringer als auf Konsumgütermärkten. Dementsprechend sind die Beziehungen zwischen Investitionsgüterherstellern und ihren Kunden direkter und weniger anonym.

- *Strukturierter und längerer Kaufentscheidungsprozess*: In vielen Fällen sind Investitionsgüter von strategischer Bedeutung für den Leistungserstellungsprozess eines Unternehmens und zudem mit erheblichen Anschaffungs- und Unterhaltskosten für das Unternehmen verbunden. Daher geht der Entscheidung für die Anschaffung eines Investitionsguts meist ein längerer, strukturierter Kaufentscheidungsprozess voraus, an dem eine aus mehreren Personen bzw. Fachleuten bestehende Gruppe beteiligt ist.

- *Buying Center*: Aufgrund der hohen Komplexität wird die Entscheidung über den Erwerb eines Investitionsguts fast immer von mehreren Personen beeinflusst und mitgetragen. Innerhalb dieses auch als Buying Center bezeichneten Entscheidungsgremiums sind Fachleute unterschiedlicher Unternehmensbereiche vertreten. Entsprechend nehmen die einzelnen Mitglieder des Buying Centers unterschiedliche Funktionen wahr.

- *Dauerhafte Geschäftsbeziehungen:* Das Verhältnis zwischen Investitionsgüteranbietern und –nachfragern ist weniger anonym als auf Konsumgütermärkten. Aufgrund des längeren Kaufentscheidungsprozesses, der häufig höheren Komplexität und Erklärungsbedürftigkeit der Produkte und der direkteren Marktbeziehungen bietet sich eine Vielzahl von Kontaktpunkten. Zudem handelt es sich bei Investitionsgütern in vielen Fällen um kundenspezifische Problemlösungen. Aus diesen Gründen können Geschäftsbeziehungen auf Investitionsgütermärkten als über einen längeren Zeitraum gewachsen und auf Dauer angelegt charakterisiert werden.

Wie bereits dargestellt, handelt es sich bei Investitionsgütern meist um Problemlösungen, die auf die spezifischen Bedürfnisse des jeweiligen Kunden abgestimmt sind. Entsprechend ergeben sich auch für das Marketing und die Markenführung spezifische Anforderungen. Anhand der zentralen Dimensionen Kaufverbund und Transaktionsform lassen sich jedoch vier typische Fälle des Investitionsgütermarketing – vier *Geschäftstypen* – herausbilden (vgl. hierzu Backhaus 1999, S. 281 ff.). Ein Kaufverbund bezeichnet eine Serie mehrerer zusammenhängender Käufe. Dieser kann daraus resultieren, dass mehrere Transaktionen innerhalb eines bestimmten Zeitraums getätigt werden oder daraus, dass zwischen mehreren Transaktionen eine technologische Verknüpfung besteht. Den Gegensatz dazu stellen Einzeltransaktionen dar. Die Transaktionsform gibt an, ob der Anbieter von Investitionsgütern eher standardisierte Lösungen für den anonymen Markt oder eher spezifische Lösungen für individuelle Kunden erstellt. Abbildung V.2.1 stellt die vier Ausprägungen des Geschäftstypen-Ansatzes nach Backhaus schematisch dar. Produkte des *OEM-Geschäfts* (Original-Equipment-Manufacturer) werden in der Regel in grösserer Stückzahl produziert, jedoch speziell für einen individuellen Kunden konzipiert. Daher umfassen OEM-Geschäfte mehrere Transaktionen und führen zu einer längerfristigen Geschäftsbeziehung. Als Beispiel hierfür lässt sich die Erstellung von Spezialkomponenten in der Automobilindustrie anführen. Das *Anlagengeschäft* richtet sich ebenfalls an individuelle Kunden. Da es sich dabei um hochkomplexe, in sich geschlossene Leistungen handelt, besteht meist kein Kaufverbund aus mehreren Transaktionen. Der Bau eines Elektrizitätswerks oder einer Raffinerie sind Beispiele für Anlagengeschäfte. Das *Produktgeschäft* ist in mehrfacher Hinsicht mit den Bedingungen auf Konsumgütermärkten vergleichbar. Die angebotenen Leistungen werden in der Regel in einer einmaligen Transaktion – ohne Kaufverbund – erworben. Dabei handelt es sich um weitgehend standardisierte Leistungen für einen anonymen Markt. Als Beispiele gelten etwa Kopierer oder LKW. Im Gegensatz dazu ist beim *Systemgeschäft* ein Kaufverbund - bestehend aus mehreren, aufgrund technologischer Bedingungen zusammenhängender Transaktionen – typisch.

## 2 Strategische Markenführung bei Investitionsgütern

Die angebotenen Leistungen richten sich zwar an einen anonymen Markt, die Kunden erwerben diese jedoch meist nicht als Komplettlösungen, sondern nacheinander als Komponenten. SAP und weitere Softwaresysteme wie etwa das CAD (Computer Aided Design) sind Beispiele für Systemgeschäfte.

Abbildung V.2.1 Schematische Darstellung des Geschäftstypen-Ansatzes

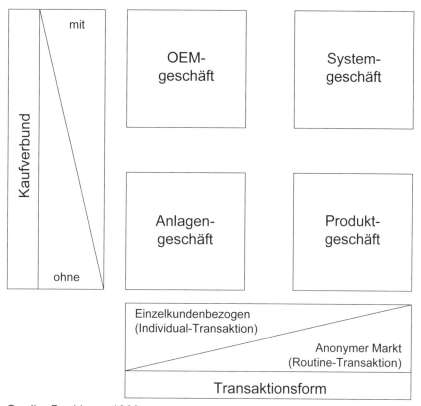

Quelle: Backhaus 1999

Häufig wird irrtümlicherweise angenommen, dass die strategische Markenführung im Investitionsgüterbereich weniger relevant sei als im Konsumgüterbereich. Ein mögliches Missverständnis besteht beispielsweise darin, dass Marken nur als wichtig erachtet werden, wenn Kaufentscheidungen wenig rational bzw. eher emotional getroffen werden, wie z. B. bei Kleidung oder Gütern des täglichen Bedarfs. Darüber hinaus geht man oft fälschlicherweise von der Annahme aus, dass sich besonders anspruchsvolle und erfahrene Kunden von Marken nicht beeinflussen lassen und dass ihre Kaufentscheidungen ausschliesslich auf Vergleichsstudien und objektiven Leistungsmerkmalen basieren. Viele Investitionsgütermärkte sind jedoch – ebenso wie viele Konsumgütermärkte – durch starken Wettbewerbsdruck, eine zunehmende Austauschbarkeit der Produkte aufgrund vergleichbarer, ausgereifter Qualität sowie eine hohe Marktsättigung bzw. einen Verdrängungswettbewerb gekennzeichnet. Dies hat zur Folge, dass bei Kaufentscheidungen nicht mehr ausschließlich rationale Kriterien eine Rolle spielen, sondern emotionale Aspekte zunehmend an Bedeutung gewinnen (vgl. Kroeber-Riel/Weinberg 1999, S. 358). Hierzu zählen beispielsweise die Persönlichkeit des Verkäufers bzw. Key Account Managers, die Glaubwürdigkeit und das Vertrauen in das Unternehmen und die angebotenen Leistungen sowie das Image. Diese Entwicklungen lassen erkennen, dass Marken auch im Investitionsgüterbereich von hoher Relevanz sind.

Mit dem Aufbau einer Marke im Investitionsgüterbereich verfolgen Unternehmen insbesondere *zwei Zielsetzungen*: Zum einen soll die Marke die Kompetenzen des Unternehmens zur Lösung von spezifischen Kundenproblemen hervorheben und kommunizieren, zum anderen dient die Marke dazu, bei den (potentiellen) Kunden Vertrauen in die Leistungen des Unternehmens aufzubauen und zu festigen (vgl. hierzu Belz/Kopp 1994, S. 1586 ff.). Zur Erreichung dieser Ziele ist es zunächst notwendig, klar zu definieren, welcher Nutzen für den Kunden erbracht wird und diesen gut verständlich und ansprechend zu kommunizieren. Hierbei gilt es, anstatt der Unternehmensperspektive (Welche technischen Merkmale haben unsere Produkte? Wie viele verschiedene Dienstleistungen bieten wir an? etc.) die Kundenperspektive zugrundezulegen (Für welche Werte und Kernkompetenzen steht die Marke? Welche Probleme kann ich mit dieser Marke lösen? etc.). Selbstverständlich sollte die Marke Qualität verkörpern und zu einem dauerhaften Nutzengewinn für den Kunden führen. Der Kunde erwirbt mit dem Kauf einer Investitionsgütermarke das Versprechen, Leistungen für seine (End-)kunden in der gewünschten Qualität und Zeit erbringen zu können. Eine Marke im Investitionsgüterbereich stellt somit ein Leistungsversprechen dar, welches später auch eingelöst werden muss. Der Aufbau von Vertrauen gilt in allen Bereichen der strategischen Markenführung als zentrale Aufgabe. Im Investitionsgüterbereich spielen Vertrauen und Glaubwürdigkeit jedoch eine besonders wichtige Rolle. Bei Investitionsgütern handelt es sich in der Regel um hoch komplexe, stark erklärungsbedürftige Leistungen. Dies hat zur Folge, dass die Kunden diese vor dem Kauf nicht oder nur zu einem gewissen Grad beurteilen können. Um eine Kaufentscheidung zu treffen, können sie sich also nur beschränkt an rationalen Kriterien orientieren, sondern müssen auch emotionale Aspekte wie Image, Vertrauen und Glaubwürdigkeit heranziehen (vgl. Meffert 2000, S. 1220). Diese Aspekte sind auch deswegen besonders wichtig, weil der Kunde am Leistungserstellungsprozess häufig beteiligt ist, z. B. bei der Konzeption und Realisierung individueller Lösungen im Anlagengeschäft oder bei investiven Dienstleistungen. Zudem ist die Geschäftsbeziehung zwischen Anbieter und Kunden oft von längerer Dauer und umfasst mehrere Transaktionen. Aus diesen Gründen kommt der Aufgabe von Marken, Vertrauen und Glaubwürdigkeit zu schaffen, im Investitionsgüterbereich eine besondere Bedeutung zu.

Bei der *strategischen Markenführung* im Investitionsgüterbereich handelt es sich meist um das Management von Firmenmarken (vgl. Meffert 2000, S. 1220). Beispiele hierfür sind SCHOTT (Gebrauchs- und Spezialglas), ABB (Anlagenanbieter) oder THYSSEN (Stahlbau). Die Firmenmarke gilt als „Ausdruck für die komplexen und integrierten Vorstellungen oder Images des Kunden von einem Anbieter" (Belz/Kopp 1994, S. 1593). Entsprechend ist es Aufgabe der strategischen Markenführung, Symbole und Markennamen so zu wählen, dass sie die Kompetenzen und die Vertrauenswürdigkeit des gesamten Unternehmens verkörpern. Beispielsweise setzt HILTI - die Marke steht für kompetente, innovative Lösungen für den Profi am Bau - das Symbol des roten HILTI-Koffers ein. Daneben hat im Investitionsgüterbereich in den letzten Jahren die Markenführung bei Zulieferunternehmen an Bedeutung gewonnen. Wie z. B. das Beispiel des Prozessorenherstellers INTEL zeigt, ist es Ziel der Lieferanten, ihre Innovationen und damit ihre spezifischen Kompetenzen durch den Aufbau einer starken Marke bekannt zu machen. So streben die Zulieferer an, ihre Position gegenüber den Herstellern zu stärken (vgl. Esch/Wicke 2001, S. 54; s. auch Abschnitt III.5). Bei Produktmarken lässt sich beobachten, dass häufig für die Kunden unverständliche und wenig ansprechende technologische Markennamen gewählt werden, z. B. Buchstaben-/Zahlenkombinationen. Dies hat zur Folge, dass Marken für Produkte im Investitionsgüterbereich in vielen Fällen nur einen geringen Bekanntheitsgrad und kaum ein eigenständiges Image erreichen. Daher ist zu empfehlen, Markennamen für Produkte prägnanter und kundenfreundlicher zu gestalten, um die Potenziale der Marke zur Kommunikation der Kompetenzen des Unternehmens stärker zu nutzen (vgl. Belz/Kopp, 1994 S. 1596).

Wie bereits dargestellt wurde, sind Investitionsgüter i.d.R. hoch komplex, stellen in vielen Fällen auf die spezifischen Anforderungen der Kunden zugeschnittene Problemlösungen dar und haben entsprechend eine intensive Zusammenarbeit zwischen Herstellern und Kunden zur Folge. Zudem wurde dargelegt, dass der Aufbau von Vertrauen eine zentrale Anforderung an eine erfolgreiche Marke ist. Aus diesen Gründen ist die persönliche Kommunikation im Rahmen der strategischen Markenführung von hoher Relevanz (vgl. Meffert 2000, S. 1225), während klassische, für die breite Masse konzipierte Medienwerbung kaum eingesetzt wird (vgl. Belz/Kopp 1994, S. 1600). Neben dem Key Account bzw. Beziehungsmanagement (vgl. Belz/Kopp 1994, S. 1599) stehen im Investitionsgüterbereich Instrumente wie z. B. Messen, gezielte Kampagnen in Fachzeitschriften, Schaffung kundengerechter Websites etc. im Vordergrund.

## 3 Strategische Markenführung bei Dienstleistungen[11]

Wie bereits dargestellt wurde, sind Marken mehr als ein Erkennungszeichen für den Kunden. Sie bündeln die Eigenschaften eines Angebotes und profilieren Leistungen über Assoziationen in den „Köpfen der Kunden" (Esch 1998, S. 106). Während Anbieter in Konsum- und Gebrauchsgütermärkten sich des Erfolgsbeitrages, den ein wirkungsvolles Markenmanagement leistet, schon

---

[11] Der folgende Abschnitt entspricht in weiten Teilen den Darstellungen bei Tomczak/Brockdorff 2000.

## 3 Strategische Markenführung bei Dienstleistungen

immer bewusst waren, finden sich im Dienstleistungsbereich noch immer relativ wenige profilierte Marken (vgl. Richter/Werner 1998, S. 29 ff.). Dies verwundert grundsätzlich. Denn gerade für den Markterfolg von Dienstleistungsanbietern sind psychologische Grössen wie Vertrauen, Kompetenz und Sympathie von entscheidender Bedeutung. Dienstleistungen stellen heutzutage die dominierende Güterart dar (vgl. Stauss 1998, S. 10). In modernen Industriegesellschaften sind Dienstleistungen inzwischen eine der treibenden Wachstumskräfte. Nicht nur, dass der Anteil des tertiären Sektors ständig wächst, auch die Industrie geht immer mehr dazu über, Sachleistungen über zusätzliche Dienstleistungen zu Leistungssystemen auszubauen (vgl. Belz et al. 1997, S. 16-18; Oelsnitz 1997, S. 68). Auch hier ist es notwendig, sich nachhaltig abzugrenzen und den Vorteil einer umfassenden Problemlösung für die Kunden zu kommunizieren. Die besonderen Eigenarten von Dienstleistungen wie Immaterialität, Integration des Kunden in den Leistungserstellungsprozess und ein in der Regel hoher Anteil an „credence qualities" (Zeithaml 1981) stellen neben der ständig wachsenden Menge und der in der Regel hohen Komplexität von Dienstleistungsangeboten spezifische Anforderungen an die Kommunikation im Dienstleistungsbereich.

Um das eigene Angebot gegenüber der Vielfalt von Konkurrenzangeboten abgrenzen zu können sowie den Nutzen von häufig komplexen Leistungen zu erklären, ist heutzutage noch mehr als früher eine Professionalisierung der Markenführung im Dienstleistungsbereich gefordert. Profilierte Dienstleistungsmarken wie beispielsweise DISNEY, AMERICAN EXPRESS, STEIGENBERGER, SIXT und LUFTHANSA belegen die Möglichkeiten und Chancen eines kompetenten Markenmanagements im Dienstleistungsbereich. Wie im Folgenden noch dargestellt wird, lassen sich wesentliche Erkenntnisse zur Markenführung von Konsumgütern auf Dienstleistungsmarken übertragen. Zwei wichtige und für die Markenführung im Dienstleistungsbereich herausfordernde Unterschiede sind allerdings zu diagnostizieren. Zum einen erschwert die Intangibilität einer Dienstleistung die Markenvisualisierung und damit grundsätzlich den Aufbau von vitalen und spezifischen Markenbildern. Zum anderen steht eine Marke für ein konstantes Qualitätsniveau, welches bei Dienstleistungen jedoch aufgrund ihres Prozesscharakters und der vielfältigen persönlichen Interaktionen von Mitarbeitern und Kunden schwerer als bei Konsumgütern zu gewährleisten ist.

Bisher liegt keine einheitliche Definition des Begriffes „Dienstleistung" vor (vgl. Stauss 1998, S. 11 f.). Es herrscht jedoch weitgehend Einigkeit darüber, dass sich Dienstleistungen durch einen hohen Grad an intangiblen (bzw. immateriellen) und integrativen Bestandteilen auszeichnen. Die folgenden Aspekte verdeutlichen die *Besonderheiten von Dienstleistungen*:

- Unter *Intangibilität* bzw. *Immaterialität* ist in erster Linie die mangelnde physische Greifbarkeit zu verstehen, aus der wiederum eine erschwerte kognitive Erfassbarkeit der Leistung resultiert (vgl. Berry 1980, S. 25). Integrativität bedeutet, dass der Kunde seine Person, ein anderes Lebewesen, ein materielles oder ein Nominalgut oder zumindest bestimmte Informationen in den Leistungserstellungsprozess einbringen muss, damit die Dienstleistung erbracht werden kann (vgl. Stauss 1994, S. 11; Homburg/Fassnacht 1998, S. 535). Daraus resultiert eine intensive Interaktion zwischen Anbieter und Nachfrager.

- Dienstleistungen zeichnen sich durch ihren *Prozesscharakter* aus. Die Qualitätswahrnehmung des Kunden wird neben dem eigentlichen Leistungsergebnis in hohem Masse von den Ereignissen während des Leistungserstellungsprozesses beeinflusst. In diesen gehen nicht nur die internen Produktionsfaktoren des Anbieters, sondern auch der Kunde selbst bzw. dessen Güter / Informationen als so genannte externe Faktoren ein. Das Leistungspotenzial besteht also aus internen und externen Produktionsfaktoren.

- Im Rahmen des *Leistungserstellungsprozesses* ist der Kunde mehr oder weniger an der Erstellung der Leistung beteiligt. Somit unterliegen die Kontrolle und damit die Qualität der Leistung nicht mehr allein dem Anbieter (vgl. Stauss 1994, S. 11). Ferner bedarf es für das Zustandekommen des Leistungserstellungsprozesses der räumlichen und zeitlichen Übereinkunft zwischen Anbieter und Nachfrager.

- Eine Besonderheit von Dienstleistungen in bezug auf das *Leistungsergebnis* ist, dass dieses mehr oder weniger *immateriell* ist. Zudem ist es möglich, dass Leistungserstellungsprozess und Leistungsergebnis zusammenfallen, wie es beispielsweise bei einem Konzertbesuch der Fall ist.

## 3 Strategische Markenführung bei Dienstleistungen

- Dienstleistungen weisen zwei weitere Besonderheiten auf. Zum Zeitpunkt des Kaufs existiert lediglich ein *Leistungsversprechen* (vgl. Meyer/Tostmann 1995, S. 10). Die Qualität der Leistung ist für den Kunden vor dem Kauf daher nicht bzw. nur schwer einschätzbar. In diesem Fall wird von Erfahrungsgütern oder – wenn die Qualität für den Kunden auch nach dem Kauf nicht erkennbar wird – von *Vertrauensgütern* gesprochen (vgl. Stauss 1998, S. 14). Während auf der einen Seite die Dienstleistung im Gegensatz zu vielen Sachgütern – die in der Regel zumindest einen gewissen Anteil von so genannten Sucheigenschaften besitzen – nur sehr schlecht bzw. überhaupt nicht für sich selbst „sprechen" kann (vgl. Stauss 1994, S. 11), herrscht auf der anderen Seite ein hoher Informationsbedarf bei den potentiellen Kunden. Erschwerend kommt hinzu, dass Dienstleistungen häufig *nicht oder nur begrenzt umgetauscht oder rückgängig gemacht werden können* (vgl. Meyer/ Tostmann 1995, S. 12). Diese Eigenschaften von Dienstleistungen führen zu einem aus Kundensicht wesentlich höheren Kaufrisiko, das der Kunde durch so genannte Surrogat-, also Ersatzinformationen, zu kompensieren sucht (vgl. Stauss 1998, S. 14).

- Dienstleistungen erweisen sich vielfach als *leicht imitierbar*. Die Leistungen verschiedener Anbieter ähneln sich häufig in hohem Masse oder können zumindest aus Sicht des Kunden kaum unterschieden werden (vgl. Esch 1998, S. 104). Ein entsprechender Schutz der Dienstleistungen durch ein Patent ist jedoch aufgrund der Immaterialität nicht oder nur äusserst begrenzt möglich (vgl. Stauss 1998, S. 15).

Vor dem Hintergrund dieser Eigenarten von Dienstleistungen bedarf es bestimmter Instrumente und Maßnahmen, die einem Kunden auf der einen Seite Sicherheit und Vertrauen in die Leistung vermitteln und auf der anderen Seite eine Differenzierung des eigenen Angebotes gegenüber dem Wettbewerb ermöglichen. Zur Bewältigung dieser Problemstellungen kann die Marke aufgrund ihrer zuvor beschriebenen Eigenschaften einen massgeblichen Beitrag leisten (Abbildung V.3.1).

Abbildung V.3.1 Anforderungen an Dienstleistungen

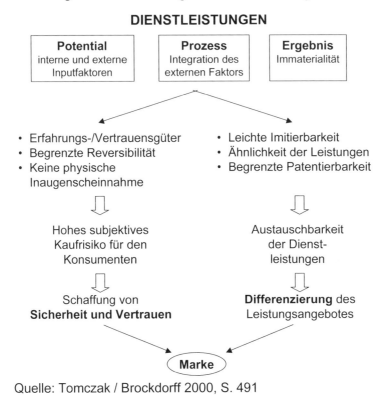

Quelle: Tomczak / Brockdorff 2000, S. 491

Grundsätzlich können Dienstleistungsmarken als „Marken für Güter, die durch ein hohes Maß an Intangibilität und die Notwendigkeit der Integration eines externen Faktors (Kundenbeteiligung) charakterisiert sind" (Stauss 1998, S. 12) bezeichnet werden. Aufgrund der Unterschiede und Eigenarten von Dienstleistungen im Vergleich zu Konsumgütern gewinnt die Funktion der Marke erheblich an Bedeutung. Die Marke kann einen Beitrag zur Lösung spezifischer Probleme des *Dienstleistungsmarketing* leisten:

– Als ein zentrales Problem von Dienstleistungen wurde das erhöhte Kaufrisiko des Kunden hervorgehoben. Ein prioritäres Ziel jedes Dienstleistungsanbieters muss es daher sein, Mittel und Wege zu finden, um dem potentiellen Kunden Sicherheit und Vertrauen in Anbieter und Leistung zu vermitteln. Während sich der Kunde bei einer Sachleistung durch physische Inaugenscheinnahme zumindest in einem gewissen Ausmaß über die Qualität ihrer materiellen Bestandteile informieren kann, bedarf es bei der Darstellung der immateriellen Komponenten einer Leistung anderer Instrumente. Diese können mit Hilfe der Marke transportiert werden. Bei Dienstleistungen überwiegen die immateriellen Bestandteile der Leistung. Der Kunde kann also Informationen über Art und Inhalt der Leistung aufgrund ihrer Immaterialität nicht der Leistung selbst entnehmen. Zudem ist der Nutzen bei Dienstleistungen meist abstrakt und für den Kunden nicht direkt erkennbar (vgl. Stauss 1998, S. 17). Es bedarf daher geeigneter Substitute, die die Dienstleistung zu erfassen und zu umschreiben vermögen und die deren Nutzen darstellbar machen. Kotler/Bliemel (1999, S. 723) sprechen von „materielle(n) Ausdrucksformen" „für die immaterielle Leistung". An dieser Stelle ist es die Aufgabe der Marke, ein bestimmtes Leistungsversprechen zu symbolisieren. Die Marke DEUTSCHE BANK 24 sollte beispielsweise für die schnelle Abwicklung der Geschäfte rund um die Uhr mit einer eher begrenzten Beratung stehen.

– Neben der Kommunikation von Leistungsinhalt und –nutzen steht die Marke zudem für ein bestimmtes Qualitätsniveau der Leistung. Bei Erfahrungs- und Vertrauensgütern, wie Dienstleistungen es sind, liefert die Marke für den potentiellen Kunden eine wichtige Surrogatinformation, die die Unsicherheit reduziert. Die Marke vermittelt jedoch nicht nur ein konstantes Qualitätsniveau; sie trägt ferner auch dazu bei, dass dieses erreicht wird. Wie oben dargelegt, sind Dienstleistungen dadurch gekennzeichnet, dass der Kunde in den Leistungserstellungsprozess integriert wird. Demzufolge ist das Leistungsergebnis sowie dessen Qualität in hohem Masse von der Integrationsfähigkeit und –bereitschaft des Kunden abhängig. Diese werden dann gering sein, wenn der Kunde eine zu hohe Unsicherheit bezüglich der Qualität des zu erwartenden Ergebnisses empfindet, da er in Form des Sich-Einbringens bereits in das Ergebnis investiert und damit das Risiko eingeht, für seinen Input nicht einen entsprechenden Output zu erhalten. Auch dieses Risiko kann durch die Qualitätsgarantie der Marke verringert werden. Eine gleich bleibende Leistung auf einem konstanten Qualitätsniveau, die den Bedürfnissen des Konsumenten entspricht, kann darüber hinaus wesentlich zur Kundenbindung beitragen. Dies hat zur Folge, dass durch die Wiederholung des Leistungserstellungsprozesses Lerneffekte eintreten, die sich kostensenkend auswirken (vgl. Meffert 1994, S. 526).

- Als weitere wesentliche Herausforderung für den Anbieter von Dienstleistungen wurde die Schaffung einer eindeutigen Differenzierung der Leistung gegenüber dem Wettbewerb genannt. Wenn sich Leistungen in ihrem Grundnutzen so sehr ähneln, dass sie für den Konsumenten austauschbar werden, so muss die Differenzierung des Angebotes über den Zusatznutzen erfolgen. Dieser Zusatznutzen muss jedoch kommuniziert werden. Hier spielt die Marke eine zentrale Rolle. Sie bietet in Form der Markierung den Anker, an dem bestimmte Assoziationen, Botschaften und Werte – die den über den Grundnutzen hinausgehenden emotionalen Zusatznutzen kommunizieren – festgemacht und dargestellt werden können.

- Im Zusammenhang mit der Differenzierungsproblematik kommt der Marke zudem eine Schutzfunktion zu. Zum einen können Marken patentiert und somit vor Imitation geschützt werden. Zum anderen – und diese Schutzfunktion ist als wesentlich wirksamer einzustufen – steht hinter einer Marke ein Markenbild mit einer eigenen Geschichte. Um solch eine Marke zu kopieren, bedarf es eines langfristigen und konsequenten Aufbaus. Nicht nur die damit verbundenen hohen Investitionen, sondern insbesondere die lange Dauer machen daher eine Imitation durch die Konkurrenz auf kurze Sicht unwahrscheinlich.

Ausgehend von diesen Erläuterungen kann der in Abbildung V.3.1 dargestellte Bezugsrahmen nun erweitert werden (Abbildung V.3.2).

3 Strategische Markenführung bei Dienstleistungen

**Abbildung V.3.2 Die Marke als Instrument zur Lösung dienstleistungsspezifischer Probleme**

| Hohes subjektives Kaufrisiko für den Konsumenten | Austauschbarkeit der Dienstleistungen |
|---|---|
| ⇩ | ⇩ |
| Schaffung von **Sicherheit und Vertrauen** | **Differenzierung** des Leistungsangebotes |
| ⇩ | ⇩ |
|  Marke |  Marke |
| ⇩ | ⇩ |
|  • Materielle Ausdrucksform von Art, Inhalt und Nutzen der Leistung<br>• Surrogatinformation für ein bestimmtes Qualitätsniveau |  • Anker zur Kommunikation eines Zusatznutzens<br>• Schutzfunktion durch langfristigen Aufbau |

Quelle: Tomczak/Brockdorff 2000, S. 493

Aufgrund der steigenden Bedeutung der Marke für Dienstleistungen gewinnt auch das *Management von Dienstleistungsmarken* erheblich an Bedeutung. In der Regel können dabei die wesentlichen Erkenntnisse aus dem Markenmanagement von Konsumgütern auf Dienstleistungen übertragen werden, da sich die zentralen Aufgaben des Markenmanagements gutspezifisch nicht unterscheiden. So treten für Konsumgüter typische Problemstellungen wie Namensfindung, Positionierung, Transfer, Wertbestimmung etc. ebenso bei Dienstleistungen auf. Weiterhin sind heutzutage viele Konsumgüter durch immaterielle Bestandteile gekennzeichnet, so dass sich bestimmte Fragestellungen ähneln (vgl. Stauss 1998, S. 21). Dennoch führen die Besonderheiten von Dienstleistungen zu zwei wesentlichen Herausforderungen für das Management von Dienstleistungsmarken - die Visualisierung der Markierung bei einem immateriellen Angebot und die Integration der im Kundenkontakt stehenden Mitarbeiter in die Markenführung. Auf diese Aspekte soll im Folgenden vertieft eingegangen werden.

Ansehen und Vertrauen sind – wie oben ausgeführt – für Dienstleistungen von besonderer Bedeutung. Um sich gegenüber dem Wettbewerb abzugrenzen, ist jedoch ein eindeutiges Leistungsprofil unerlässlich. Erst wenn Marken in der Lage sind, „(...) sich eine attraktive, unverwechselbare ‚Position in den Köpfen' der potentiellen Kunden (...)" (Becker 1996, S. 13) zu verschaffen, verfügen sie auch über einen hohen Markenwert (vgl. Esch 1998, S. 106 ff.). Empirische Ergebnisse[12] belegen, dass Dienstleistungsmarken im Vergleich zu Konsumgütermarken gerade diesbezüglich Schwächen aufweisen. Die stärkeren Dienstleistungsmarken verfügen zwar über einen gewissen „Markenstatus", d.h. über Ansehen und Vertrauen, ihnen mangelt es aber an „Vitalität", d.h. an Differenzierungsvermögen gegenüber dem Wettbewerb und an Relevanz für den Kunden (vgl. Richter/Werner 1998). Viele Dienstleister sehen sich demnach vor die Aufgabe gestellt, für ihr Angebot über Vertrauen und Ansehen hinaus ein „vitales", d.h. profiliertes Markenbild aufzubauen. Eine der zentralen Herausforderungen bei der Entwicklung eines „vitalen" Markenbildes besteht für Dienstleister darin, dass die Visualisierung der Markierung aufgrund der Immaterialität nicht auf einem physischen Produkt erfolgen kann. Dies mag auf den ersten Blick eher als operatives und rein kommunikationstechnisches Problem erscheinen. Macht man sich jedoch die kommunikationspsychologische Bedeutung der Markierung als visuelle Ausdrucksform, also als Kommunikationsmedium der gesamten Marke mit allen dahinter stehenden Attributen bewusst, so wird die Relevanz dieser Problematik deutlich.

Wenn es schwer fällt, die Marke direkt mit der Leistung in Verbindung zu bringen, ergeben sich spezifische Probleme bei der Kreation prägnanter Markenbilder. Für die Schaffung derartiger Markenbilder ist die Klarheit und Lebendigkeit, mit der der Kunde die Eigenschaften und den Nutzen einer Leistung mit der

---

[12] Diese Ergebnisse entstammen der Studie „Brand Asset™ Valuator" der Agentur Young & Rubicam Inc., bei der seit 1993 über 50000 Verbraucher in 24 Ländern zu mehr als 12000 Marken befragt wurden und werden.

## 3 Strategische Markenführung bei Dienstleistungen

Marke in Verbindung bringt, ausschlaggebend (vgl. Esch 1993, S. 62). Je immaterieller die Leistung ist, desto schwieriger ist dieser Lernprozess für den Kunden. Während der Kunde beispielsweise bei Konsumgütern die Marke mit einem konkreten Produkt in Verbindung bringen kann, müssen bei Dienstleistungen entsprechende Surrogate für die physische Leistung eingesetzt werden. Mit zunehmender Immaterialität der Leistung gestaltet sich die Suche nach geeigneten Surrogaten für den Anbieter jedoch immer schwieriger. So wird beispielsweise die Marke PORSCHE sofort mit dem Auto in Verbindung gebracht. Unter der Marke BOSS kann sich der Konsument problemlos die entsprechende Kollektion vorstellen. LUFTHANSA als ein Dienstleister, dessen Angebot einen relativ hohen Anteil an materiellen Bestandteilen aufweist, setzt seine Flugzeuge als Visualisierungsobjekte für die Marke ein. Dienstleister, die hochgradig immaterielle Leistungen anbieten, wie beispielsweise Finanz- und Versicherungsleistungen, haben hingegen nicht die Möglichkeit, ihre Marke direkt anhand der Leistung zu visualisieren. Ersatz-Kontaktobjekte und –subjekte müssen eingesetzt werden. Interne Kontaktpunkte sind zum Beispiel die Verkaufsraumgestaltung (Objekt) oder einheitliche Kleidung der Mitarbeiter (Subjekte). Externe Kontaktträger können unter anderem das Schild am Kleid nach einer Textilreinigung (Objekt) oder Textil-Merchandising-Artikel (Subjekt) sein (vgl. Stauss 1998, S. 15 f.). Die Aufzählung dieser Ersatz-Kontaktobjekte veranschaulicht die angesprochene Problematik. Auf diesem Wege fällt es eher schwer, eindeutige Beziehungen zwischen derartigen Visualisierungen der Marke und der eigentlichen Leistung herzustellen. Der Aufbau von prägnanten Markenbildern im Dienstleistungsbereich ist somit noch mehr als bei „klassischen" Markenartiklern von einer konsequenten integrierten Kommunikation abhängig (vgl. Esch 1998, S. 105).

Ein zentrales Merkmal von Marken – das, wie zuvor erläutert, zur Vermittlung von Vertrauen und Sicherheit von wesentlicher Bedeutung ist – ist die Gewährleistung einer gleichbleibenden Qualität. Diese Konstanz ist bei Dienstleistungen jedoch wesentlich schwerer zu realisieren als bei Konsumgütern: Zum einen spielen Mitarbeiter eine zentrale Rolle bei der Leistungserstellung und sind damit massgeblich für die Qualität verantwortlich. Zum anderen muss der Kunde in den Leistungserstellungsprozess mit einbezogen werden, so dass das Leistungsergebnis stark von dessen Integrationsbereitschaft und –fähigkeit abhängt und sich somit teilweise der Kontrolle des Anbieters entzieht. Je stärker die Dienstleistung von Personen abhängig ist, desto schwerer ist es, ein gleichbleibendes Qualitätsniveau zu garantieren (vgl. Meffert/Bruhn 1995, S. 279; Oelsnitz 1997, S. 69). Anbieter von Dienstleistungen versuchen daher, Leistungen so weit wie möglich zu standardisieren, beispielsweise durch vorgegebene konforme Prozesse, Programme, Verhaltensweisen etc.. Beispiele aus dem Dienstleistungsbereich sind unter anderem Restaurant- oder Hotelketten, wie MCDONALD'S oder HOLIDAY INN. Eine gleich bleibende Qualität zu gewährleisten ist jedoch Aufgabe des Qualitätsmanagements. Die Marke repräsentiert dieses Qualitätsversprechen lediglich nach aussen. Marke und Qualitätsmanagement stehen in einer engen Wechselbeziehung: Die Marke ist für den Kunden nur so lange glaubhaft und vertrauenswürdig, wie die Leistung auch tatsächlich das hält, was via Marke signalisiert wurde (vgl. Haacke 1999, S. 67). Ein funktionsfähiges Qualitätsmanagement ist somit die Basis für ein erfolgreiches Markenmanagement. Auf der anderen Seite beeinflusst die Marke durch ihr Qualitätsversprechen die Erwartungen des Kunden und stellt damit Anforderungen an das Qualitätsmanagement.

Die vorhergehenden Ausführungen unterstreichen die Bedeutung, die den Mitarbeitern beim Aufbau einer starken Marke zukommt. Das Verhalten der Mitarbeiter prägt in hohem Masse das Image einer Dienstleistungsmarke. Um ein einheitliches Image bei den Kunden aufbauen zu können, ist ein konsistentes Verhalten der Mitarbeiter gefordert. In einer solchen Weise werden sich Mitarbeiter insbesondere bei der Erbringung von komplexen und durch hohe Interaktivität mit dem Kunden geprägte Dienstleistungen aber nur verhalten, wenn sie die mit der Marke vermittelten Botschaften und Werte verstehen und sich mit diesen auch identifizieren können. Diese Überlegungen unterstreichen die Relevanz einer identitätsorientierten Markenführung insbesondere für Dienstleistungsunternehmen (vgl. Kapferer 1992; Meffert/Burmann 1996). Die Identität einer Marke entsteht in der wechselseitigen Beziehung zwischen internen und externen Bezugsgruppen und bringt die spezielle Persönlichkeit einer Marke zum Ausdruck (vgl. Meffert/Burmann 1997, S. 58). Zu unterscheiden sind ein Selbstbild der Markenidentität, welches aus Sicht der internen Anspruchsgruppen, d.h. der Eigentümer, Führungskräfte und Mitarbeiter, formuliert wird („Aussagekonzept"), und ein Fremdbild (Image) der Markenidentität, welches die externen Anspruchsgruppen wie Kunden, Lieferanten, Handel, Behörden, Investoren etc. besitzen („Akzeptanzkonzept"). Die Stärke einer Marke ist ganz wesentlich von dem Ausmaß der Übereinstimmung zwischen Selbst- und Fremdbild abhängig (vgl. Meffert/Burmann 1997, S. 58). In der Realität nehmen die meisten im Kundenkontakt stehenden Mitarbeiter eine „Zwitterrolle" ein. Zum einen akzeptieren sie die von den in einem Unternehmen für das Markenmanagement verantwortlichen Entscheidungspersonen bzw. –gremien (in der Regel Geschäftsführung, Verwaltungs- bzw. Aufsichtsrat, Marketing- und Vertriebsleitung) formulierten Aussagensysteme zur Markenidentität (Selbstbild der Markenidentität des „Markenmanagements") in einem gewissen Umfang (Fremdbild der Markenidentität der Mitarbeiter). Zum anderen modifizieren sie diese Aussagensysteme ihren eigenen Vorstellungen gemäß (Selbstbild der Markenidentität der Mitarbeiter), bringen sie in ihrem Verhalten im Kundenkontakt zum Ausdruck und beeinflussen damit das Fremdbild der Markenidentität der Kunden.

Für eine erfolgreiche Markenführung muss es also insbesondere in Dienstleistungsunternehmen darum gehen, die Wahrnehmungen, Überzeugungen, Werte etc. unterschiedlicher Gruppen von Mitarbeitern in geeigneter Form bei der Herausbildung des Selbstbildes der Markenidentität zu berücksichtigen, um so eine möglichst hohe Übereinstimmung zwischen Selbstbild des Unternehmens und Fremdbild der Kunden herzustellen (vgl. Mei-Pochtler 1998, S. 68). Gelingt dies nicht, werden in einem Unternehmen verschiedene voneinander abweichende Sub-Selbstbilder existieren, welche in der Folge aufgrund widersprüchlicher Signale und Handlungen zu einem diffusen und negativen Image bei den Kunden führen.

Die vorangegangenen Ausführungen haben deutlich gemacht, dass die identitätsorientierte Markenführung im Dienstleistungsbereich von herausragender Bedeutung ist. Diese Aussage gewinnt noch an Gewicht, vergegenwärtigt man sich, dass der Kunde in seiner Rolle als integrativer Bestandteil des Leistungserstellungsprozesses und in einigen Branchen zunehmend sogar als „Prosumer" – ob ein Unternehmen dies will oder nicht – auch an dem Selbstbild der Markenidentität teilhat.

## 4 Markenführung im Spannungsfeld zwischen Hersteller und Handel

### 4.1 Strategien aus Herstellersicht[13]

Hersteller, die auf den indirekten Distributionsweg angewiesen sind, müssen sich nicht nur mit Blick auf den Endkundenmarkt, sondern auch mit Blick auf den Handel komparative Konkurrenzvorteile erarbeiten (vgl. Tomczak/Feige/ Schögel 1994). Es geht darum, das eigene Leistungsangebot so zu gestalten, dass es besser beurteilt wird als jenes der Konkurrenz. Nach Meffert (1988) strebt jeder Hersteller „die uneingeschränkte Kontrolle aller Marketing-Instrumente über den gesamten Absatzweg" bei geringstmöglichem eigenen Ressourceneinsatz an. Im Prinzip ist es das Ziel, rechtlich und weitgehend auch wirtschaftlich selbständige Absatzmittler so in die eigenen Marketingaktivitäten einzubinden, dass sich die angestrebte Positionierung im Endkundenmarkt realisieren lässt. Je nach situativem Kontext ist der Einfluss der industriellen Anbieter allerdings verschieden. So sind beispielsweise die Handlungsspielräume der Möbelindustrie gegenüber dem Handel, der rechtlich und wirtschaftlich weitgehend ungebunden operiert, geringer als die der Automobilhersteller gegenüber ihren Vertragshändlern. In jedem Fall ist es für den Händler nur attraktiv, auf die Wünsche eines Herstellers einzugehen, wenn der Nutzen einer solchen Zusammenarbeit deren Kosten übersteigt. Der Handel ist somit nur bei ausgewählten Leistungen daran interessiert, auf Herstellerwünsche einzugehen. Eine Herstellerleistung ist für den Handel nur dann attraktiv, wenn sie Vorteile bietet, die andere Anbieter nicht haben. Sie muss mit anderen Worten über einen *komparativen Konkurrenzvorteil (KKV)* verfügen (vgl. Tomczak/Feige/Schögel 1994 sowie zu komparativen Konkurrenzvorteilen auch Backhaus 1997, S. 12 ff.; Simon 1988; Grosse-Oetringhaus 1994; Tomczak/ Reinecke 1995). Ein komparativer Konkurrenzvorteil kann realisiert werden, wenn er sich auf überlegene Fähigkeiten und Ressourcen des Herstellers stützt, und wenn die

---

[13] Der folgende Abschnitt entspricht in weiten Teilen den Darstellungen bei Tomczak/Schögel/Feige 2001.

## 4 Markenführung im Spannungsfeld zwischen Hersteller und Handel

Leistung des Herstellers aus Sicht des Handelsunternehmens einen bedeutsamen und für die Kunden wahrnehmbaren Nutzen darstellt sowie die Bedürfnisse des Handelsunternehmens dauerhaft besser als die Konkurrenz befriedigt.

Grundsätzlich sind alle Leistungen des Herstellers dazu geeignet, einen komparativen Konkurrenzvorteil gegenüber dem Handel zu realisieren. Hersteller setzen ein breites Spektrum sehr unterschiedlicher Leistungen bzw. Anreize ein, um den Handel für eine Gegenleistung (Entgelt, „Regalplatz" in bestimmten Quantitäten und Qualitäten) zu motivieren. All diese Anreize wirken sich in bestimmter Weise auf die Leistung des Handels aus. Abbildung V.4.1 zeigt das grundlegende Spektrum möglicher Anreize, die von einem Hersteller zum Aufbau komparativer Konkurrenzvorteile genutzt werden können.

Abbildung V.4.1 Ansatzpunkte für komparative Konkurrenzvorteile im vertikalen Marketing

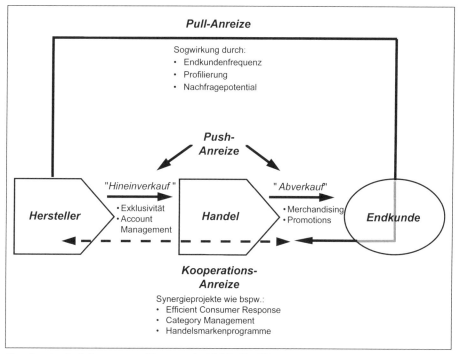

Quelle: in Anlehnung an Tomczak 1993, S. 47

Die dargestellten Anreize lassen sich drei Gruppen zuordnen: Pull- und Push-Anreize sowie Anreize, die auf der Kompetenz zur Kooperation gründen:
- *Pull-Anreize:* Hiermit sind Anreize angesprochen, die indirekt auf dem Weg über den Endverbraucher in Richtung Handel wirken. Solche Anreize besitzen potentiell eine „Sogwirkung" auf den Handel, da sie ihm ein bestimmtes Nachfragepotenzial, eine gewisse Kundenfrequenz in seinen Verkaufsstellen oder eine Imageprofilierung gegenüber seiner Konkurrenz versprechen. Die zentralen Pull-Marketinginstrumente sind Produktqualität, Marke und Endverbraucherwerbung.

- *Push-Anreize:* Hier sind Anreize zusammengefasst, die direkt beim Handel ansetzen und ohne Mitwirkung des Handels, d.h. autonom, erstellt werden. Im Einzelnen sind solche zu unterscheiden, die dem „Hinein-Verkauf" und solche, die dem „Ab-Verkauf" dienen. Den „Hinein-Verkauf" der Herstellerprodukte in den Handel unterstützen u.a. Anreize wie das Verfolgen einer Selektionsstrategie (vgl. Belz 1996) oder Rabatt- und Nebenleistungszugeständnisse. Abverkaufsmaßnahmen mit Push-Wirkung sind beispielsweise Merchandisingmaßnahmen wie Regalpflege, Warenbevorratung und Verbraucher-Promotions.

- *Kooperations-Anreize:* Das Anbieten von kooperativen Aktivitäten besitzt potentiell leistungsmotivierende Wirkung. Ziel ist es, durch die Integration von Hersteller- und Handelsaktivitäten synergetische Effekte zu nutzen (vgl. insbesondere Zentes 1989) und eine einzigartige Problemlösung zu schaffen. Kooperationsanreize lassen sich grundsätzlich an allen Schnittstellen von Aktivitäten zwischen Hersteller und Handel generieren (z. B. Logistik, Promotions, Entwicklung von Handelsmarken und Space-Management).

Ein zentrales Ziel jedes Herstellers besteht nun darin, die Pull-, Push- und Kooperationsanreize derart zu bündeln, dass den jeweiligen Handelsunternehmen Leistungssysteme bzw. –bündel (Belz 1991) angeboten werden, die in ihrer Gesamtheit komparative Konkurrenzvorteile schaffen. Für die handelsorientierte Markenführung stehen dem Hersteller neben den direkt auf den Handel gerichteten Maßnahmen des Trade-Marketing auch die Instrumente des Consumer-Marketing zur Verfügung. *Trade-Marketing*-Maßnahmen sind beispielsweise

Schulungs- und Beratungsangebote der Hersteller sowie alle Arten finanzieller Zugeständnisse. Indirekt wirkende Maßnahmen sind alle endkundengerichteten Aktivitäten des *Consumer Marketing*. Auch diese sind in der Lage, den Handel von einer Marke zu überzeugen, wenn Sie beim Endkunden Bekanntheit und Kaufabsichten bewirken (vgl. Zentes 1989).

Basierend auf den Ergebnissen einer empirischen Studie (vgl. hierzu Feige 1996) sollen im Folgenden mögliche *Strategien der handelsorientierten Markenführung*, d.h. aus Herstellersicht, dargestellt werden. Eine zentrale Aussage der Studie besteht darin, dass die Erfolgswirkung von Consumer Pull-, Push-Anreizen und Kooperationskompetenz in dem betrachteten Markt des deutschen Lebensmitteleinzelhandels sehr unterschiedlich ist: Die durchschnittlich größte Bedeutung besitzen Pull-Anreize. Sie erklären den Erfolg von Markenartikeln zu 66%. Weitere 19% trägt die Kooperations-Kompetenz bei. Push-Anreize sind dagegen mit 3% von untergeordneter Bedeutung (die restlichen 11% entfielen auf unterstützende Leistungen). Unter Einbeziehung weiterer Einflussfaktoren auf den Erfolg oder Misserfolg von Marken wie der Wettbewerbssituation, der Phase des Marktlebenszyklus, der Markenstärke und der Anbieterkonzentration konnten sechs Strategien der handelsorientierten Markenführung identifiziert werden. Abbildung V.4.2 verdeutlicht überblicksartig die Leistungen der untersuchten Marken je nach Strategietyp, die Erfolgswahrscheinlichkeit der einzelnen Strategien sowie besondere Kennzeichen.

Abbildung V.4.2 Charakterisierung der Strategien der handelsorientierten Markenführung

| Strategie | Leistungen der Marken | Erfolg | Besondere Kennzeichen |
|---|---|---|---|
| kooperative Pull-Strategie | hohe Pull-Anreize in Verbindung mit hoher Kooperationskompetenz | hoch – sehr hoch | unverzichtbare Marken; (stark) umkämpfte Märkte |
| reine Pull-Strategie | hohe Pull-Anreize | hoch – sehr hoch | wenig umkämpfte Märkte bzw. Märkte mit geringer Anbieterkonzentration |
| professionelle Checklisten-Strategie | alle Kriterien auf überdurchschnittlichem Niveau | mittel - hoch | sowohl sehr kompetitive als auch wenig umkämpfte Märkte; Marken von großen Konzernen geführt |
| Mittelstandsstrategie | Pull- und Push-Anreize kombiniert | mittel - hoch | wenig umkämpfte Märkte; Marken von mittelständischen Herstellern geführt |
| Konditionenstrategie | ausschließlich Push-Anreize | eher gering | Auslistungskandidaten, Spielbälle des Handels |
| Null-Leistungs-Strategie | keinerlei überdurchschnittliche Anreize | sehr gering | verzichtbare Marken; Listung nur zur Sortimentsabrundung oder Mitverhandlung der Marke durch große Konzerne bei Jahresgesprächen |

Quelle: in Anlehnung an Tomczak/Schögel/Feige 2001, S. 930

Grundsätzlich ist der Erfolg der handelsorientierten Markenführung von den Marktleistungen der Hersteller abhängig. Damit der Handel die Marken auch als erfolgreiche Problemlösungen für seine eigene Situation wahrnimmt, müssen die Eigenschaften der Leistungen und Fähigkeiten des Herstellers gezielt kommuniziert werden. Im Rahmen der handelsorientierten Kommunikation sind somit Maßnahmen notwendig, die den komparativen Konkurrenzvorteil des Herstellers verdeutlichen und die angestrebte Stellung seiner Marken unterstützen. Im Kern gilt es, eine eigenständige Positionierung zu entwickeln und zu realisieren, die die komparativen Konkurrenzvorteile des Herstellers dem

Handel kommunizieren kann. Hierbei sind vor allem zwei *Forderungen für die Kommunikation gegenüber dem Handel* von Bedeutung:

– Die Hersteller müssen ihre Kommunikation auf die komplexen Entscheidungsstrukturen im Handel ausrichten. Da es sich bei den Entscheidungen des Handels in erster Linie um multipersonale Beschaffungsprozesse handelt, sollten die Hersteller zunächst die Struktur und das Verhalten bei Entscheidungen des Buying Centers analysieren. Insbesondere gilt es, die Motive und Beweggründe der einzelnen Mitglieder und ihren Informationsbedarf zu bestimmen. Basierend auf diesen Erkenntnissen sind die Informations- und Kommunikationsinstrumente zielgerichtet einzusetzen, vor allem die persönliche und direkte Kommunikation.

– Der angestrebte bzw. bestehende Consumer Pull muss gegenüber dem Handel deutlich gemacht werden. Dies bedeutet, dass die strategischen Überlegungen des Herstellers, die Wirkungen der Maßnahmen und Aktivitäten im Consumer Marketing sowie die Auswirkungen auf die Positionierung im Endkundenmarkt „übersetzt" werden müssen. Ansatzpunkte hierfür können beispielsweise das Aufzeigen von Innovationspotenzialen des Herstellers, die Darlegung von Beweggründen für Um- und Neupositionierungen oder der Nachweis von Erfolg im Regal sein.

Vor dem Hintergrund der zunehmenden Wettbewerbsintensität auf Herstellerebene wird die Kooperations-Kompetenz in Zukunft an Bedeutung für die handelsorientierte Markenführung gewinnen. Daher sollen im Folgenden einige Ansätze für eine erfolgreiche Zusammenarbeit mit dem Handel dargestellt werden.

**Kooperationen zwischen Herstellern und Händlern**

In den letzten Jahren hat insbesondere das Konzept des *Efficient Consumer Response (ECR)* an Bedeutung gewonnen. Unter ECR versteht man das „Reengineering der Wertschöpfungsprozesse zwischen Herstellern und Händlern" (Lingenfelder/Kreipl 2000, S. 836). Oberstes Ziel von ECR ist es, die Bedürfnisse der Endkunden besser zu befriedigen und so die Kundenzufriedenheit zu erhöhen. Zunächst werden die Elemente der Wertschöpfungskette identifiziert, die keinen direkten Nutzen für die Endkunden erbringen. Im nächsten Schritt werden Strategien und Maßnahmen entwickelt, wie in diesen Bereichen Kosten gespart werden können und so eine höhere Effizienz erreicht werden kann. Hierzu umfasst das ECR insbesondere folgende Ansätze (Abbildung V.4.3):

Abbildung V.4.3 Elemente des Efficient Consumer Response (ECR)

| Efficient Consumer Response (ECR) | |
|---|---|
| Supply Chain Management | Category Management |
| Efficient Logistics \| Efficient Replenishment | Efficient Assortment \| Efficient Product Introduction \| Efficient Promotion |
| EDV \| Prozesskostenrechnung | Basistechniken \| Scanning \| EAN | WWS \| Electronic Fund Transfer |

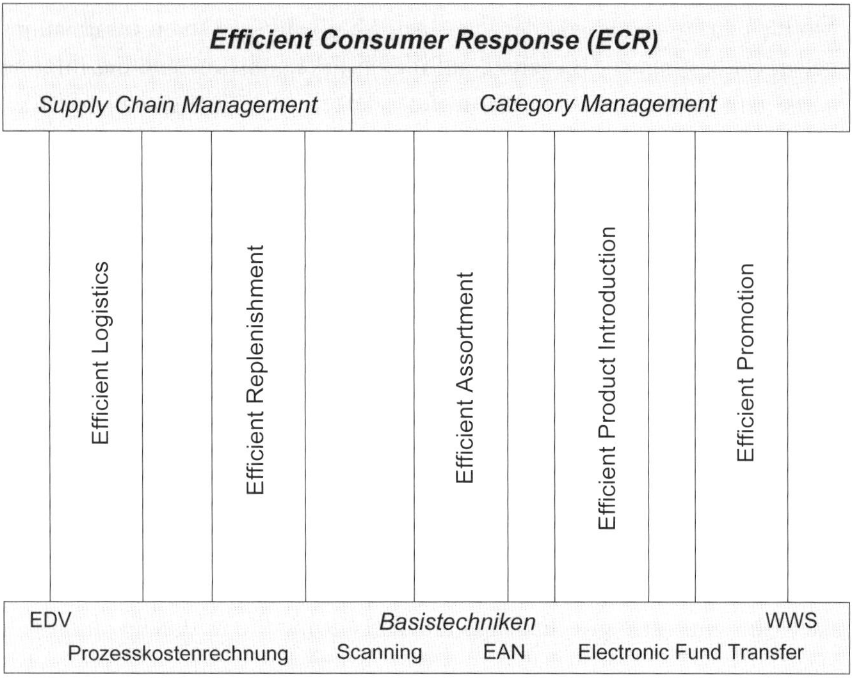

Quelle: in Anlehnung an Lingenfelder/Kreipl 2000, S.841; Zentes/Frechen/Morschett 1997, S. 77

- Die *Basistechniken* (enabling technologies) stellen die Grundlage für ECR dar. Dazu zählen z. B. das Scanning oder Technologien zum Austausch von Daten zwischen Hersteller und Händler (vgl. Zentes/Swoboda 2000, S. 814).

- Das *Supply Chain Management* dient der Optimierung des Austausches von Waren, Informationen und Geld zwischen Herstellern, Händlern und Endkunden über die gesamte Versorgungskette hinweg (vgl. Lingenfelder/Kreipl 2000, S. 840; Zentes/Swoboda 2000, S. 814).

- Unter Category Management wird die effiziente und effektive Steuerung von Warengruppen verstanden. Entscheidend ist, dass Hersteller und Händler die Warengruppen gemeinsam auf der Basis des Kundennutzens definieren und die Aufgaben im Rahmen des Category Managements gemeinsam erfüllen. Das Category Management umfasst drei Elemente: Efficient Assortment, Efficient Product Introduction und Efficient Promotion. Efficient Assortment bezeichnet die Optimierung des Sortiments insgesamt und einzelner Warengruppen. Hierzu zählt auch die Optimierung der Vergabe von Regalplätzen und der Preissetzung. Zur Effizienzsteigerung ist häufig eine Straffung des Sortiments in Zusammenarbeit zwischen Herstellern und Händlern erforderlich. Bei der Efficient Product Introduction wird angestrebt, den Prozess der Entwicklung und Markteinführung neuer Marken zu verbessern, beispielsweise indem der Händler vom Hersteller bereits in der Konzeptionsphase einer neuen Marke einbezogen wird oder durch Kooperationen bei der Marktforschung. Efficient Promotion zielt darauf ab, die Aktivitäten zur Verkaufsförderung zwischen Hersteller und Händler abzustimmen und möglichst effizient und effektiv durchzuführen. Beispielsweise könnten weniger Preisaktionen durchgeführt werden, die – wenn sie zu häufig stattfinden – sowohl dem Hersteller als auch dem Händler eher schaden als nützen: Das (Qualitäts-)Image der Marke verschlechtert sich und der Händler gewinnt kaum loyale Kunden, sondern zieht immer mehr Schnäppchenjäger an. Als Alternative zu Preisaktionen bieten sich z. B. Treuerabatte und/oder Kundenkarten an (vgl. Lingenfelder/Kreipl 2000, S. 842 ff.; Zentes/Swoboda 2001, S. 891 ff. sowie Müller-Hagedorn/Zielke 2000).

## 4.2 Strategien aus Handelssicht

Neben den bereits dargestellten Konzepten und Maßnahmen, die Hersteller und Handelsunternehmen gemeinsam im Rahmen der strategischen Markenführung der Herstellermarken verfolgen, entwickeln Handelsunternehmen zunehmend Ansätze zur Profilierung ihrer eigenen Marken. Die Bedeutung der *Handels-*

*marken* nimmt zu. Im deutschen Lebensmitteleinzelhandel wird der Anteil an Handelsmarken mit 22 % angegeben – mit steigender Tendenz (vgl. Gröppel-Klein 2001, S. 941). Mit der Einführung eigener Marken verfolgen Handelsunternehmen mehrere Ziele (vgl. hierzu Gröppel-Klein 2001, S. 946 f.; Sattler 2001, S. 117 f.; Schmalen/Lang/Pechtl 2001, S. 965 ff.): Zum einen lassen sich Handling-Vorteile realisieren, da die Handelsunternehmen häufig (nahezu) den gesamten Produktions- und Distributionsprozess in Eigenregie gestalten. Zum anderen bieten Eigenmarken eine Chance, sich gegenüber den Herstellern von Markenartikeln zu „emanzipieren", d.h. größeren Einfluss auf die Produktgestaltung, die Auswahl der Lieferanten etc. auszuüben. Darüber hinaus sind Eigenmarken ein geeignetes Instrument zur Profilierung des Sortiments des Handelsunternehmens gegenüber konkurrierenden Händlern. Aus Konsumentensicht erscheinen das Sortiment unterschiedlicher Einkaufsstätten - das sich meist aus den gleichen Marken bekannter Hersteller zusammensetzt - und damit auch deren Image häufig austauschbar. Hier bietet eine Eigenmarke mit einem hohen Bekanntheitsgrad und einem positiven, prägnanten Image sowie einem breiten Sortiment die Chance zur Differenzierung. Schließlich dienen Eigenmarken Handelsunternehmen zur Profilierung als preisgünstige Einkaufsstätte. Da die Preise in der Regel unter den Preisen vergleichbarer Herstellermarken angesiedelt sind, stellt der Kauf von Eigenmarken eine Alternative zum Einkauf bei einem Discounter wie z. B. ALDI oder LIDL dar.

Generell unterscheidet man zwischen so genannten klassischen Handelsmarken und Gattungsmarken (vgl. hierzu Sattler 2001, S. 40; Schmalen/ Lang/Pechtl 2001, S. 963). *Klassische Handelsmarken,* auch Eigenmarken des Handels oder Private Labels genannt, zeichnen sich dadurch aus, dass sie als eigenständige Markenartikel auftreten und zu etwas günstigeren Preisen als Herstellermarken erhältlich sind (z. B. Textilmarke MISS H der KAUFHOF-Handelskette). *Gattungsmarken*, auch No Names, Generics oder Weiße Ware genannt, lassen sich durch besonders günstige Preise sowie eine einheitliche Markierung und Verpackung mit Verbindung zum jeweiligen Handelsunternehmen (z. B. JA! der REWE-*Handelsgruppe*) charakterisieren. Eine empirische Untersuchung (vgl. hierzu Schmalen/Lang/ Pechtl 2001, S. 968 ff.) ergab, dass Gattungsmarken insbesondere in Produktkategorien mit niedrigem Involvement (z. B. Mehl, Milch, Toilettenpapier) erfolgreich sind. In diesem Bereich findet jedoch kaum

## 4 Markenführung im Spannungsfeld zwischen Hersteller und Handel

eine Bindung der Konsumenten an die Marke statt, die Konsumenten erwerben einfach die günstigste Alternative. Somit lässt sich die Schlussfolgerung ziehen, dass Gattungsmarken meist nur wenig zur Profilierung einer Einkaufsstätte beitragen. Angesichts der bedeutenden Marktposition der Discounter stellen sie jedoch häufig eine sinnvolle Ergänzung des Sortiments dar.

Handelsunternehmen setzen unterschiedliche *Handelsmarkenstrategien* ein. Diese lassen sich anhand mehrerer Dimensionen differenzieren (vgl. hierzu Gröppel-Klein 2001, S. 944 ff.; Sattler 2001, S. 126 ff.). Generell sehen sich die Manager von Handelsmarken mit ähnlichen Entscheidungen konfrontiert wie die Manager von Herstellermarken (z. B. Aufbau einer nationalen oder internationalen Marke; Einsatz eines oder mehrerer Markennamen). Hierzu sei auf die entsprechenden Darstellungen in Kapitel III verwiesen. Im Folgenden liegt der Fokus auf den spezifischen Entscheidungen bei der Entwicklung von Handelsmarkenstrategien. Zunächst müssen die Manager von Handelsmarken die Positionierung ihrer Marke bestimmen. Eine strategische Option besteht darin, die Marke ähnlich wie Herstellermarken als qualitativ hochwertig zu positionieren, aber zu einem etwas günstigeren Preis anzubieten. In diesem Fall gelten ähnliche Anforderungen wie beim Aufbau einer Herstellermarke, d.h. es gilt, einen hohen Bekanntheitsgrad und insbesondere ein unverwechselbares Image der Marke zu schaffen, um so Präferenzen bei den Konsumenten aufzubauen und sie an die Marke zu binden. Die Imitation einer führenden Herstellermarke stellt eine weitere Strategie zur Positionierung einer Handelsmarke dar. Diese Me-too-Marke zeichnet sich meist durch ein vergleichbares Qualitätsniveau zu einem deutlich günstigeren Preis aus. Schließlich lassen sich Handelsmarken auch als besonders preisgünstige Alternative zu Herstellermarken positionieren. Darüber hinaus ist zu bestimmen, wie groß das Spektrum sein soll, das die Handelsmarke abdeckt. Steht die Marke nur für ein Produkt, so spricht man von einer Individualmarken- oder Monomarkenstrategie (z. B. TANDIL von ALDI). Demgegenüber werden Warengruppen- oder Segmentmarken eingesetzt, um eine Gruppe ähnlicher Produkte, z. B. COOP NATURAPLAN, zu kennzeichnen. Das Spektrum so genannter Sortimentsmarken ist noch größer, es umfasst Produkte unterschiedlicher Kategorien. Da Sortimentsmarken aufgrund dieser Heterogenität kaum ein gemeinsames Nutzenversprechen aufweisen, werden sie meist nur noch in Form von

Gattungsmarken mit einem klaren Preisvorteil geführt. Am obersten Ende der Skala steht die Strategie der Storebrands. In diesem Fall assoziieren die Konsumenten mit der Handelsmarke nicht einzelne Produkte oder Kompetenzen in bestimmten Produktkategorien, sondern die gesamte Einkaufsstätte. „Bei dieser Konzeption versuchen Handelsunternehmen, ihre Kompetenz nicht durch den Verkauf einzelner Produkte oder Sortimente in Form von Eigenmarken unter Beweis zu stellen, sondern hier sollen aus Sicht der Konsumenten alle angebotenen Produkte dem Unternehmen als Eigner zugeordnet werden" (Gröppel-Klein 2001, S. 944 f.). Es gibt Anzeichen dafür, dass die Bedeutung von Storebrands weiter zunehmen wird. Daher wird diese Strategie im Folgenden näher erläutert.

Zwar bauen Handelsunternehmen durch die Lancierung von Handelsmarken zunehmend auch Kompetenzen als Anbieter von Produkten auf, setzt man jedoch an den grundlegenden Unterschieden zwischen Herstellern und Handelsunternehmen an, so versteht man unter den Marken eines Herstellers in erster Linie seine Produkte, unter den Marken eines Handelsunternehmens dagegen seine Einkaufsstätten bzw. Betriebstypen (vgl. Zentes/Swoboda 2001, S. 892). Wie bereits dargestellt, wird diese Form der strategischen Markenführung auch als *Store Branding* bezeichnet. Ausgangsbasis für die Forderung, dass Store Branding eine wichtige Aufgabe für Handelsunternehmen darstellen sollte, ist die Erkenntnis, dass die einzelnen Betriebsformen des Handels wie z. B. Discounter, Supermarkt, Verbrauchermarkt und SB-Warenhaus aus Sicht der Konsumenten Unterschiede aufweisen, dass Konsumenten jedoch innerhalb dieser Betriebsformen die einzelnen Handelsunternehmen aufgrund des Sortiments, der Ladengestaltung und der werblichen Kommunikation weitgehend als austauschbar wahrnehmen. Ziel einiger Handelsunternehmen ist es daher, ein prägnantes, positives Image aufzubauen, um sich in den Köpfen der Konsumenten stärker zu profilieren. Die Strategie des Store Branding bzw. der offensiven Markenführung dient dazu, dieses Ziel zu erreichen. Meyer (2000, S. 26 ff.) nennt hierzu fünf Elemente. Zunächst dient der Aufbau einer starken Marke bzw. Store Brand dazu, eine höhere Kundenbindung und damit auch eine höhere Profitabilität zu erzielen (s. hierzu auch Kapitel IV.2). Der Prozess der Markenführung sollte auf einer offensiven Einstellung basieren, d.h. die Vision der Marke sollte klar definiert werden, von allen Mitarbeitern gelebt und verkörpert werden und die Kunden ansprechen und begeistern. Bei Handelsunternehmen kommt den Mitarbeitern aufgrund des direkten Kundenkontakts ebenso wie bei Dienstleistungsunternehmen eine Schlüsselrolle zu. Die Integrationsleistung der Marke stellt ein weiteres Element einer erfolgreichen Store Brand dar, d.h. die Marke dient als symbolische und inhaltliche „Klammer" für sämtliche angebotenen Leistungen, für alle Typen von Einkaufsstätten und weiteren Kontaktpunkte und für alle Zielgruppen des Handelsunternehmens und übt so eine verbindende Wirkung aus. Store Branding basiert darüber hinaus auf einer klaren strategischen Ausrichtung des Handelsunternehmens. Ausgehend von der Positionierung sollten das Sortiment, die Organisationsstruktur, die Corporate Identity etc. in Übereinstimmung mit der Unternehmensstrategie festgelegt werden. Schließlich stellt eine effektive Umsetzung die Etablierung und Weiterentwicklung der Store Brand sicher. Darunter ist beispielsweise die Abstimmung der verschiedenen Kommunikationsmaßnahmen (z. B. Plakate, POS-Aktionen, Kundenkarten), die Auswahl und das Training geeigneter Mitarbeiter sowie die Verantwortung für die Führung der Store Brand in den einzelnen Einkaufsstätten durch den jeweiligen Filialleiter zu verstehen.

# VI. Rechtliche Aspekte der Markenführung

Markenmanager sollten sich aus verschiedenen Gründen mit den rechtlichen Aspekten der Markenführung befassen. Zum einen ist die Kenntnis der relevanten juristischen Normen bei der Einführung einer neuen Marke von Bedeutung. Hierbei gilt es, die Marke als immaterielles Gut und geistiges Eigentum des Unternehmens von Anfang an bestmöglich zu schützen. Zum anderen sehen sich Markenmanager in einigen Fällen mit Verletzungen des Markenschutzes oder des guten Rufs der Marke, z. B. durch Fälschungen und Markenpiraterie, konfrontiert. Falls es zu derartigen Konflikten kommt, sollten Markenmanager sowohl über die entsprechenden Rechtsvorschriften informiert sein als auch über die verschiedenen Mittel, um ihre Ansprüche geltend zu machen. Darüber hinaus werfen bestimmte Aufgaben des Markenmanagements, beispielsweise die Lizenzierung oder Veräußerung von Marken, besondere rechtliche Fragestellungen auf.

## 1 Rechtsgrundlagen und Markenschutz

In Deutschland stellt das Gesetz über den Schutz von Marken und sonstigen Kennzeichen (Markengesetz – MarkenG) die *zentrale Rechtsgrundlage* für die Markenführung dar. Laut § 1 MarkenG umfasst der Begriff „Kennzeichen" neben Marken auch Unternehmenskennzeichen (z. B. MERCEDES-STERN oder SPARKASSEN-S) und geografische Herkunftsangaben (z. B. MADE IN GERMANY). Die folgenden Ausführungen beziehen sich zunächst ausschließlich auf Marken; auf den Schutz von Unternehmenskennzeichen und geografischen Herkunftsangaben wird im Anschluss daran eingegangen. Als Marke schützbar sind nach § 3 MarkenG nicht nur Wortmarken (z. B. MILKA), sondern auch weitere Darstellungsformen, wie etwa Buchstaben und Zahlen (z. B. 4711), Abbildungen, Hörzeichen (z. B. der Werbejingle der TELEKOM), dreidimensionale Gestaltungen (z. B. die Dreiecksform von TOBLERONE) sowie Farben und Farbzusammenstellungen. Auch Mischformen, z. B. eine Kombination aus

Wortmarke und Hörzeichen, können als Marke geschützt werden (vgl. Sattler 2001, S. 44 f.). Das Markengesetz nennt darüber hinaus die grundsätzlichen Funktionen der Marke aus juristischer Sicht. Diese weisen zwar Gemeinsamkeiten mit den Funktionen der Marke aus Marketingsicht (Qualitäts-, Orientierungs- und Differenzierungsfunktion; vgl. hierzu ausführlich Kapitel I) auf, stimmen jedoch nicht in allen Punkten überein. Im Einzelnen wird der Marke aus juristischer Sicht eine Unterscheidungs-, Herkunfts-, Werbe- und Qualitäts- bzw. Garantiefunktion zugesprochen (vgl. Sattler 2001, S. 47 f.).

Das Markengesetz trat am 1.1.1995 als nationale Umsetzung der europäischen Vorgabe zur Angleichung der Rechtsvorschriften der Mitgliedsstaaten der Europäischen Union (EU) über die Marken in Kraft (vgl. Schröder 1997, S. 167). Die Einführung des Markengesetzes im Jahr 1995 diente der Zusammenfassung, Vereinheitlichung und besseren Übersichtlichkeit der relevanten rechtlichen Vorschriften zum Markenschutz. Zudem beinhaltet das Markengesetz in einigen Aspekten wesentliche Neuerungen und stellt somit eine Reformierung der bis dato gültigen Rechtsnormen dar (vgl. Schröder 1997, S. 167). Neben dem Markengesetz existieren weitere Rechtsgrundlagen, die ebenfalls dem Schutz der Marke dienen, z. B. zum Namensschutz (§ 12 BGB) oder zum Schutz vor Rufausbeutung und Rufschädigung (§ 1 UWG). Abbildung VI.1.1 gibt einen Überblick über die relevanten Rechtsnormen der Markenführung. Dazu zählen sowohl Schutzrechte als auch beschränkende Rechtsvorschriften wie beispielsweise das Verbot irreführender Herkunftsangaben (§ 3 UWG).

1 Rechtsgrundlagen und Markenschutz

Abbildung VI.1.1 Überblick über relevante Rechtsnormen für die Markenführung

**Relevante Rechtsnormen der Markenführung**

**Beschränkende Rechtsnormen**
- § 3 UWG: Verbot irreführender Herkunftsangaben
- § 17 I Nr. 5 LMBG: Verbot irreführender Bezeichnungen, Angaben oder Aufmachungen
- diverse Durchführungsverordnungen zum LMBG

**Schutzrechte**
- § 4 MarkenG: Markenschutz
- § 5 MarkenG: Schutz geschäftlicher Bezeichnungen
- § 126 ff. MarkenG: Schutz geographischer Angaben
- § 1 UWG: Schutz vor Rufausbeutung und Rufschädigung
- § 823 I BGB: Schutz berühmter Marken vor Verwässerung
- § 12 BGB: Namensschutz
- § 17 HGB: Firmenschutz

Quelle: in Anlehnung an Ahlert/Schröder 1996, S. 101

Bezüglich der für die Markenführung relevanten Rechtsgrundlagen existieren länderspezifische Unterschiede. Als Beispiel für ein Nicht-EU-Land wird in diesem Zusammenhang auf die Schweiz eingegangen. In der *Schweiz* gelten ähnliche gesetzliche Regelungen wie in Deutschland (vgl. hierzu Pascual 1998). Im Jahr 1993 wurde das Bundesgesetz über den Schutz von Marken und Herkunftsangaben (kurz „Markengesetz") eingeführt. Ähnlich wie das seit 1995 in Deutschland gültige Markengesetz umfasst auch das Schweizer Markengesetz einige wesentliche Neuerungen und stellt somit eine grundsätzliche Reformierung der für Marken relevanten Rechtsgrundlagen dar. Eine zentrale Änderung des Schweizer Markengesetzes besteht darin, dass seit 1993 erstmals auch Dienstleistungsmarken in der Schweiz als Marken schützbar sind, während diese in den meisten Ländern schon seit längerer Zeit als Marke geschützt werden konnten. Damit wurde der bedeutenden Rolle des Dienstleistungssektors für die

Schweizer Wirtschaft Rechnung getragen. Ebenso wie in Deutschland wird der Marke nach Artikel 1 des Schweizer Markengesetzes eine Unterscheidungs- und Herkunftsfunktion zugesprochen. Übereinstimmung zwischen schweizerischer und deutscher Gesetzgebung besteht ebenfalls hinsichtlich der verschiedenen Arten von schützbaren Markenformen. Der Markenschutz wird in der Schweiz ausschließlich durch Registrierung der Marke beim Eidgenössischen Institut für Geistiges Eigentum („EIGE") in Bern, nicht jedoch durch Benutzung oder Verkehrsgeltung erlangt.

Innerhalb der *Europäischen Union (EU)* wird im Zuge der Schaffung eines Europäischen Binnenmarktes eine Harmonisierung zahlreicher gesetzlicher Regelungen, zu denen auch die für die Markenführung relevanten Rechtsgrundlagen zählen, angestrebt (vgl. Ahlert/Schröder 1996, S. 52 f.). Dementsprechend gilt seit 1994 die Gemeinschaftsmarkenverordnung (GmarkenV). Ziel dieser Verordnung ist es, das Vorgehen zur Registrierung von Marken und zu der Erlangung des Markenschutzes in der gesamten EU zu vereinheitlichen und zu vereinfachen (vgl. hierzu Ahlert/Schröder 1996, S. 134 ff.; Satter 2001, S. 48 f.). Um eine Marke im gesamten Gebiet der EU zu schützen, ist lediglich eine Registrierung der Marke als Gemeinschaftsmarke beim Harmonisierungsamt für den Binnenmarkt in Alicante, Spanien, erforderlich. Eine separate Registrierung der Marke in den verschiedenen Mitgliedsländern der EU, in denen zum Teil abweichende gesetzliche Regelungen zum Markenrecht gelten, entfällt somit. Das 1995 in Deutschland verabschiedete Markengesetz (s. o.) stellt die Umsetzung der europäischen Rechtsgrundlagen auf nationaler Ebene dar (vgl. Ahlert/Schröder 1996, S. 52 f.). Daher sind die gesetzlichen Regelungen der EU und das bereits dargestellte deutsche Markengesetz weitestgehend deckungsgleich. Ein Unterschied besteht jedoch darin, dass für den Schutz einer Marke als Gemeinschaftsmarke eine Registrierung zwingend erforderlich ist, während nach dem deutschen Markengesetz der Markenschutz auch durch Verkehrsgeltung oder notorische, d.h. allgemeine Bekanntheit der Marke, erlangt werden kann (vgl. Sattler 2001, S. 49.).

Auch auf *internationa*ler Ebene gibt es Bestrebungen, gesetzliche Regelungen für die länderübergreifende Schützbarkeit von Marken zu schaffen (vgl. hierzu Sattler 2001, S. 49 f.). Das Madrider Markenabkommen (MMA) bzw. die

1 Rechtsgrundlagen und Markenschutz 251

Pariser Verbandsübereinkunft zum Schutz des gewerblichen Eigentums stellen die juristische Grundlage für die internationale Registrierung dar. Darüber hinaus kann eine Marke auch basierend auf dem Protokoll zum MMA (PMMA) international registriert werden. Diese Option kommt für Markeneigentümer aus Nicht-Mitgliedsstaaten des MMA in Frage. Ziel dieser Regelung ist es, nach und nach den Geltungsbereich des MMA weiter auszudehnen. Beispielsweise planen die USA, dem PMMA im Jahr 2001 beizutreten. Nachdem ein Markeneigentümer seine Marke im eigenen Land sowie beim Internationalen Büro für geistiges Eigentum (OMPI) in Genf hinterlegt und die entsprechenden Gebühren entrichtet hat, kann er den Markenschutz auf weitere Mitgliedsstaaten des MMA ausdehnen. Die Schutzrechte sind jedoch nicht – wie in der Gemeinschaftsmarkenverordnung der EU – vereinheitlicht, sondern richten sich nach den gesetzlichen Regelungen der Länder, für die der Markeneigentümer Markenschutz beantragt hat. Gegenüber der separaten Registrierung einer Marke in mehreren Ländern bietet die internationale Registrierung einer Marke den Vorteil, dass dem Markeneigentümer deutlich geringere Kosten entstehen.

**Markenschutz**

Wie bereits erwähnt, sind laut § 3 MarkenG unterschiedliche Darstellungsformen als Marke schützbar. Unabhängig von der Darstellungsform ist der Markenschutz jedoch an zwei wesentliche Voraussetzungen gebunden (vgl. Ahlert/Schröder 1996, S. 121; Schröder 1997, S. 168): Zum einen muss die Marke über *Unterscheidungskraft* verfügen, um „Waren oder Dienstleistungen eines Unternehmens von denjenigen anderer Unternehmen zu unterscheiden" (§ 3 I.2. Halbsatz). Diese Bedingung bringt die Relevanz der Unterscheidungs- und Herkunftsfunktion einer Marke zum Ausdruck. Als Beispiele für Marken, die laut Rechtssprechung nicht über Unterscheidungskraft verfügen, lassen sich ÖKOSTEIN für Bodenplatten oder EMINENT für Koffer und Taschen anführen. Zum anderen gilt das Kriterium der *Selbständigkeit* als Voraussetzung für die Schützbarkeit einer Marke. Nach § 3 II sind demzufolge folgende Kennzeichen vom Markenschutz ausgeschlossen: „(...)
- die ausschließlich aus einer Form bestehen,
- die durch die Art der Ware selbst bedingt ist,

– die zur Erreichung einer technischen Wirkung erforderlich ist oder
– die der Ware einen wesentlichen Wert verleiht."

Grundsätzlich kann der Markenschutz auf drei verschiedene Arten erreicht werden: durch Eintragung in das Markenregister, durch Verkehrsgeltung aufgrund der Benutzung einer Marke oder durch die notorische, d.h. allgemeine Bekanntheit einer Marke. Diese Alternativen schließen sich gegenseitig nicht aus, d.h. der Schutz einer Marke kann beispielsweise sowohl durch die Registrierung als auch aufgrund der notorischen Bekanntheit der Marke bestehen. Allen drei Regelungen gemeinsam ist das *Grundprinzip der Priorität* (vgl. Ahlert/Schröder 1996, S. 169). Demnach wird bei Konflikten zwischen zwei Markeneigentümern, die Markenschutz für eine Marke beantragen, prinzipiell dem Eigentümer des älteren Kennzeichens Vorrang gewährt.

In den meisten Fällen wird der Markenschutz durch die *Eintragung der Marke in das* beim Deutschen Patent- und Markenamt geführte *Markenregister* erlangt (vgl. hierzu Sattler 2001, S. 50 f.). Ab dem Zeitpunkt der Eintragung ist die Marke für 10 Jahre geschützt. Der Markenschutz kann danach beliebig oft für jeweils weitere 10 Jahre verlängert werden. Die für den Markenschutz zu entrichtende Gebühr richtet sich nach der Anzahl der Warenklassen, in denen die Marke registriert werden soll. Das Markenregister umfasst insgesamt 42 Warenklassen. Für die Eintragung in das Markenregister werden weder der Benutzungswille des Markeneigentümers noch das Vorhandensein eines Gewerbebetriebes zwingend vorausgesetzt. Es wird jedoch angenommen, dass ein potentieller Markeneigentümer mit der Eintragung der Marke kaufmännische, d.h. gewerbliche Ziele verfolgt. Im Zuge der Registrierung der Marke muss der Antragsteller entsprechende Angaben machen, z. B. darüber, ob und in welcher Art und Weise die Qualität der mit der Marke gekennzeichneten Waren und Dienstleistungen überprüft und damit die Qualitätsfunktion der Marke erfüllt wird (vgl. Schröder 1997, S. 169).

Der Markenschutz kann außer durch Eintragung in das Markenregister auch durch *Verkehrsgeltung* aufgrund der Benutzung einer Marke entstehen (vgl. hierzu Ahlert/Schröder 1996, S. 127 f.; Sattler 2001, S. 51 f.; Schröder 1997, S. 171). Verkehrsgeltung liegt vor, „wenn ein Zeichen im geschäftlichen

## 1 Rechtsgrundlagen und Markenschutz

Verkehr benutzt wird und dieses Zeichen innerhalb der beteiligten Verkehrskreise als Marke Verkehrsgeltung erworben hat" (§ 4 II MarkenG). Wird eine Marke von den beteiligten Konsumenten, Händlern etc. (Verkehrskreisen) mit einem Hersteller oder Händler (Markeneigentümer) assoziiert, ohne dass dieser die Marke registriert hat, so ist Verkehrsgeltung gegeben. Im Einzelfall ist jeweils festzulegen, welchem Prozentsatz der beteiligten Verkehrskreise die Marke bekannt sein muss, um Markenschutz zu erlangen. Die Höhe des Prozentsatzes hängt meist vom Grad der Unterscheidungskraft der Marke ab, d.h. je austauschbarer die Marke erscheint (z. B. durch Verwendung häufig eingesetzter Farben), desto höher ist der für den Markenschutz notwendige Bekanntheitsgrad. Im Gegensatz zum Markenschutz durch Eintragung im Markenregister ist der Markenschutz durch Verkehrsgeltung nicht zeitlich begrenzt, sondern durch den erforderlichen Bekanntheitsgrad. Dieser einmal bestimmte Wert muss aufrechterhalten werden, um den Schutz der Marke durch Verkehrsgeltung zu gewährleisten. Ein weiterer Unterschied zum Markenschutz durch Eintragung im Markenregister, der für das gesamte Hoheitsgebiet der Bundesrepublik Deutschland gilt, besteht darin, dass der Markenschutz durch Verkehrsgeltung regional begrenzt sein kann.

Schließlich kann der Markenschutz auch durch die *notorische Bekanntheit einer Marke* erlangt werden (vgl. hierzu Ahlert/Schröder 1996, S. 128 f.; Sattler 2001, S. 52; Schröder 1997, S. 171). Basierend auf der Pariser Verbandsübereinkunft (PVÜ) gilt eine notorisch, d.h. allgemein bekannte, jedoch im Inland nicht registrierte Marke aus anderen Ländern als ebenso geschützt wie Kennzeichen gleicher bzw. gleichartiger Produkte. Für diese Alternative zur Erwerbung des Markenschutzes ist ein entsprechender Bekanntheitsgrad der Marke – in der Regel mindestens 60 % – notwendige Voraussetzung.

Nachdem der Markeneigentümer seine Marke auf einem (oder mehreren) der dargestellten Wege geschützt hat, kann er bestimmte *Ausschließlichkeitsrechte* geltend machen (vgl. hierzu Ahlert/Schröder 1996, S. 129 ff.; Schröder 1997, S. 171 f.). Laut § 14 II MarkenG ist es Dritten nicht gestattet, „ohne Zustimmung des Inhabers der Marke im geschäftlichen Verkehr ein mit der Marke identisches Zeichen für Waren oder Dienstleistungen zu benutzen, die mit denjenigen identisch sind, für die sie Schutz genießt." Darüber hinaus ist

Dritten untersagt, identische oder ähnliche Zeichen zu verwenden, wenn dies zu Verwechslungen mit der geschützten Marke führen kann. Ebenso gestattet das Markengesetz nicht, dass Dritte identische oder ähnliche Zeichen für Waren oder Dienstleistungen verwenden, wenn es sich dabei um andere Waren oder Dienstleistungen handelt als die, für die die geschützte Marke steht. Dies wird vom Gesetzgeber verboten, da in diesen Fällen die Gefahr der Ausnutzung der Unterscheidungskraft oder der Wertschätzung der geschützten Marke besteht. Den Ausschließlichkeitsrechten des Markeneigentümers sind jedoch auch Grenzen gesetzt. Ein Markeneigentümer kann nach § 24 I MarkenG einem Dritten nicht untersagen, die Marke für Waren oder Dienstleistungen, die er selbst in Verkehr gebracht hat, zu nutzen. So darf beispielsweise ein Handelsunternehmen mit den in seinem Sortiment vertretenen Marken Werbung betreiben. Diese Berechtigung wird nach § 24 II MarkenG eingeschränkt. Demnach darf ein Markeneigentümer die Benutzung der Marke verbieten, „(...) insbesondere wenn der Zustand der Waren nach ihrem Inverkehrbringen verändert oder verschlechtert ist." Markeneigentümer können auch gegen Werbeaussagen vorgehen, die ihre Marke, insbesondere das Qualitätsversprechen der Marke, schädigen können, beispielsweise aggressive Niedrigpreiswerbung von Handelsunternehmen.

Vor der Eintragung einer Marke klärt das Deutsche Patent- und Markenamt ab, ob dem Markenschutz bestimmte (absolute) *Schutzhindernisse* entgegenstehen. Darüber hinaus wird geprüft, ob eine notorisch bekannte prioritätsältere Marke (§ 10 MarkenG) existiert. Neben diesen Schutzhindernissen gibt es weitere, so genannte relative Schutzhindernisse, die den Markenschutz ebenfalls begrenzen können. Diese werden jedoch nicht durch die Registrierungsbehörde überprüft, sondern können vom Markeneigentümer durch Widerspruchsverfahren oder Nichtigkeitsklagen eingeklagt werden (vgl. Sattler 2001, S. 52).

Die Erlangung des Markenschutzes ist an bestimmte Voraussetzungen gebunden. Liegen diese nicht vor, so handelt es sich um *absolute Schutzhindernisse* (vgl. hierzu Ahlert/Schröder 1996, S. 122 ff.; Sattler 2001, S. 52 ff.). Dazu zählen, wie bereits erwähnt, die Voraussetzungen der *Selbständigkeit* und *Unterscheidungskraft* der Marke (s. o.). Abweichend von dieser Regelung kann eine Marke jedoch Markenschutz erlangen, obwohl die Marke nicht über

# 1 Rechtsgrundlagen und Markenschutz

ausreichende Unterscheidungskraft verfügt, und zwar wenn die Marke die Voraussetzungen für den Markenschutz durch Verkehrsgeltung erfüllt. Eine weitere grundlegende Bedingung für die Schützbarkeit der Marke ist nach § 3 I MarkenG die *Markenfähigkeit* des Zeichens. Demnach wird vorausgesetzt, dass eine Marke derart gestaltet ist, dass sie eine gewisse Einzigartigkeit aufweist (die nicht nur durch die Beschaffenheit der Leistung selbst bedingt ist) und so die Identifikation der unter dieser Marke angebotenen Leistungen ermöglicht. Einige Marken können keinen Markenschutz erlangen, weil sie ein *Freihaltebedürfnis* verletzen (§ 8 II Nr. 2 MarkenG). Der Begriff Freihaltebedürfnis besagt, dass ein Zeichen nicht nur von einem einzelnen Markeneigentümer exklusiv genutzt werden darf, sondern im Interesse der beteiligten Verkehrskreise von mehreren Markeneigentümern in Anspruch genommen werden kann. Ein Freihaltebedürfnis besteht somit beispielsweise für Begriffe, die im allgemeinen Sprachgebrauch zur Beschreibung einer Leistung verwendet werden oder die die gekennzeichneten Leistungen nach Art, Beschaffenheit, Menge, geografischer Herkunft oder Zeit der Herstellung charakterisieren. Neben den dargestellten absoluten Schutzhindernissen können auch *allgemeine Gründe des öffentlichen Interesses* der Registrierung einer Marke entgegenstehen (§ 8 II Nr. 4-9 MarkenG). Hierzu zählen z. B. die Verletzung der guten Sitten oder der öffentlichen Ordnung, irreführende Angaben, die Benutzung von Hoheitszeichen (z. B. Staatswappen, Staatsflaggen, Nationalhymnen etc.) und die Verwendung von amtlichen Prüf- und Gewährzeichen.

Als eine zentrale Regelung im Rahmen der *relativen Schutzhindernisse* (vgl. hierzu Ahlert/Schröder 1996, S. 123 ff.; Sattler 2001, S. 55 ff.; Schröder 1997, S. 169 ff.) ist zunächst die *Existenz fremder, prioritätsälterer Schutzrechte* zu nennen. Nach dem Grundprinzip der Priorität wird bei Konflikten zwischen zwei Markeneigentümern, die Markenschutz für eine Marke beantragen, prinzipiell dem Eigentümer des älteren Kennzeichens Vorrang gewährt. Ein weiteres relatives Schutzhindernis ist der *Benutzungszwang* einer Marke. Demnach kann ein Markeneigentümer keine Ansprüche auf Markenschutz erheben und verliert somit seine Ausschließlichkeitsrechte, wenn er die Marke innerhalb der letzten fünf Jahre nicht oder in gänzlich anderer als der im Markenregister eingetragenen Form benutzt hat. Eine Ausnahme im Hinblick auf die Ausschließlichkeitsrechte und den Markenschutz des Markeneigentümers stellt der *zulässige Drittgebrauch* der Marke dar. Dritten ist die Nutzung einer Marke z. B. im Rahmen der Handelswerbung oder zur Kennzeichnung von Zubehör und Ersatzteilen gestattet. In diesen Fällen wird ein identisches oder ähnliches Zeichen zur Identifikation oder genaueren Bezeichnung des betreffenden Produkts hinsichtlich Art, geografischer Herkunft etc. verwendet. Der Drittgebrauch einer Marke ist jedoch untersagt, wenn der Zustand der Waren verändert oder verschlechtert wird oder wenn dabei gegen die guten Sitten verstoßen wird. Besteht *Verwechslungsgefahr* zwischen identischen oder ähnlichen Marken, so liegt ein weiteres relatives Schutzhindernis vor. Verwechslungsgefahr kann sich zum einen durch die Gefahr der Zeichenverwechslung manifestieren. In diesem Fall weisen zwei Marken, z. B. durch eine sehr ähnliche grafische Form, eine sehr hohe Ähnlichkeit auf. Zum anderen kann die Gefahr der Inhaberverwechslung vorliegen. Hierbei werden verschiedene Marken mit dem gleichen Markeneigentümer bzw. Unternehmen in Verbindung gebracht. Eine dritte Form dieses Schutzhindernisses ist die assoziative Verwechslungsgefahr. Wenn zwei Marken eine sehr hohe Ähnlichkeit aufweisen, so nehmen die beteiligten Verkehrskreise häufig fälschlicherweise an, dass auch zwischen den betreffenden Markeneigentümern bzw. Unternehmen eine Verbindung besteht. Um zu ermitteln, ob Verwechslungsgefahr besteht, ist die Ähnlichkeit zwischen den Marken näher zu analysieren. Hierbei sollte betrachtet werden, wie stark von den beteiligten Verkehrskreisen eine Übereinstimmung in Klang, Bild oder Sinn der Marken wahrgenommen wird und wie weit sich somit der Gesamteindruck der Marken deckt. Zudem können nahezu identische Abnehmerkreise, Verwendungszwecke oder Herstellungsstätten der identischen oder ähnlichen Marken Indikatoren für eine Verwechslungsgefahr sein. Stellt man fest, dass Verwechslungsgefahr vorliegt, so gilt wiederum das Grundprinzip der Priorität, d.h. der Markeneigentümer des jüngeren Markenzeichens muss dieses löschen lassen.

**Schutz von Unternehmenskennzeichen**

Nicht nur für Marken, sondern auch für Unternehmenskennzeichen gelten besondere Schutzrechte (vgl. hierzu Ahlert/Schröder 1996, S. 131 f.; Schröder 1997, S. 173). Während Marken eine Unterscheidungs- und Individualisierungsfunktion für bestimmte Waren oder Dienstleistungen zugesprochen wird, erfüllen Unternehmenskennzeichen dieselben Funktionen für ein Unternehmen als Ganzes. Als Unternehmenskennzeichen gelten beispielsweise Bezeichnungen für die Firma (z. B. DAIMLER CHRYSLER AG, 1. FC KAISERSLAUTERN), Firmenschlagworte (z. B. MERCEDES) und besondere Bezeichnungen eines Unternehmens. Nach dem Markengesetz sind Unternehmenskennzeichen rechtlich geschützt, die zur Erlangung dieser Schutzrechte zu erfüllenden Bedingungen werden jedoch nicht konkretisiert. Generell gilt, dass Unternehmenskennzeichen über Unterscheidungskraft verfügen und sich zur Namensgebung für ein Unternehmen eignen müssen. Sie gelten als geschützt, sobald sie im geschäftlichen Verkehr benutzt werden. Eine Ausnahme stellen Geschäftsabzeichen wie z. B. der NIKE-SWOOSH oder das SPARKASSEN-S dar. In diesen Fällen wird für den Schutz als Unternehmenskennzeichen vorausgesetzt, dass die Geschäftsabzeichen innerhalb beteiligter Verkehrskreise als Kennzeichen des Geschäftsbetriebes gelten.

**Schutz geografischer Herkunftsangaben**

Auch geografische Herkunftsangaben sind unter bestimmten Bedingungen nach dem Markengesetz als Kennzeichen schützbar (vgl. hierzu Ahlert/Schröder 1996, S. 132 f.; Schröder 1997, S. 173 f.). Geografische Herkunftsangaben werden nach § 126 I MarkenG definiert als „Namen von Orten, Gegenden, Gebieten oder Ländern (...), die im geschäftlichen Verkehr zur Kennzeichnung der geografischen Herkunft von Waren und Dienstleistungen benutzt werden." Als Voraussetzung für die Schützbarkeit einer geografischen Herkunftsangabe gilt, dass diese nicht die Gefahr der Täuschung hinsichtlich der geografischen Herkunft birgt. Somit müssen Waren wie z. B. NÜRNBERGER LEBKUCHEN oder SOLINGER STAHL aus dem genannten Ort stammen. Geografische Angaben können jedoch auch lediglich als Angabe für eine charakteristische Beschaffenheit von Waren dienen, z. B. DRESDNER STOLLEN. In diesem Fall geht man nicht von der Gefahr der Irreführung aus. Eine weitere Voraussetzung für die Schützbarkeit einer geografischen Herkunftsangabe besteht darin, dass die so gekennzeichneten Waren – sofern die beteiligten Verkehrskreise mit dieser geografischen Herkunftsangabe bestimmte Eigenschaften oder eine besondere

Qualität verbinden – diese Erwartungen erfüllen müssen. Schließlich gilt auch der besondere Ruf geografischer Herkunftsangaben als schützbar. Dies bedeutet, dass eine geografische Herkunftsangabe nicht für Waren oder Dienstleistungen anderer Herkunft verwendet werden darf, wenn so der besondere Ruf der geografischen Herkunftsangabe geschädigt werden kann.

## 2 Rechtsmanagement für Marken

Nachdem die für die strategische Markenführung relevanten rechtlichen Grundlagen sowie die Regelungen zum Markenschutz dargestellt wurden, soll im Folgenden aufgezeigt werden, welche Aufgaben das Rechtsmanagement für Marken umfasst und welche Mittel Markeneigentümern zur Verfügung stehen, um im Falle von Konflikten ihre Ansprüche geltend zu machen. Generell zählen zum Rechtsmanagement präventive, defensive und offensive Maßnahmen (vgl. Ahlert/Schröder 1996, S. 136 ff.; Schröder 1997, S. 174 f.). Ziel der präventiven Maßnahmen ist es, die eigene Marke und die damit verbundenen Rechte vorsorglich zu schützen, d.h. bevor es zu Konflikten kommt. Als präventive Maßnahme gilt beispielsweise die Eintragung einer Marke im Markenregister. Defensive Maßnahmen dienen dazu, Angriffe Dritter auf die Schutzrechte der eigenen Marke abzuwehren, z. B. indem unrechtmäßig verwendete Kennzeichen vernichtet werden müssen. Offensive Maßnahmen beziehen sich sowohl auf den Schutz der eigenen Markenrechte als auch auf das Vorgehen gegen Kennzeichen Dritter. Hierzu zählen z. B. das Einschreiten bei Rufschädigung oder das Durchsetzen des Markenschutzes durch Verkehrsgeltung. Im Folgenden werden einige der wichtigsten defensiven und offensiven Maßnahmen näher erläutert.

Der Markeneigentümer verfügt, wie bereits dargestellt, über bestimmte Ausschließlichkeitsrechte, die die Benutzung der Marke betreffen. Werden diese Rechte verletzt, so bieten sich dem Markeneigentümer verschiedene Möglichkeiten, um dagegen vorzugehen. Zu den *Ansprüchen bei Markenrechtsverletzungen* zählen je nach Rechtslage die Unterlassung, die Löschung, der Schadensersatz oder die Vernichtung (vgl. hierzu Sattler 2001, S. 60 ff.):

– Ein Markeneigentümer kann von einem Dritten die Unterlassung der unbefugten Benutzung (§ 14 II und III MarkenG) der Marke verlangen, falls die Gefahr besteht, dass die Verletzung wiederholt wird (§ 14 V, § 15 IV MarkenG).

- Der Eigentümer einer älteren Marke hat gegenüber dem Eigentümer einer jüngeren Marke nach dem Grundprinzip der Priorität einen Anspruch auf Löschung der (jüngeren) Marke aus dem Markenregister.
- Anspruch auf Schadenersatz entstehen für den Markeneigentümer, wenn eine schuldhafte Handlung des Verletzers (d.h. Vorsatz oder Fahrlässigkeit) vorliegt (§ 14 VI; § 15, V MarkenG). Als fahrlässig gilt das Verhalten des Verletzers bereits dann, wenn dieser die Marke hätte kennen müssen bzw. hätte ausfindig machen können. Das Markengesetz enthält keine Richtlinien für die Berechnung der Schadensersatzansprüche, daher werden zu diesem Zweck die Bestimmungen des Warenzeichengesetzes herangezogen. Schadensersatzansprüche können auf verschiedene Arten berechnet werden, wobei der Markeneigentümer die für ihn vorteilhafteste Art bestimmen darf.
- Nach § 18 MarkenG kann der Markeneigentümer einen Anspruch auf Vernichtung der unrechtmäßig gekennzeichneten Waren sowie der zur Kennzeichnung dienenden Vorrichtungen geltend machen. In diesem Zusammenhang hat der Markeneigentümer auch das Recht, umfassende Auskünfte über Menge, Herkunft und Vertriebswege der widerrechtlich gekennzeichneten Waren bzw. Dienstleistungen einzuholen.

Das Spektrum des Rechtsmanagements für Marken umfasst nicht nur Aufgaben in Konfliktfällen, sondern auch Kontrollfunktionen. Hierzu zählt die *Kontrolle des Bekanntheitsgrades* und *des guten Rufs der Marke* (vgl. hierzu Schröder 1997, S. 175 ff.). Generell gilt, dass eine Marke desto umfangreichere Schutzrechte genießt, je höher ihr Bekanntheitsgrad ist. So gilt beispielsweise für eine notorisch, d. h. allgemein bekannte Marke aus einem anderen Land aufgrund ihres Bekanntheitsgrades von mehr als 60 % der gleiche Markenschutz wie für Kennzeichen gleicher bzw. gleichartiger Produkte, auch wenn die betreffende Marke im Inland nicht registriert ist. Die kontinuierliche Kontrolle des Bekanntheitsgrades der Marke ist somit von hoher Relevanz, um im Falle einer vorprozessualen Kollision zweier Marken das andere Unternehmen über die eigene Markstellung informieren oder bei gerichtlichen Auseinandersetzungen die

Beweisführung wirksam unterstützen zu können. Der Nachweis des guten Rufs der Marke in den beteiligten Verkehrskreisen kann bei derartigen Konflikten, aber auch in Fällen von Verletzungen des guten Rufs der Marke (z. B. durch preisaggressive oder irreführende Handelswerbung) erforderlich sein. Der gute Ruf einer Marke kann nicht nur auf der objektiven Qualität (z. B. hinsichtlich technischer Standards, Haltbarkeit, Verarbeitung etc.), sondern auch auf den subjektiven Vorzügen der Marke (z. B. spezifisches Image, Exklusivität etc.) gründen. Als Instrumente für empirische Untersuchungen zur Ermittlung des guten Rufs einer Marke eignen sich verschiedene Erhebungsmethoden der Einstellungs- und Imageforschung.

Bekannten Marken kommt im Rahmen des Rechtsmanagements für Marken eine besondere Bedeutung zu. Für die Inanspruchnahme der erweiterten Regelungen zum *Schutz bekannter Marken* wird nicht nur ein entsprechender Bekanntheitsgrad vorausgesetzt, sondern auch das Vorliegen bestimmter Tatbestände (vgl. hierzu Ahlert/Schröder 1996, S. 124 f.; Schröder 1997, S. 178 ff.). Hierzu zählt zum einen die Rufausbeutung einer bekannten Marke. Diese liegt vor, wenn eine andere Marke die Güte-, Qualitäts- und Prestigevorstellungen oder den Aufmerksamkeitswert der bekannten Marke bei den beteiligten Verkehrskreisen ausnutzt. Zum anderen gilt für bekannte Marken ein besonderer Schutz, wenn die Wertschätzung der Marke beeinträchtigt wird. Wenn eine andere Marke qualitativ schlechtere Waren oder Dienstleistungen kennzeichnet oder wenn diese bei den beteiligten Verkehrskreisen Assoziationen hervorruft, die nicht dem Image der bekannten Marke dienen, geht man von einer Beeinträchtigung der Wertschätzung der bekannten Marke aus. Dies gilt jedoch nur dann, wenn zwischen den beiden Marken Verwechslungsgefahr besteht. Schließlich unterliegen bekannte Marken einem besonderen Schutz gegen Verwässerungsgefahr bzw. Beeinträchtigung der Unterscheidungskraft. Diese liegt vor, wenn eine fremde Marke Waren bzw. Dienstleistungen kennzeichnet, die eine Ähnlichkeit mit den mit der bekannten Marke gekennzeichneten Waren bzw. Dienstleistungen aufweisen.

Zu den Aufgaben des Rechtsmanagements für Marken zählt darüber hinaus die *Kontrolle von Verwechslungs- und Irreführungsgefahren* (vgl. Schröder 1997, S. 181 f.). Die verschiedenen Formen dieser Gefahren wurden bereits bei den

Ausführungen zu den relativen Schutzhindernissen sowie zum Schutz geografischer Herkunftsangaben dargestellt.

**Weitere Nutzungsmöglichkeiten von Markenrechten**

Markeneigentümer sind nicht nur berechtigt, ihre Markenrechte selbst in Anspruch zu nehmen, sondern auch, diese auf andere zu übertragen und weiter zu verwerten (§ 27 MarkenG). Die *Lizenzvergabe* stellt eine in der Praxis besonders relevante Nutzungsmöglichkeit von Markenrechten dar (vgl. hierzu Ahlert/Schröder 1996, S. 146 ff.; Schröder 1997, S. 182 ff.; Sattler 2001, S. 59 f.). Mit der Erteilung einer Lizenz überträgt der Markeneigentümer dem Lizenznehmer das Recht, die Marke zu benutzen und damit die eigenen Waren bzw. Dienstleistungen zu kennzeichnen. Als Beispiel hierfür lässt sich die Firma SCHÖLLER anführen, die in Lizenz Eiscreme der Marke MÖVENPICK herstellt. Zudem spielt die Vergabe von Lizenzen häufig im Rahmen des *Merchandising* bekannter Kinofilme wie z. B. HARRY POTTER eine Rolle. Lizenzen wurden in diesem Fall beispielsweise an COCA-COLA (u. a. für die Nutzung der HARRY-POTTER-Figuren auf den COCA-COLA-Flaschen) und MARS (u. a. für den Vertrieb von HARRY-POTTER-Schokoladenfröschen) vergeben. Die einzelnen Rechte und Pflichten von Lizenzgeber und –nehmer werden in der Regel schriftlich in einem Lizenzvertrag festgehalten. Dabei wird die vergebene Lizenz hinsichtlich Dauer, Qualität der Waren bzw. Dienstleistungen, personellem und sachlichem Umfang, räumlicher Gültigkeit, Exklusivitätsgrad sowie den zu entrichtenden Lizenzgebühren spezifiziert. Rechtliche Probleme zwischen Lizenzgeber und –nehmer können entstehen, wenn bestimmte vertragliche Vereinbarungen nicht eingehalten werden, beispielsweise wenn der Lizenznehmer Werbemaßnahmen einsetzt, die nicht dem Image der Marke entsprechen. Insbesondere durch die wachsende Anzahl von Unternehmensübernahmen und Fusionen kommt auch der *Veräußerung von Marken* eine zunehmende Bedeutung zu. Marken können als selbständige, verkehrsfähige Wirtschaftsgüter auch unabhängig vom Gesamtunternehmen weiterverkauft werden. Die Veräußerung der Marke kann sich auf sämtliche mit der Marke gekennzeichnete Waren bzw. Dienstleistungen beziehen oder nur einen Teil betreffen.

# Literaturverzeichnis

Aaker, D.A. (1990): Brand Extensions: The good, the bad and the ugly, In: Sloan Management Review, Summer 1990, S. 47-56

Aaker, D.A. (1992): Management des Markenwerts, Frankfurt/Main / New York

Aaker, D.A. (1996): Building strong brands. New York

Aaker, D.A./Joachimsthaler, E. (2000): Brand leadership, New York

Aaker, J.L. (2001): Dimensionen der Markenpersönlichkeit. In: Esch, F.-R. (Hrsg.): Moderne Markenführung, 3., erweiterte und aktualisierte Auflage, Wiesbaden, S. 91-102

Abell, D.F. (1980): Defining the business. Englewood Cliffs

Achenbaum, A.A. (1993): The mismanagement of brand equity. ARF Fifth Annual Advertising and Promotion Workshop, 1. Februar 1993

Aders, C./Wiedemann, F. (2001): Brand Valuation: Errechnen die bekannten Ansätze der Markenbewertung entscheidungsrelevante Markenwerte?, In: Finanzbetrieb, 3. Jg., September 2001, S. 469-478

Ahlert, D. (1991): Distributionspolitik. 2. Aufl., Stuttgart/Jena

Ahlert, D./Schröder, H. (1996): Rechtliche Grundlagen des Marketing. 2. völlig überarbeitete Aufl., Stuttgart/Berlin/Köln

Antil, J. (1984): Conceptualization and operationalization of involvement, In: Advances in consumer research (11), S. 203-209

Arnold, D. E. (1992): Modernes Markenmanagement, Wien

Assael, H. (1995): Consumer behavior and marketing action. 5. Aufl., Cincinnati, Ohio

Backhaus, K. (1992): Investitionsgütermarketing, 3. Aufl., München (4. Aufl. 1995, 5. Aufl. 1997, 6. Aufl. 1999)

Barney, J.B. (1991): Firm ressources and sustained competitive advantage. In: Journal of Management, Vol. 17. H. 1, S. 99-120

Baumgarth, C. (2001): Co-Branding: Stars, Erfolgreiche, Flops und Katastrophen. In: Werbeforschung & Praxis 1 (2001), S. 24-30

Becker, J. (1993): Marketing-Konzeption: Grundlagen des strategischen Marketing-Managements, 5. Aufl., München (6. Aufl. 1998)

Becker, J. (1994): Typen von Markenstrategien. In: M. Bruhn (Hrsg.): Handbuch Markenartikel. Stuttgart, S. 463-498

Becker, J. (1996): Konzeptionelle Grundfragen der Positionierung, In: Tomczak, T./Rudolph, Th./Roosdorp, A. (Hrsg.): Positionierung – Kernentscheidung des Marketing, St. Gallen, S. 12-23

Bekmeier, S. (1994): Markenwert und Markenstärke – Markenevaluierung aus konsumentenorientierter Perspektive, In: Markenartikel, 54. Jg., H. 8, S. 383-387

Bekmeier-Feuerhahn, S. (1998): Marktorientierte Markenbewertung – Eine konsumenten- und unternehmensorientierte Betrachtung, Forschungsgruppe Konsum und Verhalten, Gabler Edition Wissenschaft, Wiesbaden

Bekmeier-Feuerhahn, S. (2000): Nachfrageorientierte Bewertung von Marken, In: Thexis, 17. Jg., Nr. 2, S. 54-58

Bekmeier-Feuerhahn, S. (2001): Messung von Markenvorstellungen, In: Esch, F.-R. (2000) (Hrsg.): Moderne Markenführung, 3., erweiterte und aktualisierte Auflage, Wiesbaden, S. 1105-1122

Belz, Ch. (1991): Erfolgreiche Leistungssysteme, Stuttgart

Belz, Ch. (1996): Verkaufskompetenz, St. Gallen

Belz Ch./Kopp, K.-M. (1994): Markenführung für Investitionsgüter als Kompetenz- und Vertrauensmarketing, In: Bruhn, M. (Hrsg.): Handbuch Markenartikel, Bd. 3, Stuttgart, S. 1577-1601

Belz, Ch. /Schuh, G./Groos, S. A./ Reinecke, S. (1997): Industrie als Dienstleister, St. Gallen

Berekoven, L. (1992): Von der Markierung zur Marke. In: E. Dichtl/W. Eggers (Hrsg.): Marke und Markenartikel als Instrumente des Wettbewerbs. München, S. 25-45

Berry, L.L. (1980): Services Marketing is different, In: Business, Vol. 30, No. 3, S. 24-29

Biel, A. L. (2001): Grundlagen zum Markenwertaufbau, In: Esch, F.-R. (Hrsg.): Moderne Markenführung, 3., erweiterte und aktualisierte Auflage, Wiesbaden, S. 61-90

Literaturverzeichnis 265

Binder, Ch.U. (2001): Lizensierung von Marken. In: F.-R. Esch (Hrsg.): Moderne Markenführung, 3., erweiterte und aktualisierte Auflage. Wiesbaden, S. 385-411

Blacket, T./Boad, B. (1999): Co-Branding. The science of alliance. Interbrand, Houndmills u.a.O.

Böll, K. (1998): Merchandising und Licensing. Grundlagen, Beispiele, Management. München

Brockhoff, K. (1992): Positionierung, In: Diller, H. (Hrsg.): Vahlens Grosses Marketinglexikon, München, S. 878-879

Brockhoff, K. (1993): Produktpolitik, 3. Aufl., Stuttgart

Brown, T.J./Dacin, P.A. (1997): The company and the product: corporate associations and consumer product responses. In: Journal of Marketing Vol. 61 Januar 1997, S. 68-84

Bruhn, M. (1994): Begriffsabgrenzungen und Erscheinungsformen von Marken. In: Bruhn, M. (Hrsg.): Handbuch Markenartikel. Stuttgart S. 3-41

Büschken, J./von Thaden, Ch. (2000): Produktvariation, -differenzierung und – diversifikation, In: Albers, S./Herrmann, A. (Hrsg.): Handbuch Produktmanagement, Wiesbaden, S. 553-573

Catellani, A./Claus, S. (1998): The Body Shop: Pioniermarketing, In: Belz, Ch. (Hrsg.): Akzente im innovativen Marketing, St.Gallen, S. 616-619.

Day, C. S./Wensley, R. (1988): Assessing advantage: A framework for diagnosing competitive superiority, In: Journal of Marketing, April 1988, S. 1-20

Dayal, S/Landesberg, H./Zeisser, M. (2000): Building digital brands, In: McKinsey Quarterly, 2000, No. 2, S. 42-51

Deschamps, J.-Ph./Nayak P.R. (1995): Product juggernauts – How companies mobilize to generate a stream of market winners. Boston, MA

Deshpandé, R./Farley, J. U./Webster, F. E. (1993): Corporate culture, customer orientation, and innovativeness in Japanese firms: A quadrad analysis, In: Journal of Marketing, 57, H. 1, S. 23-37

Dichtl, E. (1992): Grundidee, Varianten und Funktionen der Markierung von Waren und Dienstleistungen. In: Dichtl, E./Eggers, W. (Hrsg.): Marke und Markenartikel als Instrumente des Wettbewerbs. München, S. 1-24

Diller, H./Goerdt, T./Geis, G. (1997): Marken- und Einkaufsstättentreue bei Konsumgütern, Arbeitspapier Nr. 58 des Lehrstuhls für Marketing der Universität Erlangen-Nürnberg, Nürnberg

Diller, H./Goerdt, T. (2001): Marken- und Einkaufsstättentreue der Konsumenten als Bestimmungsfaktoren der Markenführung, In: Esch, F.-R. (2001) (Hrsg.): Moderne Markenführung, 3., erweiterte und aktualisierte Auflage, Wiesbaden, S. 1007-1022

Dolmetsch, R./Hauswirth, J. (1998): Customer Care bei der Zürich Schweiz, In: Reinecke, S./Sipötz, E./Wiemann, E.-M.: Total Customer Care, St. Gallen/Wien, S. 244-261

Engelhardt, W.H. (1990): Dienstleistungsorientiertes Marketing - Antwort auf die Herausforderungen durch neue Technologien. In: Adam, D./ Backhaus, K./Meffert, H. (Hrsg.): Integration und Flexibilität. Wiesbaden, S. 267-289

Engelhardt, W. H./Günter, B. (1981): Investitionsgütermarketing, Stuttgart u.a.O.

Engelhardt, W.H./Kleinaltenkamp, M. /Reckenfelderbäumer, M. (1993): Leistungsbündel als Absatzobjekte. In: Zeitschrift für betriebswirtschaftliche Forschung Heft 5/1993, S. 395-426

Esch, F.-R. (1992): Positionierungsstrategien – konstituierender Erfolgsfaktor für Handelsunternehmen, in Thexis 4/1992, S. 9-15.

Esch, F.-R. (1993): Markenwert und Markensteuerung, In: Thexis, 10. Jg., Nr. 5./6., S. 56-64

Esch, F.-R. (1998): Aufbau und Stärkung von Dienstleistungsmarken durch integrierte Kommunikation, In: Tomczak, T./Schögel,M./Ludwig,E. (Hrsg.): Markenmanagement für Dienstleistungen, St. Gallen, S. 104-133

Esch, F.-R. (1999): Markenpositionierung und Markenführung. In: R. Grünig/M. Pasquier (Hrsg.): Strategisches Management und Marketing. Bern/Stuttgart/Wien, S. 331-363

Esch, F.-R. (2001): Aufbau starker Marken durch integrierte Kommunikation. In: F.-R. Esch (Hrsg.): Moderne Markenführung, 3., erweiterte und aktualisierte Auflage, Wiesbaden, S. 599-635

Esch, F.-R. (2001a): Markenpositionierung als Grundlage der Markenführung, In: Esch, F.-R. (Hrsg.): Moderne Markenführung, 3., erweiterte und aktualisierte Auflage, Wiesbaden, S. 233-265

## Literaturverzeichnis

Esch, F.-R. (2001b): Ansätze zur Messung des Markenwerts, In: Esch, F.-R. (Hrsg.): Moderne Markenführung, 3., erweiterte und aktualisierte Auflage, Wiesbaden, S. 1025-1057

Esch, F.-R. (2001c): Kontrolle der Eigenständigkeit von Markenauftritten, In: Esch, F.-R. (Hrsg.): Moderne Markenführung, 3., erweiterte und aktualisierte Auflage, Wiesbaden, S. 1123-1138

Esch, F.-R./Andresen, Th. (1994): Messung des Markenwerts, In: Tomczak, T. /Reinecke, S. (Hrsg.): Marktforschung, St. Gallen, S. 212-230

Esch, F.-R./Andresen, Th. (1996): 10 Barrieren für eine erfolgreiche Markenpositionierung und Ansätze zu deren Überwindung, In: Tomczak, T./Rudolph, Th./Roosdorp, A. (Hrsg.): Positionierung – Kernentscheidung des Marketing, St. Gallen, S. 78-94

Esch, F.-R./Bräutigam, S. (2001): Analyse und Gestaltung komplexer Markenarchitekturen. In: Esch, F.-R. (Hrsg.): Moderne Markenführung. Grundlagen - innovative Ansätze - praktische Umsetzung. 3., erw. und akt. Aufl., Wiesbaden, S. 711-732

Esch, F.-R./Fuchs, M./Bräutigam, S./Redler, J. (2001): Konzeption und Unsetzung von Markenerweiterungen, In: Esch, F.-R. (Hrsg.): Moderne Markenführung, 3., erweiterte und aktualisierte Aufl., Wiesbaden, S. 755-791

Esch, F.-R./Hardiman, M./Wicke A. (2001): Markenwirksames Web-Design, In: Schögel, M./Tomczak, T./Belz, Ch. (Hrsg.): Ro@dmap to E-Business

Esch, F.-R./Langner, T. (2001): Branding als Grundlage zum Markenaufbau. In: Esch, F.-R. (Hrsg.): Moderne Markenführung. Grundlagen - innovative Ansätze - praktische Umsetzungen. 3., erw. und akt. Aufl., Wiesbaden, S. 437-450

Esch, F.-R./Wicke, A. (2001): Herausforderungen und Aufgaben des Markenmanagements, In: Esch, F.-R. (Hrsg.): Moderne Markenführung, 3., erweiterte und aktualisierte Auflage, Wiesbaden, S. 3-55

Feige, St. (1996): Handelsorientierte Markenführung, Frankfurt/Main u.a.O.

Fischer, O. (1999): Die Masche mit der Nostalgie, In: Manager Magazin, 29. Jg., Nr. 6, S. 176-183

Fournier, S. (1998): Consumers and their brands: Developing relationship theory in consumer research. In: Journal of Consumer Research Vol. 24, März 1998, S. 343-373

Freter, H. (1983): Marktsegmentierung, Stuttgart/Berlin/Köln

Freter, H./C. Baumgarth (2001): Ingredient Branding - Begriff und theoretische Begründung. In: Esch, F.-R. (Hrsg.): Moderne Markenführung. Grundlagen - innovative Ansätze - praktische Umsetzungen. 3., erw. und akt. Aufl., Wiesbaden, S. 317-343

Gaul, W./Baier, D. (1994): Marktforschung und Marketing-Management: Computerbasierte Entscheidungsunterstützung, 2. Aufl., München

Geschka, A./Eggert-Kipfstuhl, K. (1994): Innovationsbedarfsforschung, In: Tomczak, T./Reinecke S. (Hrsg.): Marktforschung, Fachbuch für Marketing, St. Gallen, S. 116-127

Gräf, H. (1999): Online-Marketing – Gestaltungsempfehlungen für die erfolgreiche Endkundenbearbeitung auf elektronischen Märkten, Universität St. Gallen: Dissertation

Groeppel-Klein, A. (2001): Handelsmarkenstrategien aus Konsumentensicht, In: Esch, F.-R. (Hrsg.): Moderne Markenführung, 3., erweiterte und aktualisierte Auflage, Wiesbaden, S. 939-959

Grosse-Oetringhaus, W. F. (1994): Value Marketing – Steigerung des Geschäftserfolgs durch Erhöhung von Kundenwerten, In: Tomczak, T./Belz, Ch. (Hrsg.): Kundennähe realisieren, St. Gallen, S. 55-79

Grunert, K. G. (1990): Kognitive Strukturen in der Konsumforschung. Entwicklung und Erprobung eines Verfahrens zur offenen Erhebung assoziativer Netzwerke, Wirtschaftswissenschaftliche Beiträge, Bd. 30, Heidelberg.

Gussek, F. (1992): Erfolg in der strategischen Markenführung, Wiesbaden

Haacke, B. v. (1999): Mit dem ewigen Feuer, In: Wirtschaftswoche, Nr. 36, 2.9.1999, S. 66-68

Haedrich, G. (1993): Images und strategische Unternehmens- und Marketingplanung. In: Armbrecht, W./Avenarius, H./Zabel, U. (Hrsg.): Image und PR. Opladen, S. 251-262

Haedrich, G. (1999): Strategische Kommunikationsplanung für Low-Involvement-Produkte. In: R. Grünig/ Pasquier, M. (Hrsg.): Strategisches Management und Marketing. Bern/Stuttgart/Wien, S. 379-394

# Literaturverzeichnis 269

Haedrich, G. (2001): Branding und Positionierung von Destinationen. In: Bieger, Th./Pechlaner, H./Steinecke, A. (Hrsg.): Erfolgskonzepte im Tourismus. Marken - Kultur - neue Geschäftsmodelle. Wien, S. 41-50

Haedrich, G./Berger, R. (1982): Angebotspolitik. Berlin/New York

Haedrich, G./Jenner, Th. (1996): Strategische Erfolgsfaktoren in Konsumgütermärkten. In: Die Unternehmung Heft 1/1996, S. 13-26

Haedrich, G./Jeschke, B.G. (1994): Zum Management des Unternehmensimages. In: DBW 54 (1994) 2, S. 211-220

Haedrich, G./Tomczak, T. (1988): Erlebnis-Marketing: Angebots-Differenzierung durch Emotionalisierung. In: Thexis Heft 1/1988, S. 35-41

Haedrich, G./Tomczak, T. (1994): Strategische Markenführung. In: Bruhn, M. (Hrsg.): Handbuch Markenartikel. Stuttgart, S. 925-948

Haedrich, G./Tomczak, T. (1996): Produktpolitik. Stuttgart/Berlin/Köln

Hammann, P. (1992): Der Wert einer Marke aus betriebswirtschaftlicher und rechtlicher Sicht, In: Dichtl, E./Eggers, W. (Hrsg.): Marke und Markenartikel als Instrumente des Wettbewerbs, München, S. 205-245

Hammann, P. (1999): Was lehren 100 Jahre Markenforschung für die Zukunft? In: G.E.M. - Gesellschaft zur Erforschung des Markenwesens e.V. (Hrsg.): Warum sind Marken erfolgreich? Wiesbaden, S. 11-24

Hammann, P./Palupski, R./Bofinger, K. (1997): Markenstress. In: Marketing ZFP Heft 3/1997, S. 177-183

Harrigan, K. R. (1989): Unternehmensstrategien für reife und rückläufige Märkte, Frankfurt a.M./New York

Hätty, H. (1989): Das Transferpotenzial von Marken, In: Jahrbuch der Absatz- und Verbrauchsforschung, Nr. 2, S. 124-152

Hätty, H. (1994): Markentransferstrategie. In: M. Bruhn (Hrsg.): Handbuch Markenartikel. Stuttgart, S. 561-582

Hauser, J./Clausing, D. (1997): Wenn die Stimme des Kunden bis in die Produktion vordringen soll, In: Simon, H./Homburg, C.: Kundenzufriedenheit, 2., aktual. und erw. Aufl., Wiesbaden, S. 55-76

Herrmann, A. (1998): Produktmanagement, München

Herstatt, C. (1991): Anwender als Quelle für Produktinnovationen, Zürich, Diss.

Herstatt, C./von Hippel, E. (1992): From experience: Developing new product concepts via the lead user method, In: The Journal of Product Innovation Management, 9. Jg., 1992, S. 213-221

Högl, S./Hupp, O. (2001): Markenbewertung mit dem Brand ASsessment System, In: Markenartikel, H. 4

Homburg, C./Fassnacht, M. (1998): Wettbewerbsstrategien von Dienstleistungsanbietern, In: Meyer, A. (Hrsg.): Handbuch für Dienstleistungsmarketing, Stuttgart, S. 527-541.

Horváth, P. (1998): Controlling, 7. Aufl., München

Icon Forschung & Consulting (1999): Brand Status/Brand Trek – Verfahren zur Ermittlung von Markenwert und Markenidentität, Nürnberg

Interbrand (Hrsg.) (1990): Brands - an international review by Interbrand, London

Irrgang, W. (1989): Strategien im vertikalen Marketing – Handelsorientierte Konzeptionen der Industrie, München

Jenner, Th. (1994): Internationale Marktbearbeitung. Wiesbaden

Jenner, Th. (1999): Überlegungen zum strategischen Wandel in der Markenführung. In: Marketing ZFP Heft 2/1999, S. 149-160

Jenner, Th. (1999a): Markenführung als Lernprozeß. In HARVARD BUSINESS manager 5/1999, S. 20-29

Jeschke, B.G. (1993): Überlegungen zu den Determinanten des UnternehmensImage. In: Armbrecht, W./Avenarius, H./Zabel, U. (Hrsg.): Image und PR. Opladen, S. 73-85

Joachimsthaler, E./Aaker, D.A. (1997): Building brands without mass media. In: Harvard Business Review Januar/Februar 1997, S. 39-50

Joachimsthaler, E./Aaker, D.A. (2001): Aufbau von Marken im Zeitalter der Post-Massenmedien, In: Esch, F.-R. (Hrsg.): Moderne Markenführung, 3., erweiterte und aktualisierte Auflage, Wiesbaden, S. 539-563

Kaas, K. P. (1990): Langfristige Werbewirkung und Brand Equity, In: Werbeforschung & Praxis, 35. Jg., H. 3, S. 48-52.

Kania, D. (2000): Branding.com: online branding for marketing successes, American Marketing Association/NTC Business Books.

Kapferer, J.-N. (1992): Die Marke – Kapital des Unternehmens, Landsberg/Lech

Kastenmüller, St. (2001): Die Marke im Spannungsfeld der Konvergenz, In: Schögel, M./Tomczak, T./Belz, Ch. (Hrsg.): Ro@dmap to E-Business (in Vorbereitung)

Keller, K.L. (1993): Conceptualizing, measuring and managing customer-based brand equity, In: Journal of Marketing, Vol. 57, January, S. 1-22

Keller, K.L. (1998): Strategic brand management: Building, measuring, and managing brand equity. Upper Saddle River/New Jersey

Keller, K.L. (2001): Erfolgsfaktoren von Markenerweiterungen, In: Esch, F.-R.: Moderne Markenführung, 3., erweiterte und aktualisierte Aufl., Wiesbaden, S. 793-807

Keller, K.L. (2001a): Kundenorientierte Messung des Markenwerts, In: Esch, F.-R. (Hrsg.): Moderne Markenführung, 3., erweiterte und aktualisierte Auflage, Wiesbaden, S. 1059-1079

Keller, K.L./Aaker, D.A. (1992): The effects of sequential introduction of brand extensions. In: Journal of Marketing Research 29, Februar 1992, S. 35-50

Kern, W. (1962): Bewertung von Warenzeichen, In: Betriebswirtschaftliche Forschung und Praxis, Heft 1, S. 17-31

Kernstock, J. (1998): Meta-Marke STAR ALLIANCE – eine neue Herausforderung für das Markenmanagement, In: Tomczak, T./Schögel, M./ Ludwig, E. (Hrsg.): Markenmanagement für Dienstleistungen, St.Gallen, S. 222-230

Kernstock, J./Brockdorff, B. (2000): Crossover Branding, In: Marketing und Kommunikation, 12/2000, S. 16-17

Kernstock, J./Brockdorff, B./Aders, C./Wiedemann, F. (2001): Markenevaluation in der Konsumgüterindustrie und anderen Markengetriebenen Branchen – eine empirische Studie, Broschüre zum Kooperationsprojekt der Universität St.Gallen und KPMG, St.Gallen/München/Köln, Oktober 2001

Kernstock, J./Brockdorff, B./Schubiger, N. (2001): Crossover Branding – Ein Bezugsrahmen zur medien- und kanalübergreifenden Markenführung, In: Schögel, M./Tomczak, T./Belz, Ch. (Hrsg.): Ro@dmap to E-Business (in Vorbereitung)

Kircher, S. (2001): Gestaltung von Markennamen, In: Esch, F.-R. (Hrsg.): Moderne Markenführung, 3., erweiterte und aktualisierte Auflage, Wiesbaden, S. 475-493

Kleinaltenkamp, M. (2000): Ingredient Branding. In: G.E.M Gesellschaft zur Förderung des Markenwesens e.V. (Hrsg.): Marktdurchdringung durch Markenpolitik. Wiesbaden, S. 103-110

Kleinwort, K. (2001): Aventis erntet erste Früchte aus der Fusion, In: Financial Times Deutschland, 05. 03. 2001, www.ftd.de/ub/in/FTD08QYVWJC.html (Online-Newsletter, Stand 13.06.2001)

Klumpp, Th/Roosdorp, A. (1998): Volkswagen. VW Golf – Leistungspflege durch evolutionäre Markenführung, In: Tomczak, T./Reinecke, S.: Best Practice in Marketing: Erfolgsbeispiele zu den vier Kernaufgaben im Marketing, St. Gallen, S. 253-265

Köhler, R. (1998): Marketing-Controlling: Konzepte und Methoden, In: Reinecke, S./Tomczak, T./Dittrich, S. (Hrsg.): Marketingcontrolling, Fachbuch für Marketing, St. Gallen, S. 10-21

Kohli, A.K./Jaworski, B.J. (1990): Market Orientation: The construct, research proposition, and managerial implications, In: Journal of Marketing, 54, H. 4, S. 1-18

Kohli, Ch./LaBahn, D.W. (1997): Observations: Creating effective brand names: a study of the naming process. In: Journal of Advertising Research, Januar/Februar 1997, S. 67-75

Kohli, Ch./LaBahn D.W./Thakor, M. (2001): Prozess der Namensgebung, In: Esch, F.-R. (Hrsg.): Moderne Markenführung, 3., erweiterte und aktualisierte Auflage, Wiesbaden, S. 451-474

Körnert, J./Wolf, C. (2000): Branding on the Internet – Umbrella-brand and multiple-brand strategies of Internet banks in Britain and Germany, Technische Universität Bergakademie Freiberg, Freiberger Arbeitspapiere, Nr. 33/2000

Kotler, Ph. (1999): Kotler on Marketing. How to create, win, and dominate markets. New York

Kotler, Ph./Bliemel, F. (1999): Marketing-Management, 9. Aufl., Stuttgart (10. Aufl. 2001)

Kreilkamp, E. (1987): Strategisches Management und Marketing. Berlin/ New York

Kroeber-Riel, W. (1992): Konsumentenverhalten, 5., überarb. u. erg. Aufl., München

Kroeber-Riel, W. (1993): Strategie und Technik der Werbung. 4. Aufl., Stuttgart/Berlin/Köln

Kroeber-Riel, W./Weinberg, P. (1999): Konsumentenverhalten, 7., verb. und erg. Aufl., München

Kühn, R. (1992): Das "Made-in-Image" der Schweiz als strategischer Parameter. In: Die Unternehmung 4/1992, S. 303-314

Kühn, R./Jenner, Th. (1998): Angebotspositionierung. Bd. II der Reihe GfM-Manual. Hrsg.: R. Kühn/T. Tomczak. Zürich

Kuß, A./Tomczak, T. (2000): Käuferverhalten: eine marketingorientierte Einführung, 2., völlig neu bearb. Aufl., Stuttgart

Kuß, A./Tomczak, T. (2001): Marketingplanung. Einführung in die marktorientierte Unternehmens- und Geschäftsfeldplanung. 2. überarb. und erw. Aufl., Wiesbaden

Levermann, T. (1994): Entwicklung eines Expertensystems zur Beurteilung der strategischen Durchsetzung von Werbung, Dissertation an der Universität des Saarlandes, Saarbrücken

Lindström, M. (2001): Corporate branding and the Web: A global/local challenge, In: Thexis, 18. Jg., Nr. 4, S. 51-53

Lingenfelder, M./Kreipl, C. (2000): Efficient Consumer Response, In: Albers, S./Herrmann, A. (Hrsg.): Handbuch Produktmanagement, Wiesbaden, S. 833-858

Magyar, K.M. (1987): Pioniermanagement, Rorschach

McEnnally, M./de Charnatony, L. (1999): The evolving nature of brands: Consumer and managerial considerations. In: Journal of Consumer and Market Research 2 (1999), S. 1-41

Meffert, H. (1988): Strategische Unternehmensführung und Marketing, Wiesbaden

Meffert, H. (1994): Marktorientierte Führung von Dienstleistungsunternehmen – neuere Entwicklungen in Theorie und Praxis, In: Die Betriebswirtschaft, Nr. 4, S. 519-541.

Meffert, H. (1998): Marketing - Grundlagen marktorientierter Unternehmensführung. Konzepte - Instrumente - Praxisbeispiele. 8. Aufl., Wiesbaden (9. Aufl. 2000)

Meffert, H./Bruhn, M. (1995): Dienstleistungsmarketing: Grundlagen, Konzepte, Methoden, Wiesbaden

Meffert, H./Burmann, C. (1996): Identitätsorientierte Markenführung. Wissenschaftliche Gesellschaft für Marketing und Unternehmensführung e.V., Dokumentationspapier Nr. 103 "International Brand Management". Münster, S. 21-44

Meffert, H./Burmann, C. (1997): Identitätsorientierte Markenführung – Konsequenzen für die Handelsmarke, In: Bruhn, M. (Hrsg.): Handelsmarken – Entwicklungstendenzen und Zukunftsperspektiven der Handelsmarkenpolitik, 2., überarb. u. erw. Aufl., Stuttgart, S. 50-69

Meffert, H./Burmann, C. (2002): Wandel in der Markenführung – vom instrumentellen zum identitätsorientierten Markenverständnis. In: Meffert, H. /Burmann, C./ Koers, M. (Hrsg.): Markenmanagement. Grundfragen der identitätsorientierten Markenführung. Wiesbaden, S. 17-33

Meffert, H./Perrey, J. (2001): Mehrmarkenstrategien - Ansatzpunkte für das Management von Markenportfolios. In: Esch, F.-R. (Hrsg.): Moderne Markenführung, 3., erweiterte und aktualisierte Auflage, Wiesbaden, S. 683-710

Mei-Pochtler, A. (1998): Als Dienstleister Marken managen, In: Tomczak, T./Schögel, M./Ludwig, E. (Hrsg.): Markenmanagement für Dienstleistungen, St. Gallen, S. 66-77

Meyer, A. (2000): Der Handel als Marke - Ein Spaziergang durch die Welt der Branded Retailer, In: Tomczak, T. (Hrsg.): Store Branding - Der Handel als Marke?, Ergebnisse des 10. Bestfoods Trendforums, S. 13-38

Meyer, M. H./Lehnerd, A. P. (1997): The power of product platforms, New York

Meyer, A./Pfeiffer, M. (2001): Meine Marke, deine Marke, unsere Marke? – Interactive Branding als Herausforderung für die Markenführung, In: Schögel, M./Tomczak, T./Belz, Ch. (Hrsg.): Ro@dmap to E-Business (in Vorbereitung)

Meyer, A./Tostmann, T. (1995): Die nur erlebbare Markenpersönlichkeit, In: Harvard Business Manager 4/1995, S. 9-15.

Morgan, R. (1990): The pilot image attribute micromodel: A brief outline of background and practice, Arbeitspapier, Research International, London

Mühlbacher, H./Dreher, A. (1996): Systemische Positionierung, In: Tomczak, T./Rudolph, Th./Roosdorp, A. (Hrsg.): Positionierung – Kernentscheidung des Marketing, St. Gallen, S. 70-76

Müller-Hagedorn, L./Zielke, St. (2000): Category Management, In: Albers, S./Herrmann, A. (Hrsg.): Handbuch Produktmanagement, Wiesbaden, S. 859-882

Müller-Stewens, G./Lechner, Ch. (2001): Strategisches Management, Stuttgart

Murphy, J.M. (1990): Brand Strategy, Cambridge

Narver, J.C./Slater, S.F. (1990): The effect of a market orientation on business profitability, In: Journal of Marketing, Vol. 54, No. 10, S. 20-35

Niebrügge, St./Aragonés, Th./Kahsmann, R. (2000): Internet needs and trends, In: planung & analyse, 2000, H. 1, S. 42-48

Nieschlag, R./Dichtl, E./Hörschgen, H. (1997): Marketing, 18. Aufl., Berlin.

o. V. (2001): Typologie der „Internauten", http://www.tages-anzeiger.ch/ta/taOnlineArtikel, 14. Juni 2001

Oelsnitz, D. von der (1997): Dienstleistungsmarken: Konzepte und Möglichkeiten einer markengestützten Serviceprofilierung, In: Jahrbuch der Absatz- und Verbrauchsforschung, 43. Jg., Nr. 1, S. 66-89

Ohlwein, M./Schiele, Th. P. (1994): Co-Branding. In: WiSt 11(1994), S. 577 f.

Paivio, A. (1971): Imagery and verbal processes, New York et al.

Paivio, A. (1975): Coding distinctions and repetition effects in memory, In: Bower, G. H. (Hrsg.): The psychology of learning and motivation, New York et al., S. 179-214

Paivio, A. (1990): Mental representations: A dual coding approach, New York

Paivio, A. (1991): Images in mind: The evolution of a theory, New York/London

Palupski, R./Bohmann, A. (1994): Co-Promotion. In: Marketing ZFP 16. Jg. (1994), Heft 4, S. 257 ff.

Park, C.W./Jun, S.Y./Shocker, A.D. (1996): Composite branding alliances: An investigation of extension and feedback effects. In: Journal of Marketing Research Vol. 33 (1996) 3, S. 453-466

Park, C.W./ Milberg, S.J./ Lawson, R. (1991): Evaluation of brand extensions: The role of product feature similarity and brand concept consistency. In: Journal of Consumer Research 18, September 1991, S. 185-193

Pascual, G. O. (1998): Marken – und insbesondere Dienstleistungsmarken aus rechtlicher Sicht, In: Tomczak, T./Schögel, M./Ludwig, E. (Hrsg.): Markenmanagement für Dienstleistungen, St. Gallen, S. 148-160

Paulssen, M. (1994): Kausalanalytische Wettbewerbsimagestrukturanalyse - ein Vergleich mit konventionellen Analyseverfahren im Premiumpilsmarkt. Diplomarbeit, Technische Universität Berlin

Podoga, A. (2000): Auch im Internet Marke bleiben, In: Jahrbuch Markentechnik 2000/2001, S. 291-299

Porter, M. (1980): Competitive Strategy, Techniques for Analyzing Industries and Competitors, New York

Porter, M. (1986): Wettbewerbsvorteile, Frankfurt/Main

Porter, M. (1990): Wettbewerbsstrategie. 6. Aufl., Frankfurt/Main

Prahalad, C.K./ Hamel, G. (1990): The core competences of the corporation, In: Harvard Business Review, Nr. 3, S. 79-91

Rao, H.R./Qu, L./Ruekert, R.W. (1999): Signalling unobservable product quality through brand ally. In: Journal of Marketing Research Vol. 36 (1999) 2, S. 258-268

Ray, M. (1974): Marketing communication and the hierarchy-of-effects. In: Clarke, P. (Hrsg.): New models for mass communication research. Beverly Hills/London, S. 147-176

Reichheld, F.F./Sasser, W.E. Jr. (1990): Zero defections: Quality comes to services, In: Harvard Business Review, Vol. 68, No. 5, S. 105-111.

Richter, M. / Werner, G. (1998): Marken im Bereich Dienstleistungen: Gibt es das überhaupt?, In: Tomczak, T./Schögel, M./Ludwig, E. (Hrsg.): Markenmanagement für Dienstleistungen, St. Gallen, S. 24-35.

Riedel, F. (1996): Die Markenwertmessung als Grundlage strategischer Markeführung, Heidelberg.

Ries, A./Ries, L. (1998): The 22 immutable laws of branding, New York

Ries, A./Trout, J. (1986): Positioning: Die neue Werbestrategie, Hamburg

Ries, A./Trout, J. (1993): Die 22 unumstösslichen Gebote im Marketing, Düsseldorf et al.

Rogers, E. M. (1995): Diffusion of Innovations, 4. Auflage, New York u.a.O.

Rossiter, J. R./ Percy, L. (2001): Aufbau und Pflege von Marken durch klassische Kommunikation, In: Esch, F.-R. (Hrsg.): Moderne Markenführung, 3., erweiterte und aktualisierte Auflage, Wiesbaden, S. 523-538

Ruge, H.-D. (1998): Die Messung bildhafter Konsumerlebnisse, Reihe Konsum und Verhalten, Bd. 16, Heidelberg

Ruge, H.-D. (2001): Aufbau von Markenbildern. In: Esch, F.-R. (Hrsg.): Moderne Markenführung, 3., erweiterte und aktualisierte Auflage, Wiesbaden, S. 165-180

Salcher, E.F. (1995): Psychologische Marktforschung. 2., neu bearbeitete Auflage, Berlin/New York

Sander, M. (1994): Die Bestimmung und Steuerung des Wertes von Marken – Eine Analyse aus Sicht des Markeninhabers, Heidelberg

Sattler, H. (1997): Monetäre Bewertung von Markenstrategien für neue Produkte, Stuttgart

Sattler, H. (1998): Markentransfers: Entscheidungshilfen für die Praxis. In: Markenartikel Heft 4/1998, S. 40-43

Sattler, H. (2000): Markenbewertung, In: Albers, S. / Herrmann, A. (Hrsg.): Handbuch Produktmanagement, S. 219-240

Sattler, H. (2001): Markenpolitik, Stuttgart u.a.O.

Schmalen, H./Lang, H./Pechtl, H. (2001): Gattungsmarken als Profilierungsinstrument im Handel, In: Esch, F.-R. (Hrsg.): Moderne Markenführung, 3., erweiterte und aktualisierte Auflage, Wiesbaden, S. 961-979

Schröder, H. (1997): Anforderungen des neuen Markenrechts an das Management von Kennzeichen, In: Die Betriebswirtschaft, 57. Jg., Nr. 2, S. 167-188

Schulz, R./Brandmeyer, K. (1989): Die Markenbilanz: ein Instrument zur Bestimmung und Steuerung von Markenwerten, In: Markenartikel, Heft 7, S. 364-370

Schweiger, G./Schrattenecker, G. (1992): Werbung. 3. Aufl., Stuttgart/Jena

Shapiro, B. P. (1988): What the hell is market oriented?, In: Harvard Business Review, Vol. 66, November/December, S. 119-125

Simon, H. (1988): Management strategischer Wettbewerbsvorteile, In: Zeitschrift für Betriebswirtschaft, 58. Jg., Nr. 4, S. 461-480

Sinus Sociovision (2000): Kurzinformation zu den Sinus-Milieus 2000, internes Manuskript

Smith, D. C./Park, C. W. (2001): Einfluss der Markenerweiterung auf Marktanteil und Werbeeffizienz, In: Esch, F.-R. (Hrsg.): Moderne Markenführung, 3., erweiterte und aktualisierte Aufl., Wiesbaden, S. 843-865

Springinsfeld, L. (1996): Persil bleibt Persil, Wien

Stauss, B. (1994): Markteintrittsstrategien im internationalen Dienstleistungsmarketing, In: Thexis, 11. Jg. Nr. 3, S. 10-16

Stauss, B. (1998): Dienstleistungen als Markenartikel – etwas Besonderes?, In: Tomczak, T./Schögel, M./Ludwig, E. (Hrsg.): Markenmanagement für Dienstleistungen, St. Gallen, S. 10-23

Strebinger, A. (2001): Die Markenpersönlichkeit und das Ich des Konsumenten: Von der Rolle des Selbst in der Markenwahl. In: Werbeforschung & Praxis 2(2001), S. 19-24

Thunig, Chr. (2002): Wie World of TUI ein Dach über alle Marken spannt. In: Absatzwirtschaft, Sonderheft Marken 2002, S. 56-68

Tomczak, T. (1993): Key account-orientierte Wettbewerbsstrategien in der Konsumgüterindustrie, In: Thexis, 10. Jg., Nr. 3, S. 45-48

Tomczak, T./Brockdorff, B. (2000): Bedeutung und Besonderheiten des Markenmanagements bei Dienstleistungen, In: Belz, Ch./Bieger, Th. (Hrsg.): Dienstleistungskompetenz und innovative Geschäftsmodelle, St. Gallen, S. 486-502

Tomczak, T./Esch, F.-R./Roosdorp, A. (1997): Positionierung - von der Entwicklung über die Umsetzung bis zum Controlling. In: Belz, C. (Hrsg.): Suchfelder für innovatives Marketing. St. Gallen, S. 60-83

Tomczak, T./Feige, St./Schögel, M. (1994): Zum Management von komparativen Konkurrenzvorteilen im vertikalen Marketing, In: Trommsdorff (Hrsg.): Handelsforschung 94/95, Wiesbaden, S. 57-70

Tomczak, T./Müller, F. (1992): Kommunikation als zentraler Erfolgsfaktor der strategischen Markenführung, In: Thexis, 9. Jg., ‚Nr. 6, S. 18-22

Tomczak, T./Reinecke, S. (1995): Die Rolle der Positionierung im strategischen Marketing, In: Thommen, J. P. (Hrsg.): Management-Kompetenz – Die Gestaltungsgrundsätze des NDU/Executive MBA der Hochschule St. Gallen, Wiesbaden, S. 499-517

Tomczak, T./Reinecke, S. (1996): Der aufgabenorientierte Ansatz, St. Gallen

Tomczak, T./Reinecke, S. (1999): Der aufgabenorientierte Ansatz als Basis eines marktorientierten Wertmanagements, In: Grünig, R./Pasquier, M. (Hrsg.): Strategisches Management und Marketing, Bern/Stuttgart/Wien, S. 293-327

Tomczak, T./Reinecke, S./Kaetzke, Ph. (2000): Konzept zur Gestaltung und zum Controlling existierender Leistungen, In: Albers, S./Herrmann, A. (Hrsg.): Handbuch Produktmanagement, Wiesbaden, S. 443-459

Tomczak, T./Schögel, M./Birkhofer, B. (1999): Online-Distribution als innovativer Absatzkanal, In: Bliemel, F./Fassot, G./Theobald, A. (Hrsg.): Electronic Commerce – Herausforderungen, Anwendungen und Perspektiven, Wiesbaden, S. 105-122

Tomczak, T./Schögel, M./Feige, St. (2001): Erfolgreiche Markenführung gegenüber dem Handel, In: Esch, F.-R. (Hrsg.): Moderne Markenführung, 3., erweiterte und aktualisierte Auflage, Wiesbaden, S. 913-937

Trommsdorff, V. (1992): Multivariate Imageforschung und strategische Marketingplanung, in. Herrmanns, A./Flegel, V. (Hrsg.): Handbuch des Electronic Marketing, München, S. 321-337

Trommsdorff, V./Paulssen, M. (2001): Messung und Gestaltung der Markenpositionierung, In: Esch, F.-R. (Hrsg.): Moderne Markenführung, 3., erweiterte und aktualisierte Auflage, Wiesbaden, S. 1139-1158

Trout, J./Ries, A. (1972): The positioning era cometh, In: Advertising Age, April 24, 1972, S. 35-38; May 1, 1972, S. 51-54; May 8, 1972, S. 114-116

von Hippel, E. (1988): The sources of innovation, New York

von Krogh, G./Roos, J. (1996): Managing knowledge: Perspectives on cooperation and competition, London

Weber, M. (1986): Der Marktwert von Produkteigenschaften, Berlin

Weinberg, P./Diehl, S. (2000): Erlebniswelten für Marken, In: Esch, F.-R. (2000) (Hrsg.): Moderne Markenführung, 3., erweiterte und aktual. Auflage, Wiesbaden, S. 185-207

Werner, G./Richter, M. (1998): Marken im Bereich Dienstleistungen: Gibt es das überhaupt?, In: Tomczak, T./Schögel, M./Ludwig, E. (Hrsg.): Markenmanagement für Dienstleistungen, St.Gallen, S. 24-35

Wildner, R. (1999): Innovation - Lebensnerv der Marke. In: G.E.M Gesellschaft zur Erforschung des Markenwesens e.V. (Hrsg.): Warum sind Marken erfolgreich? Wiesbaden, S. 68-77

Will, M. (2000): Why communications management?, In: The International Journal on Media Management, Vol. 2, No. 1/2000, S. 46-53

Wind, Y. (1982): Product policy. Concepts, methods and strategy, Reading (Mass.)

Witt, J. (1996): Produktinnovation: Entwicklung und Vermarktung neuer Produkte, München

Zeithaml, V.A. (1981): How consumer evaluation processes differ between goods and services, In: Donnelly, J.H./George, W.R. (Hrsg.): Marketing of services, Chicago, S. 186-190

Zentes, J. (1989): Trade Marketing, In: Marketing ZFP, 11. Jg., H. 4, S. 224-229

Zentes, J./Frechen, J./Morschett, D. (1997): Konsumgüterwirtschaft 2005, Forschungsbericht des Instituts für Handel und Internationales Marketing an der Universität des Saarlandes, Saarbrücken

Zentes, J./Swoboda, B. (2001): Hersteller-Handels-Beziehungen aus markenpolitischer Sicht, In: Esch, F.-R. (Hrsg.): Moderne Markenführung, 3., erweiterte und aktualisierte Auflage, Wiesbaden, S. 889-911

# Stichwortverzeichnis

AC Nielsen Brand Performancer ... 194
aligned brands ... 93
Anlagengeschäft ... 218
Assoziationstest ... 109
aufgabenorientierter Ansatz ... 114
Ausschließlichkeitsrechte ... 253
Brand Asset Valuator ... 195
Brand Audit ... 176
Brand Extension Licensing ... 142
Brand Performancer ... 194
Brand Promotion Licensing ... 142
Branding ... 16, 29
Brand-Value-Contribution ... 202
Brückenindikatoren ... 204
Bundling ... 117
Business Idea ... 154
Buying Center ... 217, 239
capability-based view ... 55
Category Management ... 241
Character Licensing ... 142
Co-Branding ... 136
Conjoint-Analyse ... 174
Consumer Pull ... 239
Consumer-Marketing ... 237
Corporate Branding ... 152

Customizing ... 21
Dienstleistungen, Anforderungen ... 226
Dienstleistungen, Besonderheiten ... 224
Dienstleistungsmarke ... 229
Dienstleistungsmarketing ... 226
Diffusionsprozess ... 111
Diversifikation ... 125
E-Branding ... 148
Efficient Assortment ... 241
Efficient Consumer Response (ECR) ... 239
Efficient Product Introduction ... 241
Efficient Promotion ... 241
Eigenmarke ... 242
endorsed branding ... 93, 156
Erfahrungsgut ... 227
Erfahrungskurve ... 143
Event Licensing ... 142
externer Faktor ... 226
First Choice Buyer ... 178
First Choice Value ... 178
gatekeeper ... 214
Gattungsmarke ... 242

Gemeinschaftsmarkenverordnung (GmarkenV) ............... 250
Geschäftsidee ........................... 154
Geschäftstypen ........................ 218
GfK-BehaviorScan .................. 110
Halo-Effekt .............................. 185
Handelsmarkenstrategien .......... 243
Herkunftsangaben, irreführende ...................... 248
Herstellermarke ....................... 215
house-branding ........................ 155
hybrider Konsument ................ 210
Imageprofil .............................. 165
Imageryforschung .................... 158
Imagetest ................................. 109
Informationsverarbeitung ........... 65
Ingredient Branding ................ 137
innere Bilder ........................... 158
inside-out-Orientierung ............. 54
Intangibilität .................... 224, 226
Integrations-Matrix ................... 67
Integrativität ........................... 224
integrierte Kommunikation ........ 65
Internet .................................... 149
Investitionsgütermärkte ........... 216
Involvement ............................ 212
Involvement, emotionales .......... 57
Involvement, kognitives ............ 57
Irreführungsgefahr .................. 260

Joint Promotion ....................... 138
Kaufentscheidung, extensive ...... 27
Käuferreichweite ..................... 177
Kaufverhalten, routinemäßiges .................... 27
Kernkompetenzen ..................... 56
KKV ........................................ 234
knowledge-based view .............. 56
Kommunikation nicht-klassische .................... 108
Kommunikation, klassische ...... 107
komparativer Konkurrenzvorteil ............. 234
Konsumgüter, Typen ................ 211
Kontaktpunkte ........................ 231
Kontaktsubjekte ...................... 231
Kontaktträger .......................... 231
Konzepttest ..................... 104, 106
Kooperationsanreize ................ 235
Labortestmarkt ....................... 110
Länder-Portfolio ...................... 145
Leitplanung, instrumentelle ........ 71
Life Cycle Management ........... 119
Lifestyle-Typologie .................. 178
Lizenzvergabe ......................... 261
LOCATOR-Ansatz .................. 169
Low Involvement ............... 18, 28
Madrider Markenabkommen (MMA) .............................. 250

# Stichwortverzeichnis

Marke, Einsatzgebiet .................. 78
Marken, Typen von..................... 77
Markenarchitektur... 29, 83, 86, 155
Markenarchitektur-Matrix .......... 89
Markenartikel............................. 16
Markenassoziationen, Stärke .... 162
Markenassoziationen,
　Vorteilhaftigkeit ................ 162
Markenbegriff............................ 15
Markenbekanntheit ................... 161
Markenbekanntheit, Messung... 164
Markenbewertungsmethoden.... 199
Markenbild............................... 197
Markeneisberg ......................... 196
Markenerosion ......................... 132
Markenfähigkeit....................... 255
Markenführung,
　erlebnisorientierte.............. 213
Markenführung,
　identitätsorientierte.............. 30
Markengesetz (MarkenG)... 15, 247
Markenguthaben ...................... 197
Markenhierarchie ...................... 89
Markenidentität.................. 29, 34
Markenidentität, Fremdbild
　................................... 30, 233
Markenidentität, Selbstbild......... 30
Markenimage .......... 17, 29, 65, 161
Markenkern.............................. 123

Marken-Lizenzierung
　Begriff ................................141
　Chancen / Risiken................142
Markenlogo............................... 39
Markenloyalität........................185
Markenname, Auswahl............... 40
Markenpersönlichkeit ................ 36
Markenpiraterie .......................183
Markenportfolio............83, 86, 144
Markenrecall.....................107, 161
Markenrechtsverletzungen.........258
Markenrecognition ............108, 161
Markenregister........................252
Marken-Schemata.................17, 23
Markenschutz ..........................247
Markenstärke ....................128, 180
Markentransfer .................123, 125
Markentransfer, Chancen /
　Risiken ...............................129
Markentransferstrategien,
　Erfolgsfaktoren ..................127
Markentreue............................211
Markenwert............................157
　Begriff ................................180
　finanzwirtschaftliche
　　Methoden .......................186
　marketingorientierte
　　komparative Ansätze.........175
　qualitative Methoden............170
　quantitative Methoden..........164

verhaltenswissenschaftliche
    Methoden .......................... 186
Markenwissen ........... 159, 161, 164
Market Radar ............................ 178
Mehrmarkenstrategie ............ 29, 86
Merchandising ......................... 261
Mini-Testmarkt ........................ 110
Multimedialität ........................ 150
Nachfrage, derivative ............... 216
Namensschutz .......................... 248
Namenstest ............................... 105
New game strategy ..................... 53
non-endorsed brands .................. 93
notorische Bekanntheit einer
    Marke .............................. 253
OEM-Geschäft ......................... 218
Offline-Marke .......................... 148
One firm strategy. .................... 155
Online-Marke ........................... 148
Original-Equipment-
    Manufacturer .................... 218
outside-in-Orientierung ............... 54
Panelforschung ........................ 177
Pariser Verbandsübereinkunft
    zum Schutz des
    gewerblichen Eigentums ... 251
Personality Licensing ............... 142
point of difference ..................... 99
Positionierung ............... 29, 34, 46
Positionierung, aktive ................ 52

Positionierung,
    erlebnisorientierte .............. 60
Positionierung, gemischte ........... 59
Positionierung, Umsetzung ......... 74
Positionierungsmodell,
    klassisches ......................... 48
Positionierungsstrategie ............. 61
Positionierungsziele ................... 57
Präferenzniveau einer Marke ...... 71
Preissensibilität ........................ 211
Produktdifferenzierung ............. 114
Produktgeschäft ....................... 218
Produktkategorieerweiterung .... 125
Produktlebenszyklus ................ 120
Produktlinienerweiterung ......... 125
Produktmodifikation ................ 114
Produkttest .............................. 106
Produktvariation ...................... 114
projektive Techniken ................ 172
Protokolle lauten Denkens ....... 173
Pull-Anreize ............................ 235
Punktbewertungsverfahren ...... 103
Push-Anreize .......................... 235
Quality Function Deployment ... 103
Recalltest ................................ 164
Rechtsmanagement für
    Marken ............................ 258
Rechtsnormen für die
    Markenführung ................ 249

# Stichwortverzeichnis

Recognitiontest .......................... 165
Reengineering ............................ 239
Relaunch ........................... 116, 119
resource-based view .................... 55
Revitalisierung ................... 116, 123
Rufausbeutung ................... 248, 260
Rufschädigung ........................... 248
Schutzhindernisse, absolute ...... 254
Schutzhindernisse, relative ....... 254
Scoringmodell ............. 43, 103, 191
Semantisches Netzwerk ............ 159
Separate-Branding-Strategie ..... 155
Sinus Milieus ............................. 179
Special-Interest-Kanal ............... 108
Store Branding ........................... 244
Store-Test .................................... 110
strategische Erfolgsfaktoren ....... 77
strategische Erfolgspotenziale
  ............................. 30, 77, 144
Strategisches Geschäftsfeld ........ 77
Suchfeldanalyse ........................... 26
Supply Chain Management ....... 240
SWOT-Analyse ........................... 26
Systemgeschäft ........................... 218
Testmarkt .................................... 110
Testmarktersatzverfahren .......... 110
Trackingstudien .......................... 177
Trade Marketing ........................ 236
Übersegmentierung ..................... 86
Umpositionierung ........................ 61
Unternehmenskennzeichen
  ............................... 247, 256
Unternehmensmarke .................. 152
Value Pricing ............................... 72
Value-Based-Management ........ 202
Verkehrsgeltung ................... 16, 252
Vertrauensgut ............................. 227
Verwässerungsgefahr ................ 260
Vividness .................................... 158

Betriebswirtschaftliche Studienliteratur bei UTB/Haupt

Joachim Hentze / Andreas Kammel

# Personalcontrolling

Eine Einführung in Grundlagen, Aufgabenstellungen, Instrumente und Organisation des Controlling in der Personalwirtschaft

«UTB» Band 1706
1993. 265 Seiten, 62 Abbildungen
€ 14.90 / CHF 25.80
ISBN 3-8252-1706-X

Personalcontrolling ist ein Bereich der Betriebswirtschaft, der in Wissenschaft, Lehre und in der personalwirtschaftlichen Praxis immer mehr an Bedeutung gewinnt. Joachim Hentze und Andreas Kammel von der Technischen Universität Braunschweig stellen die allgemeinen Grundlagen des Controllings dar und entwickeln dann systematisch Aufgaben, Ziele und Instrumentarium eines personalwirtschaftlichen Controllings, wobei auch die Möglichkeiten einer EDV-Unterstützung analysiert werden. Der abschliessende Teil gilt organisatorisch-institutionellen Fragen.
Ein Lehrbuch für Studierende, aber auch für Praktikerinnen und Praktiker, die einen konzeptionellen Überblick über das Gebiet gewinnen wollen.

**Haupt** Haupt Verlag Bern · Stuttgart · Wien
verlag@haupt.ch · www.haupt.ch

Betriebswirtschaftliche Studienliteratur bei UTB/Haupt

Joachim Hentze / Andreas Kammel / Klaus Lindert

# Personalführungslehre

Grundlagen, Funktionen und Modelle der Führung

«UTB» Band 1374
3., vollständig überarbeitete Auflage 1997.
XV + 717 Seiten, 94 Abbildungen
€ 21.90 / CHF 36.80
ISBN 3-8252-1374-9

Führungskräfte erhalten neben der Fachkompetenz auch eine Personalkompetenz, die im wesentlichen mit der Personalführung ausgefüllt wird. Führung ist aber in der Regel ein *soziales* Phänomen, kein einseitiger Prozess also, sondern ein Vorgang, an dem im Betrieb beide Parteien, Vorgesetzte und Mitarbeiter, teilhaben.

Dieses Lehrbuch spricht deshalb auch beide Zielgruppen an. Dem künftigen Vorgesetzten wird «Führungswissen» vermittelt, und der angehende Mitarbeiter erhält Einblick über die Determinanten der Führung und die Wirkung bestimmter Formen des Führungsverhaltens.

Das Buch richtet sich in erster Linie an Studierende verschiedener Branchen an Universitäten und Fachhochschulen. Aber auch dem Praktiker, der Praktikerin wird es erlauben, Führungskenntnisse reflektierend zu erweitern.

**: Haupt**  **Haupt Verlag** Bern · Stuttgart · Wien
verlag@haupt.ch · www.haupt.ch

Betriebswirtschaftliche Studienliteratur bei UTB/Haupt

Joachim Hentze / Albert Heinecke / Andreas Kammel

# Allgemeine Betriebswirtschaftslehre

Aus Sicht des Managements

«UTB» Band 2040
2001. XXXI + 635 Seiten, 183 Abbildungen
€ 27.90 / CHF 50.50
ISBN 3-8252-2040-0

Das Besondere dieser Einführung in die Betriebswirtschaftslehre besteht darin, dass der Akzent auf den Funktionen der *Unternehmensführung* – Planung, Controlling, Informationswirtschaft und Personalführung – liegt. Aus ihrer Warte werden Funktionen wie Beschaffung und Produktion, Marketing, Investition und Finanzierung betrachtet. Zuvor sind konstitutive Voraussetzungen zu klären: Standort, Rechtsform, Organisationsstruktur und Kooperation. Zudem kann es sich heute kaum noch ein Unternehmen leisten, die Internationalität seiner Geschäftstätigkeit und das Umweltmanagement ausser Acht zu lassen.

Die vielfältigen speziellen Funktionen einer *modernen* Betriebswirtschaftslehre dürfen schliesslich nicht isoliert voneinander betrachtet werden, sondern sind dem *integrierten Aufgabenverständnis* eines General Management unterzuordnen.

**: Haupt**    **Haupt Verlag** Bern · Stuttgart · Wien
verlag@haupt.ch · www.haupt.ch